STUDIA
HUMANITATIS
문명텍스트

STUDIA HUMANITATIS
문명텍스트
40

중국문학 50년

1872-1922

후스 지음 | 김수연 옮김

서울대학교출판문화원

STUDIA HUMANITATIS
문명텍스트
40

중국문학 50년
1872-1922

초판 1쇄 인쇄 2018년 10월 15일
초판 1쇄 발행 2018년 10월 20일

지은이 후스
옮긴이 김수연
펴낸이 성낙인
펴낸곳 서울대학교출판문화원

출판등록 제15-3호

주소 08826 서울 관악구 관악로 1
대표전화 02-880-5252 | 팩스 02-888-4148
홍보마케팅팀(주문 상담) 02-889-4424, 02-880-7995
이메일 snubook@snu.ac.kr
홈페이지 www.snupress.com

ISBN 978-89-521-1925-4 94820
978-89-521-1574-4 (세트)

이 저서는 2007년 정부(교육과학기술부)의 재원으로
한국연구재단의 지원을 받아 수행된 연구임(NRF-2007-361-AL0016).

❁ 옮긴이의 말

후스의 여러 저작들 가운데 『중국문학 50년(五十年來中國之文學)』은 상대적으로 지금까지 별다른 학계의 주목을 받지 못한 편이지만, 이 글을 번역하기로 결정한 것은 몇 가지 기준에서 심사숙고한 결과였다. 우선 서울대학교 인문학연구원 HK사업단의 아젠다를 감안하여 교계지(交界地)로서의 한국의 인문학이란 관점에서 한국과 중국 간의 문학적 교류나 영향관계가 밀접한 텍스트를 선별하고자 하였는데, 이 기준에 가장 근접한 것으로 후스의 『중국문학 50년』을 꼽을 수 있기 때문이다. 후스의 이 글은 발표와 동시에 당시 조선과 일본 문단에서 모두 번역될 만큼 적잖은 반향을 일으켰던 점을 곱씹어 볼 필요가 있을 것이다.

또한 후스가 이 글에서 기획했던 '문학사 다시 쓰기(重寫文學史)' 작업은 최초로 본격적인 현대문학사 서술의 장을 열어주었다는 점에서 중요한 의의를 지닌다. 그는 전통적인 문학사관에 반기를 들어 고문(古文) 중심의 문학사 서술을 전복시키고 백화문학을 문학의 정종으로 세우기 위한 새로운 역사 서술을 구상하였다. 그런 그의 작업은 비록 학술적인 논거 부족과 이론상의 결함에도 불구하고 당시로서는 새로운 역사관에 기반한 문학적 글쓰기를 선보였다는 점에서 일대 '혁명'에 가까웠다. 5·4 운동을 기점으로 한 획을 긋는 선명한 역사인식과 문학관념의 결합은 그로부터 촉발되어 이후 끊임없는 문제의식으로 작용하였다. 1980년대 말 비롯된 '문학사 다시 쓰기' 논의 역시 그 연장선상에서 5·4 시기에 대한 진지한 문학적 성찰과 반성으로부터 나온 것이라 할 수 있다. 그리고 그 논의들이 완전히 마침표를 찍었다기보다는 어쩌면 시대의 전환점마다 요구되는 새로운 역사인식과 인문학적 시각으로 문학사 새로 쓰기 작업이 부단히 되풀이될지 모른다고 보아야 할 것이다.

이 책의 출판으로 후스의 『중국문학 50년』을 재인식하는 계기를 마련하고 더불어 한국문학과의 비교시각에서 새로이 조명될 수 있기를 기대해본다. 텍스트를 번역하면서 특히 어려웠던 점은 후스의 간결한 주장에 비해 상대적으로 많은 분량을 차지하는 까다로운 인용문들, 그중에서도 특히 빈번히 등장하는 시 번역이었다. 가능한 오역을 피하려 노력하고 나름대로 시구의 맛을 살려 번역하고자 했지만, 미흡한 부분들은 독자들의 질정을 바란다. 끝으로 이 책의 발행에 애써 주신 서울대학교출판문화원에 감사드린다.

2018년 9월

김수연

❁ 차례

❀ 일러두기

1. 이 책은 1923년 2월 신보관(申報館)에서 『신보(申報)』 창간 50주년을 기념하여 특간으로 발행한 『最近之五十年』과 1924년 3월 신보관에서 출판한 단행본 『五十年來之中國文學』을 저본으로 삼아 번역하였다. 두 판본을 비교할 때 『最近之五十年』에 실려 있던 후스 문장의 목차가 이듬해 별도의 단행본으로 출판되면서 삭제되었는데, 이 번역문은 원본인 『最近之五十年』에 근거하여 원래 있던 목차에 따라 표기해주었다.

2. 인명에 대한 표기는 신해혁명(1911) 이전에 사망한 경우는 한자음을 기준으로, 그 이후까지 생존한 경우는 중국어 발음을 기준으로 하되, 원칙적으로 국립국어원의 외래어 표기법에 따랐다.

3. 본문의 인명은 인물의 호나 자, 본명 등으로 일관성 없이 표기되었는데, 일단 그대로 원문을 따르되 각주에 설명을 붙였다.

4. 중국 지명은 중국어 발음 그대로 표기해주는 것이 최근의 추세이긴 하지만, 시문 번역이나 학술용어와도 관련되어 있어 부득이하게 한자음으로 번역하는 것을 원칙으로 한다.

5. 작품명이나 문장 제목은 한자 독음으로 표기하거나 의미를 번역하는 방법으로 옮겼다. 번역 작품명이 원저명과 동일하지 않은 경우 중국어 번역본에 충실하게 번역하되 원저에 대한 설명을 각주로 달아주었다.

   예) 『흑인 노예가 하늘을 향해 부르짖다(黑奴籲天錄)』는 『톰 아저씨의 오두막』이란 원저명으로 널리 알려진 작품이지만, 중국어 제목의 의미를 그대로 살려줌으로써 당시 중국 독자들에게 어떤 식으로 읽혔는지 가늠해볼 수 있다.

6. 본문 가운데 괄호 속의 설명은 저자 후스의 주석이고, 역자의 주석은 각주로 처리하였다. 다만 간혹 역자의 주석이 본문에 들어갈 경우 괄호 속에 별도로 역주 표시를 하였다.

7. 명확한 의미전달을 위해 한자를 병기하는 경우 원칙적으로 직역을 하고 '( )'로 병기하되, 간혹 한글과 의미상 약간의 차이가 있는 것은 '[ ]'를 사용하였다.

8. 단락 구분은 가능한 원문에 근거하도록 하였지만, 시가의 경우는 원문과 다소 달라지더라도 행을 나누어 배열함으로써 운문의 맛을 살리고자 하였다.

9. 문장 가운데 굵은 글씨체의 강조는 모두 원문에 따른 것이다.

10. 부록으로 추가한 후셴쑤(胡先驌)의 「후스의 『중국문학 50년』을 평함(評胡適『五十年來中國之文學』)」은 『학형(學衡)』 제18기(1923. 6)에 실린 문장을 번역하였다. 또한 후스의 강연 원고인 「신문학운동의 의의(新文學運動之意義)」(1925)는 『후스전집(胡適全集)』 12(安徽教育出版社, 2003)에 실린 것을 번역하였다.

신문학운동과 후스의 문학사 실천[1]

■ **해제**

1. 왜 50년간의 문학인가

1922년 3월 후스(胡適)는 「중국문학 50년(五十年來中國之文學)」이라는 장문의 글을 써서 이듬해인 1923년 2월에 신보관(申報館)에서 기획하여 출간한 『최근 50년(最近之五十年)』이라는 단행본에 게재하였다.[2]

---

1 이 글은 「신문학운동과 후스의 문학사 실천」이란 제목으로 『중국어문논총』 第78집(2016. 12)에 실린 내용을 보충한 것이다.

2 신보관의 『최근 50년(最近之五十年)』의 발행시점에 대해 많은 논자들이 1922년으로 보고 있으나, 『최근 50년』의 편집자가 1922년 1월 구체적인 계획을 진행하여 완료되기까지 14개월이 소요되었다고 한 것과 그 후 신보관의 관련 출판물 자료 등을 검토해 볼 때 실제 출판일은 1923년 2월 말이다. 「編輯餘談」, 申報館 編, 『最近之五十年』, 1-2쪽 참고. 1922년은 신보관에 특별한 의미를 지니고 있었다. 첫째, 『신보』 창간 50주년이었고, 둘째, 신해혁명 이후 중화민국 건립 10주년이자 당시 『신보』의 사장인 스량차이(史量才)가 신보관을 인수한 10주년이기도 했다. 스량차이는 황옌페이(黃炎培, 필명은 바오이(抱一))와 1900년대 초반부터 알고 지냈고 1914년 황옌페이의 지방 교육현황 조사를 위한 전국여행을 지원하면서 더욱 밀접한 관계를 맺고 있었는데, 신보관에 특별한 해인 1922년을 계기로 그에게 『최근 50년』을 기획하도록 한 것으로 보인다. 따라서 전체 집필자들 가운데는 황옌페이와 밀접한 관계가 있던 혁명파와 입헌파, 그리고 유학파들이 적지 않게 포함되어 있다. 黃炎培, 『八十年來』, 文史資料出

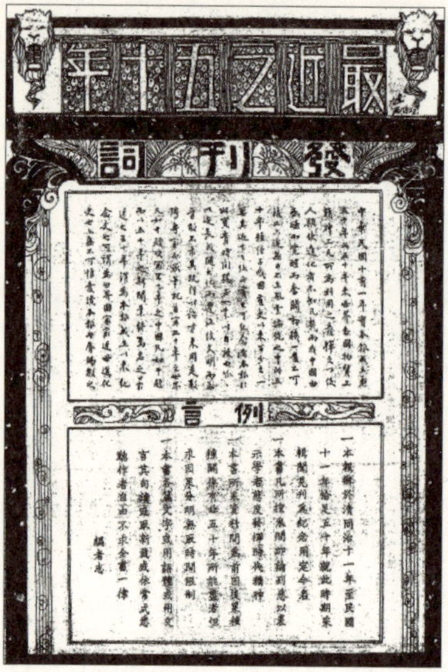

〈그림 1〉『최근 50년』 발간사

여기서 1872-1922년까지의 50년은 반세기라는 의미에서 특별하다고 할 수 있지만, 후스가 굳이 "중국문학 50년"이라는 특정 시기를 내세운 것은 역사적으로나 학술적으로 중국문학의 시기구분과 관련 있기 때문은 아니었다. 그 시간의 의미는 후스 본인보다는 원고를 청탁한 신보관의 기획에서 비롯된 것이었다. 『신보』는 1872년 상해(上海)에서 창간된 중국 최초의 대중적인 근대 신문이었다. 비록 첫 발행인이자 사장은 영국 출신의 상인 메이저(Ernest Major)였지만, 그 내용이나 편집자로 볼 때 중국인에 의한 중국 신문으로서 전혀 손색이 없었으므로 중국 언론사(史)에서 중요한 지위를 점하고 있다. 1922년 1월 신보관은 창립 50주년이라는 특별한 역사를 기념하기 위해 중국 각 분야의 저명한 인사들을 집필자로 청하여 특간을 기획하였다.[3] 50년은 『신보』라는 신문의 역사지만, 처음부터 이 기획에는 『신보』가 세계문명의 급속한 발전과 중국의 현대사 50년을 지켜본 산 증인이자 중국의 근대화과정에 함께 참여하여 역사적 진보를 이끌어온 주체라는 의식이 투영되어 있었다.

版社, 1982, 67쪽.

3 「編輯餘談」, 申報館 編, 앞의 책, 1-2쪽.

이에 신보관에서 기획한 것은 단순히 신보관의 역사를 기념하는 것만이 아니었다. 물론 『신보』의 역사에 대한 회고와 기록이 내용에 포함되기는 했지만, 큰 틀은 50년간 중국과 세계문명의 진보 혹은 변천과정을 정리하는 것이었다. 『최근 50년』이라는 제목하에 50년간 세계의 다양한 변화를 한눈에 파악할 수 있도록 정리하고 평가하는 것이 그 취지였던 셈이다. 전체 구성을 보면 제1편 "50년간의 세계(五十年來之世界)"(논문 17편), 제2편 "50년간의 중국(五十年來之中國)"(논문 31편),[4] 제3편 "50년간의 신문업(五十年來之新聞業)"(논문 23편) 등 크게 세 부분(총 71편)으로 구성되어 있다. 그 구성의 면면을 통해서도 알 수 있는 바와 같이, 물질적·정신적 측면에서 세계문명의 급속한 진보와 중국의 복잡다단한 변화과정, 그리고 『신보』를 비롯한 중국 신문의 변천사를 다루고 있다. 1872년 이래 50년 동안 세계와 중국의 정치, 법제, 외교, 재정, 과학, 교육, 철학, 문학 등을 망라한 전 분야의 변화를 전체적으로 조망하는 문장들이 실렸으며, 집필진도 각각 서문을 쓴 장젠(張謇)과 장빙린(章炳麟)을 포함하여 당시 중국의 최고 권위를 대표할 수 있는 인물들로 구성되었다.

이러한 기획 속에 량치차오(梁啓超), 쑨원(孫文), 차이위안페이(蔡元培) 등과 나란히 이제 갓 30세의 젊은 학자였던 후스가 집필자로 참여했다는 것만으로도 당시 후스의 사회적 지위를 가늠하게 해

4 제2편 "50년간의 중국"만 보더라도 량치차오(梁啓超)의 「50년간의 중국진화개론(五十年來中國進化概論)」을 비롯하여, 차이위안페이(蔡元培)의 「50년간의 중국철학(五十年來中國之哲學)」, 쑨원(孫文)의 「중국혁명(中國之革命)」, 장준(張准)의 「50년간의 중국과학(五十年來中國之科學)」, 선언푸(沈恩孚)의 「50년간의 중국 정체개혁의 과정(五十年來中國政體改革之經過)」, 후스의 「50년간의 중국문학」 등 다수의 글이 실렸다.

준다. 『최근 50년』에서 후스는 「50년간의 중국문학(五十年來中國之文學)」(이후 "중국문학 50년"이란 제목으로 통일함)과 「50년간의 세계철학(五十年來之世界哲學)」 총 2편을 집필하였다.[5] 이는 1917년 미국 유학생활을 마치고 귀국하여 북경대학 교수가 된 지 4년 만에 후스가 학술계에서 중국문학 및 세계철학의 변화를 조망하고 평가할 수 있는 대표적인 적임자로서 인정받았음을 의미한다. 북경대학 교수라는 신분과 더불어 획득한 후스의 사회적 지위는 신문화운동 기간에 『신청년』, 『매주평론』 등의 지면을 통한 문학혁명의 주창으로 사회적 지명도를 얻은 것에 기인한다. 더 중요한 것은 1919년 말 이후 신문화운동의 제반 성과가 사회적으로 인정받고, 새로운 변화방향을 대표하는 시대적 조류로 추인받았다는 점이다. 이는 후스가 중국의 새로운 문화와 학술을 대표하는 아이콘이 되었으며, 기존의 사회·문화적인 명망가들은 이제 구시대의 인물로서 역사적으로 퇴조하기 시작했다는 것을 의미한다. 그렇다고 신보관이 후스의 관점에 전적으로 동의한 것은 아니다. 신보관은 특정한 정치적 입장에 경도되거나 학술적인 논쟁에 깊숙이 관여하기보다는 다양한 사회적 독자층을 흡인하는 것을 우선시하는 신문사였다. 이는 『최근 50년』이라는 특별 간행물에서 신구를 망라하는 다양한 인물들로 필진을 구성한 데서도 드러난다.

이처럼 당시의 명망가들과 함께 후스의 문장이 병치됨으로써 당

5 전체 집필자 69명 가운데 두 편을 쓴 사람은 후스 외에도 쉬저링(徐則陵), 황옌페이와 선치(沈錡) 총 4명이지만, 「50년간 세계진화개론」을 쓴 쉬저링의 또 다른 한 편은 짧은 「50년간 세계 대사기」였고, 『최근 50년』 전체를 기획한 황옌페이는 선치와 공동으로 2편을 집필하였지만, 그 가운데 한 편은 「50년간 중국 대사기」였다. 따라서 정식으로 2편의 논문을 쓴 사람은 후스뿐이었다.

시 학술사상계의 신구 분화 및 교체기의 상황이 더 잘 드러나며 후스의 글이 지닌 의미를 잘 보여준다. 그 시기 다양한 방면에서 벌어진 세계와 중국의 격변 상황을 서술한 문장들은 후스의 글이 전달하는 내용을 둘러싼 전체 시대적인 맥락을 여실히 나타낸다. 따라서 신보관의 편집진이 밝힌 바와 같이 『최근 50년』에 실린 각 문장들의 입장들은 신보관과 무관한 집필자 개인의 것이기는 하지만, 후스의 「중국문학 50년」이 지닌 의미를 이해하기 위해서는 『최근 50년』이라는 전체 텍스트의 다양한 문장들과 상호 텍스트적으로 독해할 필요가 있다.[6]

『최근 50년』에 대한 본격적인 기획이 1922년 1월부터 시작된 것으로 미루어보아 후스가 황옌페이(黃炎培)로부터 「중국문학 50년」의 원고 청탁을 받은 것도 이때쯤으로 보인다. 후스의 일기에 의하면 그 해 2월 6일에 「중국문학 50년」 집필을 시작하여 3월 3일에 150쪽(4만여 자)에 달하는 초고를 완성하였지만, 처음에는 그다지 만족스럽지 않았다.[7] 이에 그 후에도 계속 일부 내용에 대한 수정·보완작업을 했고, 차이위안페이와 루쉰(魯迅) 등에게 원고를 보내 의견을 청취하기

---

6 이 작업은 그 텍스트가 담고 있는 방대한 내용만큼이나 보다 전문적인 연구가 필요하다. 여기서는 후스의 「중국문학 50년」이 지닌 가치를 지적하는 데 그치고, 동 텍스트의 다른 문장들과의 관계보다는 신문화운동의 전후 맥락, 그리고 중국 현대문학사의 형성이라는 맥락에서 후스의 글이 지닌 의의를 중심으로 서술하고자 한다.

7 曹伯言 整理, 『胡適日記全編』(3), 安徽教育出版社, 2001, 551쪽. 후스가 말한 집필 시기는 본격적인 집필을 의미하며, 자료수집과 정리는 그 이전부터 이루어지고 있었다. 2월 5일 자 일기에는 『중국문학 50년』에서 중요하게 다루는 김화(金和)와 황준헌(黃遵憲)의 연보에 대해 간단히 정리한 내용이 나온다. 위의 책, 549-550쪽.

도 하였다.[8] 원고수정의 완료시점은 정확히 알 수 없지만, 1922년 10월 29일 일본의 중국문학 연구자인 하시카와 도키오(橋川時雄, 1894-1982)가 「중국문학 50년」을 번역하겠다고 하자 원고를 준 것으로 보아 적어도 그 시기에는 원고수정이 마무리된 상황이었던 것으로 보인다.[9] 결국 이 글은 1923년 2월 『최근 50년』에 실렸다가 1924년 3월 신보관에서 다시 『중국문학 50년(五十年來之中國文學)』[10]이란 제목의 단행본으로 출판되었다. 그리고 같은 해 12월 상해 아동도서관(亞

8 차이위안페이의 회신은 3월 11일 자 후스의 일기에 보이며, 루쉰의 회신은 8월 21일에 쓴 것으로 되어 있다. 차이위안페이의 회신에 대해서는 위의 책, 577쪽 참고. 차이위안페이는 후스의 저작에 대해 높이 평가하면서 우즈후이(吳稚暉)를 신구 문학의 과도기적 인물로 추가 서술하는 것이 좋겠다는 의견을 피력하였다. 또한 루쉰은 후스의 글에 대해 공허한 이론이 아니라 역사적인 방향을 제시한 점을 높이 평가하였다. 魯迅, 「致胡適」(1922. 8. 21), 『鲁迅書信集』(上), 人民文學出版社, 1976, 48쪽 참고. 후스는 차이위안페이와 루쉰의 의견을 받아 수정하지 않고 신보관에 원고를 송고한 것으로 보인다. 왜냐하면 차이위안페이가 우즈후이의 문학에 대한 서술을 추가하도록 제안한 것에 대해 후스 역시 수긍은 했지만, 후에 발표된 내용에는 반영되지 않았기 때문이다.

9 曹伯言 整理, 앞의 책, 568, 574. 583, 592, 776, 787, 871쪽 참고. 후스가 또 다른 청탁 원고인 「50년간의 세계철학」을 1922년 3월 12일부터 집필하기 시작하여 같은 해 9월 5일 완성하고 6일 원고를 인쇄하도록 보낸 것으로 보아 「중국문학 50년」에 대한 초고가 완료되고 나서 9월 이전에는 신보관에 보냈을 것으로 보인다. 한편 하시카와 도키오는 후스의 저작을 『최근의 지나문학(輓近の支那文学)』이라는 제목으로 일본어 번역하여 신보관의 『최근 50년』과 거의 동일한 시기에 단행본으로 출판하였다. 胡適 著, 橋川時雄 訳, 『輓近の支那文学』(現代支那學術叢書, 第2編), 東京: 東華社, 1923. 2. 이 번역서는 전체 222쪽으로 되어 있으며 다음과 같은 목차를 미루어볼 때 원문에 충실한 번역본으로 보인다. 一 總論, 二 「桐城=湘鄉派」の古文, 三 太平天國亂後の詩人一金和, 四 嚴復と林紓の飜譯事業, 五 譚嗣同と梁啟超の文章, 六 黃遵憲の詩, 七 章炳麟の文章, 八 章士釗と政論文學, 九 白話小說, 十 文學革命運動.

10 제목이 원래의 "五十年來中國之文學"에서 "五十年來之中國文學"으로 미세하게 바뀌었다.

東圖書館)에서 출판된 『후스문존(胡適文存)』 2집에 다시 수록되었다.[11] 또한 1927년 북경문화학사(北京文化學社)에서 발행한 후스의 『국어문학사』에 부록으로 함께 실렸다.

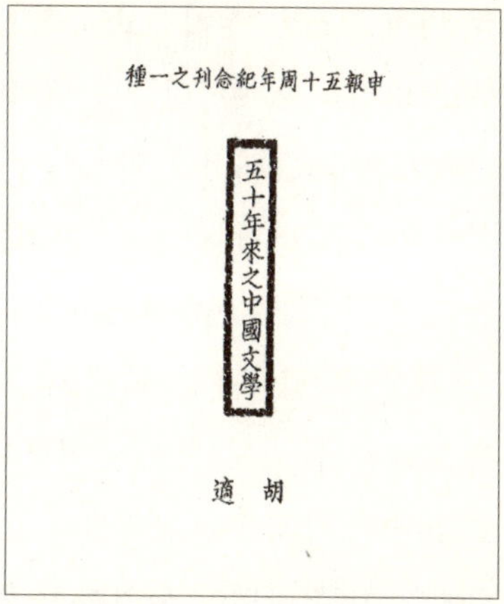

〈그림 2〉 1924년 3월 신보관에서 단행본으로 출간한 『중국문학 50년』 표지

2. 20세기 중국 현대문학사의 효시

후스에게 50년이라는 시간은 비록 기획하에 주어진 것이지만, 이는 당시 중국의 역사적 시각에서 보자면 일종의 '현대사'에 가깝다. 물론 여기서 '현대'는 가치적인 개념이 아니라 한 시대 중심적인 인물들의 삶이라는 관점에서 볼 때 특정한 시기라는 의미이다. 또 단순히 과거의 50년이 아니라 현재로부터, 현재의 시간이 만들어진 최근 50년이라는 의미를 지니고 있기도 하다. 이렇게 현재의 시점으로부터 과거의 일정 기간에 특별한 의미를 부여하고, 그 기간의 다양한 역사

11 1923-1924년에 중국과 일본에서 출판된 후스의 『중국문학 50년』은 총 4종인데, 그 내용은 모두 같다. 다만 1924년 신보관에서 출간한 단행본의 제목은 『중국문학 50년(五十年來之中國文學)』으로, 일본의 번역본 제목인 『최근의 지나문학』과 차이가 있다. 그리고 가장 초기 판본으로 『최근 50년』에 수록된 『중국문학 50년』과 『최근의 지나문학』에는 모두 목차가 있지만, 신보관에서 출판한 단행본과 『후스문존』 두 판본에는 목차가 생략되어 있다.

적 변천을 서술·정리하고자 하는 것은 그 자체가 현재의 시점에 역사적 의미를 부여하려는 근대적인 의식의 발로이다. 이는 신보관의 기획이 매우 근대적인 의식의 산물이라는 것을 의미한다. 이런 의미에서 본다면 당시 후스의 『중국문학 50년』 또한 그가 의도했건 아니건 간에 한 편의 '현대문학사'였다.

후스의 『중국문학 50년』이 지니는 의미와 의의는 다양한 측면에서 고려될 수 있지만, 우선 거론하지 않을 수 없는 것은 그 저서가 바로 20세기 중국 현대문학사의 효시로서, 이후 중국 근대/현대문학사 서술의 기본 모델이 되었다는 점이다. 20세기 현대문학사 서술에서 『중국문학 50년』이 지니는 의미는 다음과 같이 몇 가지로 요약할 수 있다.

첫째, 집필 시기인 1922년을 기점으로 가장 최근의 문학을 다루고 있다는 점이다. 뒤에서 다시 언급하겠지만, 이는 당시 많은 문학사들의 서술과 비교해도 매우 이례적인 현상이다. 아직 종결되지 않은 현재 진행 중인 역사적 현상에 대해 그 공과를 논하고 가치평가한다는 것은 대담한 시도가 아닐 수 없다. 무릇 역사적 서술은 단순한 사실의 소개나 열거가 아니라 일정한 가치론적 관점에서 대상을 선별하고 역사적인 의미와 지위를 부여하는 작업이다. 이는 이미 특정한 역사적 조류나 흐름이 일단락되어 새로운 전환 시기로 진입함으로써 서술자가 보다 '객관적'이고 '전면적'인 위치에서 조망할 수 있을 때에야 비로소 가능하다. 그러한 시간적으로 객관적인 거리 확보가 어려움에도 불구하고 후스의 『중국문학 50년』은 19세기 말 이래 격동기였던 중국 사회의 변천과정에 대한 나름의 명확한 역사적 시각을 제시해주고 있는, 당시로서는 유일무이한 '최근의 문학사'적 서술이라고 할 수 있다.

둘째, 『중국문학 50년』은 일단락된 과거의 역사에 대한 서술에 그치는 것이 아니라 저자 자신이 주체로 포함된 5·4 신문학운동을 포함시킴으로써 문학사와 비평이 결합된 방식을 보여주는데, 이는 그 후 1920-1930년대 '신문학' 혹은 '현대문학' 관련 서술에서 일반적으로 보이는 현상으로 굳어졌다. 종종 역사적 서술이 당대 시각이나 평가에서 자유롭지 못한데, 더욱이 진행 중인 역사적 흐름을 서술에 포함시키는 것은 많은 논란을 야기할 수 있고 그 자체가 당대 문학에 대한 직접적인 실천적 개입이기도 하다. 이러한 개입을 통해 후스는 신문학운동의 역사적 합법성을 적극적으로 논증하는 데 서술의 취지를 두고 있다. 이후 중국문학사 서술에서 나타나는 당대 문학에 관한 비평적 관점의 개입현상은 중국 최초의 현대문학사인 『중국문학 50년』에서부터 비롯되었다.

셋째, 『중국문학 50년』은 5·4 신문학운동 시기에 제기된 다소 추상적인 문학이념이나 이론을 구체적인 작품비평과 역사적인 문학현상에 적용한 첫 시도였다. 따라서 이 글은 후스의 문학주장을 보다 구체적으로 이해하는 데 중요한 참고 자료라고 할 수 있다. 이에 대해 루쉰이 "견해가 매우 통렬하고 날카로워 기쁘기 그지없다", "이러한 역사적인 설명과 제시는 공허한 이론보다 훨씬 뛰어나다"[12]고 소감을 밝힌 것은 이 글이 신문학운동에서 지니는 의미를 잘 설명해준다.

넷째, 『중국문학 50년』은 문학사를 진화사관에 입각하여 서술

12 魯迅, 앞의 글, 48쪽 참고.

한 가장 대표적인 초기 문학사이다. 후스는 문학은 역사적으로 변화한다는, 한 시대는 그 시대의 문학이 있다는 관점을 일관되게 견지하고 있다. 1872년 이후 중국문학의 흐름을 크게 고문의 종결과 백화문의 대두로 파악하고, 5·4 신문학운동은 그러한 흐름의 종결판으로 간주하고 있다. 이러한 진화사관에 입각하여 그는 청 말 이래 중국문학의 중심적인 서술대상을 그러한 역사를 구현하는 백화문학 및 그 작가로 보고 있다. 김화(金和)와 황준헌(黃遵憲)이 19세기 말 대표적인 작가로 부각된 것도 『중국문학 50년』에 의해서이다.[13] 이러한 관점에 근거하여 후스는 한 작가와 작품의 의의 및 한계를 한 개인의 능력의 문제가 아니라 시대적인 한계이자 의의로 간주한다. 그가 작가와 작품을 평가할 때 각 시대의 특징 및 시대적 요구와 관련하여 작품이 지니는 의미를 강조하는 것도 이런 연유에서이다.

다섯째, 백화문학을 역사의 중심으로 보는 시각은 고문(古文)을 평가하기 위한 명확한 잣대를 제시하였다. 그는 당시 동성파(桐城派)의 고문이 어떻게 시대적 조류에 따라 변모하면서 시대적 요구에 부응하였는지를 설명해주고 있지만, 사실 이는 고문의 역사를 통해 고문 쇠락의 역사적 필연성을 강조하기 위함이었다. 그의 『중국문학 50년』은 "고문의 쇠락사" 혹은 "고문의 종말사"라고 보는 편이 더 적절하다. 그에 의하면 증국번(曾國藩) 이후 일시적인 고문의 중흥과 혁

13 마스다 와타루(增田涉)는 일찍이 후스의 『중국문학 50년』이 당시 중국에서는 유일한 "최근 문학사"였으며, 중국 현대문학사 서술에서 흔히 황준헌을 구어체 시의 적극적인 실천자로 높이 평가하고 문학사적으로 강조하기 시작한 것도 후스의 이 저서로부터 비롯되었다고 지적하였다. 增田涉, 「黃遵憲について(覺書)」, 『人文研究』 第15卷 第6號, 大阪市立大學, 1964, 26-38쪽,

신은 백화문으로 나아가는 역사적인 추세에서 고문이 마지막으로 보여준 적응전략이었다. 그런 의미에서 청 말 일부 고문과 옌푸(嚴復)와 린수(林紓)의 고문 번역문은 고문의 새로운 경지를 개척한 역사적 의미를 지니고 있다는 것이다. 담사동(譚嗣同)과 량치차오의 신문체(新文體), 장스자오(章士釗)의 정론문, 그리고 장빙린(章炳麟)의 학술적 고문 역시 시대 변화의 추세에 부응한 새로운 고유의 특징을 가지고 있다고 평가하였다. 물론 이러한 고문의 역할에 대한 평가는 최종적으로 더 이상 고문의 변신이 어려울 정도로 발전한 나머지 이제 백화로의 대체가 불가피하다는 그의 결론을 위한 불쏘시개에 불과하다. 후스가 비록 고문은 결국 역사의 무대에서 사라져야 할 운명이라고 주장하기는 했지만, 청 말 이후 고문의 대가 및 그들의 문학적 실천에 대한 그의 평가는 이후 문학사 서술의 기본 논조가 되었다.

마지막으로 『중국문학 50년』은 5·4 신문학운동을 이전 역사와 구분 짓는 중요한 역사적 전환점으로 제시함으로써, 새로운 신문학사 혹은 현대문학사의 '5·4문학 기점론'의 근거가 되었다. 후스에게 5·4 신문학운동은 단순히 이전 백화문운동의 연속적인 발전이 아니라 새로운 시대적 전환을 의미한다. 그는 신문학운동 이후의 백화문학과 이전의 백화문학을 명확히 구분하고 있다. 고문의 사망선고는 곧 백화 자체의 승리가 아니라 특정한 백화의 승리를 의미한다. 그는 역사적으로 백화문의 가치를 평가하면서 두 가지 문제점을 지적하고 있다. 첫째는 백화문학을 창조하는 사람들에게 백화문의 가치에 대한 자각적인 의식이 부족했다는 점이다. 백화문학을 창작하거나 주장하는 사람들은 대부분 주요 독서가인 문인들이 아니라 일반 기층 대중을 대상으로 하면서 백화문을 고문의 하위에 위치지었다는 것이다. 둘째는 이전의 백화가 비록 언어는 백화라 하더라도 그 문학적인 가치는 턱없이 부족하다는 점이다. 특히 서사적인 측면에서 플롯을 구성하고, 작품을 짜임새 있게 조직하는 데 너무 많은 한계를 지니고 있다고 비판한다.

이에 비해 신문학운동 이후의 백화문학은 서구문학의 영향을 받아 언어와 구조 모든 면에서 새로운 경지의 백화문학을 창조하고 있다고 보았다. 그는 청 말 시기 백화문학, 특히 백화소설과 비교하여 5·4 신문학운동 시기의 백화문학을 '의식적'인 실천으로 간주하면서 이때에 이르러 백화문운동은 비로소 자각적이고 계획적이며 전면적인 백화문학의 시대를 열게 되었다고 보았다. 이러한 측면에서 볼 때 후스의 『중국문학 50년』은 5·4 신문학운동의 연장선에서 고문에 대한 비판과 신문학의 발전방향을 제시하고 있다. 문학의 역사에 대한 학리적인 정리나 연구라기보다는 오히려 '운동론' 혹은 '진영론'적인 관점에서 50년간의 문학을 평가하고 있는 것이다.[14]

후스의 『중국문학 50년』이 현대문학사로서 지닌 이러한 역사적 의미는 당시 저술된 다른 문학사와 비교하면 더욱 잘 드러난다. 중국에서 문학사 서술은 이미 1904년 린추안자(林傳甲)가 경사대학당의 국문 강의교재로 쓴 『중국문학사』[15] 전후 시기부터 시작되었지만, 1920년대 중반까지 10여 종이 넘는 문학사들 대부분이 서술대상의 하한시점을 청 대까지로 잡았다. 물론 마오뚠(沈雁冰)의 「근대문학 체

---

14 물론 이 점이 빌미로 작용하여 적잖은 비판을 받기도 하는데, 이에 대해 뒤에서 다시 언급하겠다.

15 이 문학사는 1910년 상해과학서국(上海科學書局)에서 『중국문학사』라는 제목으로 출판되었다.

〈표 1〉 1920년 전후 시기 발간된 중국문학사의 서술 하한(下限) 시기

서명	저자	출판년도	출판사	서술 하한 시기
中國文學史	王夢曾	1914	商務印書館	청 중기까지
中國文學史	曾毅	1915	泰東圖書局	청 전기까지
中國文學史	張之純	1915	商務印書館	청 말까지
中國大文學史	謝無量	1918	中華書局	청 말까지
中國文學史	葛遵禮	1920	會文堂新記書局	청 말까지
中國文學變遷史	劉貞晦, 沈雁冰	1921	上海新文化書社	신문학운동까지
新著國語文學史	淩獨見	1923	商務印書館	신문학운동까지
中國小說史略	魯迅	1923	新潮社	청 말까지
中國文學史略	胡懷琛	1924	梁溪圖書館	청 대까지
中國文學史大綱	譚正璧	1925	光明書局	1920년대 전반까지

계의 연구(近代文學體系的硏究)」와 함께 묶어 발간한 류전후이(劉貞晦)의 『중국문학변천사(中國文學變遷史)』와 링두젠(淩獨見)의 『신저국어문학사(新著國語文學史)』와 같이 후스에 앞서 5·4 신문학운동 시기를 일부 다루는 문학사 서술이 없었던 것은 아니다.

하지만 류전후이의 경우는 백화문 제창의 역사적 동기와 백화문학의 한계, 그리고 고문과 백화문의 공존 가치, 신시와 희곡 방면의 새로운 동향 등을 각각 한두 단락에 걸쳐 단편적으로 지적하는 데 그치고 있다.[16] 링두젠의 『신저국어문학사』는 1922년 3월 절강(浙江)성 국어전습소로부터 국어문학사 강의를 요청받고 3개월 만에 저술한 백화문학사이다. 링두젠은 일찌기 1921년 북경 제3기 국어강습소

16 劉貞晦, 沈雁冰, 『中國文學變遷史』, 上海新文化書社, 1921, 69-74쪽.

에서 후스의 국어문학사 강의를 들었는데, 그의 『신저국어문학사』는 1921년 가을에서 1922년 봄까지 후스가 북경 국어강습소와 천진의 남개(南開)학교에서 진행된 직예(直隸) 국어강습소에서의 강연원고로 사용했던 『국어문학사』를 참조하여 개인적으로 새롭게 저술한 것이었다. 이에 대해 링두젠 본인 스스로 게으른 "자신을 채찍하기 위해 쓴 것이며, 한편으로는 강의를 하면서 동시에 독서를 한 결과를 가지고 잡다하고 두서없이 편찬한 것"[17]으로 개인의 '독서록(讀書錄)'[18]에 가깝다고 고백하고 있다. 『신저국어문학사』의 마지막 제6편이 "중화민국" 시기를 다루면서 5·4 신문학의 특성을 설명하고 있지만, 대부분의 내용은 신시운동을 중심으로 작품의 나열과 간단한 소개에 그치고 있을 뿐이다.[19]

이와 같이 두 저서 모두 고대부터 중국문학의 전체 역사를 다루는 관계로 19세기 말 이후 중국문학의 변화 추세와 역사적 의의를 설명하기 위한 관점과 자료에 대한 검토가 매우 미흡한 편이다. 특히 이들 저서가 후스의 것과 다른 점은 무엇보다도 백화문학과 고문을 평가하는 시각에서 잘 드러난다. 류전후이는 백화는 이해하기 쉽고 편리하기 때문에 사회적으로 더욱 확산되는 것이 추세이기는 하지만, 그렇다고 고문이 가치가 없어 폐지해야 한다는 주장에 대해서는 반대하였다. 그는 옌푸의 번역의 경우 고문으로도 신학문을 잘 전달하고 있으며, 이를 백화로 번역한다고 해서 이보다 더 뛰어난 것은

17 凌獨見, 『新著國語文學史·自序』, 商務印書館, 1923, 1쪽.

18 黎錦熙, 「序三」, 凌獨見, 위의 책, 2쪽.

19 위의 책, 330-350쪽.

아니라고 주장하였다.[20] 링두젠은 민국 이후의 백화문학을 이전과 비교하여 의식적인 백화문학으로 보는 등 기본적으로는 후스의 관점을 따르고 있다. 하지만 백화문학은 이제 막 태동과정에 있어 그 수준이 낮고 민국 이래 백화소설의 경우도 가치 있는 작품이 거의 없다고 보아 5·4 신문학운동 시기 새로 출현한 백화소설들에 거의 주목하지 않았다.[21]

이와 비교하여 몇 년 후인 1925년에 발간된 탄정비(譚正璧)의 『중국문학사대강(中國文學史大綱)』은 훨씬 체계적이고 내용분석도 심도가 깊어 1920년대 대표적인 문학사 가운데 하나로 꼽을 수 있다. 탄정비는 비록 고대부터 현대까지의 전체 중국문학사를 서술하고 있지만, 본문 마지막 장에서는 "현대문학과 장래의 추세(現代文學與將來的趨勢)"라는 제목하에 신문학운동 및 그 후 문학연구회, 창조사, 국고정리운동까지 중국문학 변화의 추세와 대표 작가 및 작품에 관해 간략하지만 체계적인 서술을 보여주고 있다. 또 그의 "현대문학"[22] 시기구분은 이전의 "민국성립 이후의 문학"이나 "중화민국" 등과 같은 단순한 정치적 사건에 따른 시기구분에 비해 보다 깊은 사고를 보여준다. 아울러 현대문학의 시점이 청 말 무술변법 이후 량치차오의 주

---

20 劉貞晦, 沈雁冰, 앞의 책, 70쪽.

21 凌獨見, 앞의 책, 349쪽.

22 1920년대 신문화운동 이후를 현대문학으로 규정한 또 다른 대표적인 인물은 량스추(梁實秋)였다. 그는 1926년 2월 「현대 중국문학의 낭만적 추세(現代中國文學之浪漫的趨勢)」라는 글을 써서, 그해 3월 25일부터 31일 사이에 『신보부전(晨報副鐫)』에 연재하고, 1927년 또 『낭만적인 것과 고전적인 것(浪漫的與古典的)』이라는 제목하에 신월서점(新月書店)에서 출판하였다. 이 글에서 "현대 중국문학"이란 당시 일반적으로 부르던 신문학을 의미한다.

장으로부터 시작하여 후스와 천두슈(陳獨秀)에 의해 더욱더 진전된 과정으로 파악함으로써 무술변법 기점론의 선례를 보여주고 있다.[23] 특히 태평천국의 난 이후 대표작가의 선정과 작품에 대한 주요 평가에서 탄정비는 기본적으로 후스의 『중국문학 50년』의 평가를 그대로 따르고 있다. 김화와 황준헌, 북방의 백화소설은 물론 고문가들에 관한 평가에 대해서도 후스의 관점을 그대로 인용하고 있다. 그는 또 1929년 『중국문학사대강』의 내용을 대폭 수정하여 『중국문학진화사(中國文學進化史)』를 출간하였는데, 여기서 그가 당시까지 출간되어 참고할 만한 문학사로 거론한 것 가운데 19세기 중반 이후의 문학사 자료로는 『중국문학 50년』이 유일하다.[24]

근대 이후 중국문학에 대한 서술과 평가를 위한 전범으로서 『중국문학 50년』의 역할은 1920년대 가장 체계적인 근대문학사라고 할 수 있는 천쯔잔(陳子展)의 『중국 근대문학의 변천(中國近代文學之變遷)』에서도 잘 드러난다. 1928년 톈한(田漢), 쉬베이훙(徐悲鴻), 어우양위첸(歐陽予倩) 등이 조직한 상해 남국예술학원(南國藝術學院)은 여름에 근대문예강좌를 열었는데, 이때 천쯔잔은 톈한의 요청으로 '중국 근대문학의 변천(中國近代文學之變遷)'을 주제로 강의를 맡았다. 매주 2시간씩 6주간 진행되는 강의였다. "근대문학"이라는 당시로서 익숙하지 않던 제목의 그의 저서는 톈한의 요청에 따라 강의 교재로 저술한 것이었다. 강의를 맡은 천쯔잔은 처음에 후스의 『중국문학 50년』을 교재로 사용하려다 내용을 보충하여 새롭게 교재를 만들었다.

23 譚正璧, 『中國文學史大綱』, 光明書局, 1927(訂正3版), 147-172쪽.

24 譚正璧, 『中國文學進化史·序』, 光明書局, 1929, 3-4쪽.

강의 초기에는 후스즈(胡適之) 선생의 『중국문학 50년』을 바탕으로 나의 의견을 간략히 덧붙일 계획이었다. 하지만 그것은 『신보』 50주년을 기념하여 쓴 것이어서 시대구분도 그렇게 되었고, 또 백화문학에 편중되어 있었기 때문에 (내용도) 그렇게 되지 않을 수 없었다. 그로 인해 나의 견해와 다소 달라 별도로 강의록을 만들게 되었으며, 자료를 수집하는 대로 집필을 해나갔다.[25]

천쯔잔은 후스의 『중국문학 50년』이 자신이 생각하는 무술변법 이후의 근대시점과 다르고, 또 백화문학만이 아니라 후스가 분석대상에서 제외한 사(詞)와 같은 문학도 서술대상으로 포함시켜야 한다고 보았기 때문에 새로운 강의 교재를 저술하게 되었다고 밝히고 있다. 현대문학 혹은 신문학의 기점에 대해서는 이미 청 말 량치차오 등의 신문체에서부터 시작된다는 의견이 적잖이 호응을 얻고 있었고, 또 백화문을 중심으로 한 후스의 문학사 서술에 대해서노 비판적인 논의가 있었던 것을 감안하면 천쯔잔의 문제제기는 어렵지 않게 이해할 수 있다. 그럼에도 불구하고 천쯔잔의 『중국 근대문학의 변천』은 청 말부터 근대문학의 형성과정으로 설명하는 방식이나 황준헌의 신체시, 고문가들에 대한 평가, 시무(時務)문과 정론문, 번역문학, 1919년 이래 문학혁명 등의 주제에서 볼 수 있는 바와 같이 세부적인 부분에서 큰 틀에 이르기까지 후스의 『중국문학 50년』의 영향력이 뚜렷하게 남아 있다.

25 陳子展, 『中國近代文學之變遷』, 上海中華書局, 1929, 3-4쪽.

이와 같이 청 말에서 민국 초까지 중국문학의 복잡한 상황과 변화를 이해하는 데 후스의 『중국문학 50년』은 기본 안내서 역할을 하였으며, 근대/현대문학사 서술의 기본 모델이 되었다. 5·4 신문학운동에 깊은 관심을 가지고 있던 일본과 조선에서 후스의 이 저서가 출판되자마자 번역하고자 했던 것도 19세기 말 이래 중국문학의 변화 과정 및 향후 발전 방향을 이해하는 데 가장 기본적인 도서이자 유일한 지침서였기 때문이었다.

3. 후스의 문학사 서술 구상

고문과 백화문 논쟁에서 쟁점은 백화문학이 가능한가 혹은 필요한가가 아니었다. 백화문의 필요성은 이미 청 말부터 제기되어 왔고, 민국 시기에 접어들어서도 더욱더 사회적으로 확산되어가는 추세였다. 1905년 과거제의 폐지와 신학문의 유행으로 고문을 배우려는 학생이 나날이 적어지고 백화문은 반대로 계속 확산되고 있었다. 백화문의 응용과 확대의 필요성에 대해서는 이미 사회적으로 널리 공인되었다. 옌푸나 린수 혹은 다른 고문가들도 백화문의 중요성과 의미를 부정한 것은 아니었다. 문제는 고문이 더 이상 가치가 없고 사멸되어야 하는 것인가 하는 점이었다. 린수가 신문학운동을 비판했던 요지는 고문을 배우는 학생이 나날이 적어져서 혁명을 주장하지 않더라도 고문은 퇴조할 것인데, 굳이 문학혁명을 주장하여 고문의 명맥을 완전히 끊을 필요는 없으며 신학문이나 사상을 받아들이는 데 고문이 결코 방해가 되지 않는다는 것이었다.[26]

이러한 주장에 대한 후스의 관점은 고문은 '사멸'하여 이제 의미가 없는 언어라는 것이다. 그를 비롯한 신문학운동 진영이 지나치게 편향적이고 극단적이라고 비판을 받은 것도 백화문의 중시 때문이 아니라 고문은 이제 사멸하여 존재할 가치가 전혀 없다고 주장했기 때문이다. 린수와 같은 인물도 당시 시대적 상황에서 고문의 위기를 읽었지만, 후스는 여전히 백화가 주변적 지위에서 벗어나지 못하고 있는 한계상황에 더 주목했다. 청 말 이래 백화신문이나 잡지들이 대거 등장하기는 했지만, 이는 어디까지나 기층대중이라는 제한된 대상과 목표를 위한 것이었다. 이러한 상황에 결정적인 변화를 준 것은 1919년 5·4 운동이었다. 5·4 운동은 정치적이고 사회적인 운동으로서 학생과 상인, 노동자 등을 포함한 폭넓은 사회적 대중들이 참여한 운동이었다.[27]

이러한 운동주체들과도 관련이 있었겠지만, 5·4 운동의 발발과 더불어 폭발적으로 등장한 것이 백화문 잡지였다. 이 시기에 다시 새롭게 대두된 백화문 잡지의 조류는 청 말 시기 백화문 잡지의 조류[28]와 다소 다르다. 우선 이 시기의 백화문 잡지는 특수 계층을 위한 제

26 1919년 3월 18일 린수가 『공언보(公言報)』에 발표한 「차이위안페이에게 보낸 공개서한(致蔡鶴卿書)」과 1917년 3월 8일 『신보』에 발표한 "중화편역사함수부(中華編譯社函授部)"의 학생모집을 위한 「린친난선생 선언(林琴南先生宣言)」 참고.

27 이에 대한 자세한 연구는 周策縱 著, 陳永明等 譯, 『五四運動史』, 岳麓書社出版, 1999, 78-100쪽(Tse-Tsung Chow, *The May Fourth Movement: Intellectual Revolution in Modern China*, Harvard University Press, 1960) 참고.

28 청 말에서 민 초 시기 백화문 신문과 잡지는 대략 170여 종에 달했다고 한다. 蔡樂蘇, 「清末民初的一百七十餘種白話報刊」, 丁守和主 編, 『辛亥革命時期期刊介紹』 第5輯, 人民出版社, 1983, 493-538쪽.

한적인 의미가 아니라 모든 계층을 망라한 전체 국민을 위한 것이었다. 즉 대부분의 잡지가 백화로 발간되었다. 후스에 의하면 1919년에만 백화신문과 잡지가 4백-5백 종 발간되었다고 한다. 이러한 백화보(白話報)들이 1917-1919년 초 신문학운동의 결과라고 할 수는 없다. 신문학운동이 없었더라도 당시 시대적인 조류에 비추어 볼 때 새로운 백화보 시대의 도래는 가능했다. 특히 1916년 "중화민국 국어연구회(中華民國國語研究會)", 1919년 "국어통일주비회(國語統一籌備會)"가 조직되고 나서 이들 조직은 국어운동을 위해 중요한 역할을 했다. 1920년 소학교에서의 국문교본을 국어교본으로 바꾸도록 한 교육부의 결정은 당시 백화보를 비롯해 각 분야에서의 백화 사용이 급속히 확대된 사회적 압력도 작용했지만, 상기 두 조직의 역할이 결정적이었다.[29] 이 과정에서 『신청년』 그룹과 북경대학 그룹이 중요한 역할을 했을 뿐만 아니라 소학교에서의 국어교육이나 백화문 확대의 필요성에 대해서는 사회적 공감대가 널리 확산되어 있었다.[30]

---

29 차이위안페이가 정회장을 맡았던 국어연구회는 1918년 회원이 1천5백여 명이었지만 1920년에는 1만 2천여 명으로 급증하는 등 국어운동을 위한 가장 유력한 사회단체였다. 그리고 1919년 4월 조직된 국어통일주비회(國語統一籌備會)는 교육부가 직접 관계를 맺고 있었으며, 그 국어통일주비회에는 첸쉬안퉁(錢玄同), 후스, 류푸(劉復), 저우쭤런(周作人), 마위자오(馬裕藻), 차이위안페이, 자오위안런(趙元任), 리진시(黎錦熙) 등 신청년 그룹과 북경대학 그룹이 대거 참여하고 있었다. 1920년 소학 국문 교과서를 국어 교과서로 바꾸도록 결정한 것도 1919년 류푸, 저우쭤런, 후스, 주시쭈(朱希祖), 첸쉬안퉁, 마위자오 등이 국어통일주비회에서 국어통일 진행방법 가운데 하나로 소학 교과서의 개편을 주장한 데 따른 결과였다. 민국 시기 국어운동에 대해서는 黎錦熙, 『國語運動史綱』(民國叢書 第2編, 52卷), 上海書店, 1990, 66-73쪽 참고.

30 일례로 1918년 산서(山西)성 성장(省長)이었던 옌시산(閻錫山)도 초등학교의 모든 교과목을 일률적으로 백화문으로 바꾸어야 한다고 주장하고 구체적인 시행을 위해 준비하기도 하였다. 「太原」 소식란, 『申報』, 1918. 6. 16.

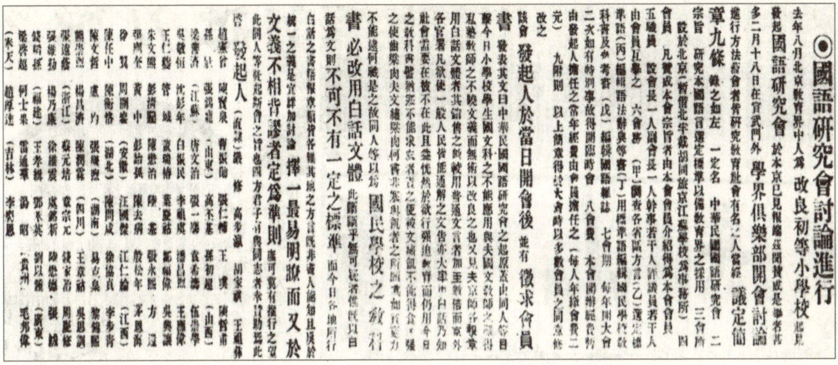

◉國語研究會討論進行

改良初等小學校

國語研究會

學界俱樂部開會討論

議定簡章九條

發起人於當日開會後

徵求會員書

必改用白話文體

國民學校之教科書

不可不有一定之標準

擇一最易明瞭而又於文義不相背謬者定為準則

發起人

〈그림 3〉 1917년 3월 9일 자 『신보』에 실린 국어연구회 소식. 초등학교 교과서를 백화문체로 바꿀 것을 주장하고 있다.

새삼 주목할 것은 새로 등장한 많은 백화보들이 그 문체나 형식에 있어서 천두슈가 발간하던 『매주평론』을 모델로 삼고 있었고 새로운 구두 표기법을 따르고 있었다는 점이다. 『신청년』 잡지는 1918년부터 전면적으로 백화문과 신식 표점을 사용하였으며, 그 후 출간된 『매주평론』과 『신조(新潮)』도 처음부터 백화와 신식 표점을 사용하였다. 이러한 실천적 활동은 혁명문학의 구호보다도 사회적인 파장이 컸는데, 그 이유는 신식 표점을 통해 백화문의 가독성을 높임과 동시에 다양한 형식의 백화문체가 지닌 장점을 쉽게 인식할 수 있었기 때문이었다. 이와 같이 후스와 천두슈 등 신문학운동 진영이 5·4 시기 백화문운동에 미친 영향은 그 주장과 직접 연관된 것만이 아니라 오히려 새로운 백화문체와 구두점 사용이었다. 당시 서구화된 백화문으로 불린 이 문체의 특징은 백화가 거의 입말에 가까운 서민들의 언어에서 서구의 지식과 논리를 담아내어 지식인의 사유에 부합할 수 있는 언어로 탈바꿈하였다는 점이다. 백화는 이제 기층대중의 계몽을 위한 도구에서 지식인들의 자기표현을 위한 언어로 변모되었다. 후스는 이를 국어문학운동으로 규정하며, "이전에는 국어를 백성들을 위한 방편으로 삼고 사대부들은 사용하지 않았지만, 이 시기에 이르러 국어로 문학을 창작하고 그들과 우리의 구분을 없앴다. 이전에는 고문을 정식으로 공격하는 사람이 없었지만, 이 시기에 이르러 비로소 고문의 전복을 명확히 선언하게 되었다"[31]고 하였다.

후스의 문학사 서술은 이러한 국어문학운동의 맥락 속에서 이해할 필요가 있다. 1922년 신보관에서 후스에게 요청한 것은 국어문학이 아니라 "최근 50년간의 중국문학"이었고, 거기에는 응당 백화 이외에 고문을 비롯한 다양한 문학 장르들이 포함되어 있어야 한다. 그런데 후스가 쓴 『중국문학 50년』은 고문문학을 다루기는 하지만, 기본적으로는 근대 백화문학사이다. 국어강습소에서처럼 국어문학사가 아닌 근대문학사를 요청했음에도 후스가 백화문학을 중심으로 구성한 것은, 특정한 목적을 향한 진화의 관점에서 문학사를 서술하거나 중국의 문학사 전체에서 백화문학의 역사적 정통성과 합법성을 세우고자 하는 그의 의도를 명확히 드러낸다. 이러한 시각에서 역으로 다시 국어문학사를 보면 그것은 이제 단순히 국어문학사가 아니라 전체 중국문학사가 된다. 후스의 국어문학사는 『중국문학 50년』에 의해 자연스럽게 국어라는 제약을 벗어나 명실상부한 문학사로서의 지위를 갖추게 된다.

그는 『중국문학 50년』을 집필하기 이전에 이미 백화문학의 의의

31 曹伯言 整理, 앞의 책, 414쪽.

와 정당성을 역사적으로 고찰하고자 하는 작업의 일환으로 중국문학사를 서술하고 있었다. 『백화문학사』의 저본으로 알려진 이른바 『국어문학사』가 그것인데, 이는 처음부터 교육부에서 주관하던 국어강습소[32]에서의 강연을 위한 원고로 작성된 교재였다. 다시 말해 "국어문학사"라는 제목의 강좌는 교육부에서 요청한 내용이었고, 후스는 그 주제에 따라 강의 교안을 편찬한 것이었다. 그는 1920년부터 4월에 시작된 제1기 국어강습소부터 강의에 참가하였으나, 그 강연내용은 확인할 수 없다. 이어 1921년 겨울 제3기 강습소에서 그리고 그 이듬해 3월 남개(南開)학교의 국어강습소에서는 이미 『국어문학사』를 교재로 사용하였다. 구체적인 집필 시기는 1921년 11월에서 1922년 1월이었고, 국어문학사 집필이 끝나자마자 곧바로 2월 6일부터 『중국문학 50년』에 대한 집필이 시작되었다. 이처럼 두 문학사의 집필 시기만을 보면 후자의 서술이 전자의 서술로부터 영향을 받아 『국어문학사』의 관점이 『중국문학 50년』에도 동일하게 작용하고 있다고 볼 수 있다.

따라서 후스의 글쓰기 실천으로서의 문학사 서술이 지니는 의

32 교육부 주관 국어강습소는 1920년부터 시작되어 점차 전국적으로 확대되었다. 강의 내용은 국어문법, 문학사 등 다양했던 것으로 보이는데, 1921년 겨울 북경 제3기 강의를 보면 후스의 『국어문학사』 이외에도 리진시의 『국어문법』, 『국어교학법』, 첸쉬안퉁의 『성운연혁(聲韻沿革)』 등이 포함되어 있었다. 처음에 전국적으로 반향이 컸던 국어강습소는 1922년 겨울 제4기 이후로 참여하는 사람들이 급격히 감소하였다. 문제는 강습소가 2개월 과정으로 구성되어 강의 내용에 한계가 있었다는 점이다. 이로 인해 후스는 매번 송 대까지만 강의를 하고 그 이후 부분은 진행하지 못했고, 또 제4기 강습소 이후 활동이 약화되면서 더 이상 교안을 보충할 계기가 없었다. 이에 대해서는 黎錦熙, 「代序: 致張陳卿李時張希賢等書」, 胡適, 『國語文學史』, 北京文化學社, 1927, 1-4쪽 참고.

미를 이해하기 위해서는 『국어문학사』와 『중국문학 50년』의 관계를 잘 파악해야 한다. 그의 『국어문학사』 강의노트가 한 대부터 송 대까지 주로 고대에 집중되어 있었다면, 『중국문학 50년』은 현대문학사에 해당한다. 연이어 문학사 집필을 요청받은 후스의 입장에서 본다면 『중국문학 50년』은 근대 시기 국어문학사에 다름 아니었던 셈이다. 실제로 1922년 3월 23일 남개학교에서 두 번째 국어문학사 강의를 마치고 나서 후스는 『국어문학사』를 보충하기 위한 강목(綱目)을 새로 구상하였는데, 춘추전국시대에서 한·위·육조, 당·송, 금·원·명·청 대 백화문학, 국어문학운동 시기까지 이어지는 문학통사였다. 이러한 보충 계획은 오히려 『중국문학 50년』이 『국어문학사』 구상에 영향을 미치고 있음을 보여주는 반증이다. 왜냐하면 『중국문학 50년』이 1922년 3월 초에 완성되고 그가 곧바로 남개학교에서 이전에 썼던 『국어문학사』를 교재로 다시 강연하면서 보충할 필요성을 깨닫기 때문이다. 이미 "최근 50년간의 문학사"에 대한 서술이 진행된 상황에서 백화문학을 중심으로 한 문학통사를 완성하기 위해 원·명 시기와 청 대 중기까지의 문학사 서술만 남겨진 상태였다. 원 대 이후는 소설이나 희곡과 같이 백화문학이 크게 성행하기 시작한 시기이자 이 시기 개별 문학작품들에 대한 그의 연구가 진행 중이었던 것을 감안하면 전체 국어문학사 서술이 그리 어려운 과제는 아니었다. 따라서 『국어문학사』 보충을 위한 새로운 강목 가운데 청 대 말기 백화소설 부분에 대해서 후스가 "최근작 『중국문학 50년』 참고"라고 부기한 것은[33] 실제로는 단순한 삽입 이상의 의미를 지닌다.

---

33 曹伯言 整理, 앞의 책, 591-592쪽.

현존하는 『국어문학사』는 1927년 후스의 허락 없이 북경문화학사(北京文化學社)에서 출판한 판본이다. 이는 1922년 3월에 재편집한 것을 바탕으로 그해 여름 남개학교 강연에서 교재로 인쇄했다가 1922년 겨울 교육부 주관 제4차 국어강습소의 교재로 사용한 것을 저본으로 출간한 것이었다. 이에 대해 후스는 남개학교에서 강연하기 전의 판본 중에서 일부 절의 삭제와 목차를 보다 간략히 수정했다고 했지만, 실제 목차를 비교했을 때 마지막 제7장 "남송 이후 국어문학개론(南宋以後國語文學的概論)"은 1922년 남개학교에서의 강연과정 혹은 그 이후에 새롭게 추가된 것으로 보인다. 이 마지막 장에서 남송 이후의 국어문학이 주로 희곡과 소설을 중심으로 전개되었다고 보고 있으며, 소설은 또 북방소설과 남방소설로 나뉘고 남방소설은 북방소설의 영향을 받아 발전하게 되었다고 요약하고 있다. 이러한 북방소설과 남방소설을 구분하여 각 소설의 특징과 관계를 설명하는 방식은 이미 『중국문학 50년』 중 백화소설을 설명하는 과정에서 보여주고 있다. 또한 후스가 1922년 『국어문학사』에 대한 보충 계획을 갖고 있었음에도 실제 수정작업을 진행하지 않았고, 문학사 교재로 사용하기 위해 1927년 북경문화학사가 『국어문학사』를 출판할 때 부록으로 『중국문학 50년』을 함께 엮어 출간하고 있다는 점은 주목할 만하다.[34]

이는 문학사로서 『국어문학사』가 지니는 한계를 말해주지만, 후스가 생각한 한계는 단순히 시기적인 미완이라는 점만이 아니었던

34 胡適, 『國語文學史』, 北京文化學社, 1927.

것으로 보인다. 그는 1924년 『후스문존』 2집에 『국어문학사』를 제외시켰고 그 이후에도 수정하지 않다가 1927년 북경문화학사가 '무단'으로 출판하자 1928년 급하게 내용을 수정하여 『백화문학사』로 편찬하였다. 이러한 과정이 보여주는 바는 후스에게 문학사 서술은 중심적인 자기 연구과제가 아니었다는 점이다. 두 번째는 국어운동에서 국어문학사는 오히려 한계가 있어 새로운 문학사를 구상하고 있었다는 점이다. 국어문학사는 전체 문학사에서 특정분야에 국한된 의미를 지님으로써, 백화가 문학사의 정통이자 중심적인 지위에 있음을 논증하려는 후스의 입장에서 보면 오히려 한계가 명확하였다. 국어문학사의 완성을 독촉하는 리진시(黎錦熙)의 요구에 대해 그 자신이 새롭게 계획하고 있는 바는 국어문학사가 아니라 전체문학사라고 한 것은 『국어문학사』의 이러한 한계를 염두에 두고 한 말이었다.[35] 여기서 그가 말하는 전체문학사는 고문을 포함한 다양한 문학 장르를 대상으로 하면서도 백화의 정통적 지위를 논증할 수 있는 문학사이다. 그는 『국어문학사』의 개정판인 『백화문학사』에서 자신이 왜 백화문학사를 말하려 하는지 그 이유에 대해 다음과 같이 설명하였다.

> 난 모두에게 백화문학이 최근 3, 4년 동안 몇 사람이 터무니없이 날조해낸 것이 아니라는 사실을 알리고 싶었다. 난 모두에게 백화문학은 매우 길고도 영광스러운 역사를 지니고 있음을 알리고 싶었다. 난 사람들에게 국어문학이 일천수백 년 역사의 진화의 산물임을 알리고 싶

35 黎錦熙, 앞의 글, 3쪽.

었다. 국어문학이 이 일천수백 년의 역사를 지니지 못했다면, 역사 진화의 결과가 아니라면, 이 몇 년 사이의 운동은 결코 그렇게 쉽지 않았을 것이며 결코 그렇게 단기간 내에 전국적인 운동으로 바뀌지 않았을 것이다.…… 난 모두에게 백화문학이 중국문학사에서 어떤 지위를 차지하고 있는지 알리고 싶었다. 백화문학사는 중국문학사의 중심 부분이다. 중국문학사에서 백화문학의 진화사를 제외해버리면, 그것은 중국문학사가 아니라 단지 "고문전통사(古文傳統史)"에 불과할 뿐임을 모두 알게 하고 싶었다.[36]

후스에게 백화문학사는 백화의 진화사이자 동시에 고문의 쇠망사로서 사실상 중국문학사에 다름 아니며, 역사적으로 백화문학이 중국문학의 정종의 위치에 있음을 선언하고 있다. 이처럼 진화사관에 바탕한 백화문학에 관한 기본 관점은 그의 문학사 서술을 일관되게 관통하고 있는데, 후스의 이러한 문학사 서술의 기본 모델이 바로 『중국문학 50년』이다. 따라서 그의 『중국문학 50년』은 『국어문학사』나 『백화문학사』와의 연결고리 선상에서 놓고 볼 때 비로소 그 문학사의 체제와 서술 취지를 더 정확히 파악할 수 있다. 나아가 『중국문학 50년』은 20세기 최초의 중국 현대문학사로서, 상대적으로 고대문학에 편중된 『국어문학사』나 『백화문학사』와 함께 놓여야만 후스가 구상하는 문학통사의 전체 틀을 완결할 수 있다.

36 胡適, 『白話文學史(上卷)』, 商務印書館, 1934, 1-3쪽.

4. 『중국문학 50년』을 둘러싼 논쟁

후스에게 문학사는 그의 전체 학문방법의 측면에서 보면 예외적이고 독특한 의미를 지니고 있다. 국고정리와 같이 자료에 대한 실증과 학문 고유의 방법을 중시하는 그의 학문태도와는 달리 문학사는 일종의 가설을 세우고 역사적 자료를 역으로 추적하는 방식을 보여주고 있기 때문이다. 백화문학에 관한 그의 많은 견해들은 먼저 주장을 내세우고, 나중에 그러한 주장을 뒷받침할 만한 근거를 현재와 역사 속에서 발견하는 식이었다. 백화문학 및 문학사의 문제는 매우 현실적인 문제처럼 보이지만, 그 논쟁의 성격은 관점과 평가기준의 문제였다. 따라서 논쟁이 제대로 진행되기 위해서는 자신의 논리와 근거를 명확하고 설득력 있게 제시하는 것이 무엇보다도 중요했다.

이런 측면에서 그의 논쟁 대상이 주로 린수를 대표로 하는 고문가들이 아니라 오히려 나중에 『학형』파(學衡派)로 불리는 미국 유학파들이었던 것은 당연하다. 신문학 진영에서 첸쉬안퉁(錢玄同)이나 류반눙(劉半農)이 비록 동성파와 린수 등을 주요 논적으로 삼기는 했지만, 당시 이들은 신해혁명과 더불어 이미 문학의 패권적 지위나 지식계 담론에서의 발언권을 거의 상실한 상황이었다. 이들은 신문학운동 진영이 이미 정해 놓은 담론의 장에 적극 참여하여 발언할 만한 마땅한 내용이나 논쟁방식을 찾지 못해 궁색할 수밖에 없었다. 따라서 린수의 비판과 같이 신문학운동에 대한 비판은 다소 '희극적'으로 진행되는 등 문학개혁에 관한 사회적 논의를 활발하게 이끌지 못했다. 이에 비해 천두슈나 후스 등이 이끌었던 신문학운동에 대해 줄곧 관심을 갖고 비판해온 인물은 후셴쑤(胡先驌)와 메이광디(梅光迪) 등이었다. 후스의 문학혁명과 관련된 많은 논의들에는 이들이 잠재적인 논적으로서 '논쟁적 대화자'로 참여하고 있다고 해도 과언이 아니다. 비록 후스가 그들의 주장을 한마디로 무시하듯 외면하고 있을지라도 말이다.

후스가 『중국문학 50년』을 집필하기에 앞서 그의 문학실천에 대한 전면적인 비판이 제기되었다. 우미(吳宓), 메이광디, 후셴쑤를 비롯한 남경 동남(東南)대학 교수들이 주축이 되어 1922년 1월 『학형(學衡)』 잡지를 창간하였는데, 그 가운데 메이광디와 후셴쑤가 각각 「신문화 제창자를 평함(評提唱新文化者)」과 「『상시집』을 평함(評嘗試集)」이라는 후스를 비판하는 글을 발표하였다. 이에 대해 후스는 『학형』의 발간이 전적으로 자신을 비판하기 위한 것이라고 보고 2월 4일 자 『신보』에 "스펀(式芬)"이라는 필명으로 「「상시집을 평함」의 오류를 바로잡음(「評嘗試集」匡謬)」이라는 글을 실었다.[37] 그리고 다음 날부터 그는 『중국문학 50년』의 집필 준비를 시작하였다.

『학형』지가 출간되고 한 달 만에 재판을 인쇄할 정도로 반향이 있자 『중화신보(中華新報)』와 『시사신보(時事新報)』에서 이를 평하는 문장이 발표되는 등 신문학운동에 대한 찬반 토론이 재차 가열되었다. 이는 5·4 신문학운동이 전개된 이후 가장 체계적이고 본격적인 비판이었다. 1918-1919년에 있었던 린수를 비롯한 고문파들의 비판은 정상적인 토론과 논쟁으로 이어지지 못했던 데 반해, 『학형』파는 근대적 학문이론과 논쟁방식을 신문학운동 진영과 공유하고 있었고

37 曹伯言 整理, 앞의 책, 546-547쪽.

최신의 미국 유학파로서 신학문의 권위를 내세우며 오히려 신문학담론의 장에서 우위를 점할 수 있다고 자부하고 있었다. 특히 후셴쑤는 『학형』 제1기에 이어 후스가 『중국문학 50년』을 집필하는 시기였던 2월(『학형』 제2기)에도 계속 「『상시집』을 평함」을 연재하였으며, 『중국문학 50년』이 출판되자마자 몇 개월 지나 곧바로 이 책을 비판하는 문장을 역시 『학형』에 게재하였다.[38] 이에 대해 후스는 거의 무시하는 전략으로 대응하고 있지만, 그렇다고 후스가 그러한 비판을 의식하지 않았다고는 볼 수 없다.

사실상 『중국문학 50년』의 집필은 1920년 이후 신문학운동에 관한 본격적인 논쟁 속에서 진행되었고 발표된 이후에도 신문학진영 안팎으로부터 적잖은 논쟁거리가 되었다.[39] 따라서 후스의 『중국문학 50년』은 학술적인 차원에서만이 아니라 신문학 논쟁이라는 당시 시대적 맥락 속에서 그 의미를 고찰할 필요가 있다. 『중국문학 50년』을 중심으로 한 논쟁의 쟁점을 살펴보면, 신문학 건설의 필요성을 인정하는 것을 전제로 그 건설과정에서 고문의 역할을 어떻게 평가할 것인가, 역사적인 문학을 어떻게 평가할 것인가, 그리고 역사발전은 자연적인가 인간의 목적의식적 실천에 의한 것인가에 주요 초점이 맞추어져 있다. 즉 다음과 같이 논점을 정리할 수 있다.

첫째, 신문학을 건설함에 있어서 후스는 고문은 죽은 언어이므로

---

38 胡先驌, 「評胡適『五十年來中國之文學』」, 『學衡』 第18期, 1923. 6. 이 글은 이 책의 부록에 번역되어 실렸으니 참고 바란다.

39 후스와 후셴쑤의 주장 중 각각 『중국문학 50년』과 「후스의 『중국문학 50년』을 평함」에서 언급한 근거는 별도로 각주로 표기하지 않고, 그 밖의 문장에 대해서만 각주로 출처를 밝혔다.

신문학은 반드시 살아 있는 언어인 백화가 중심이 되어야 한다고 주장하였다. 또한 고대문학의 여러 형식들은 신문학 창작에 구속이 되는 만큼 이를 따르지 말고 자유롭게 창작해야 한다고 보았다. 그 이유는 입말과 괴리가 있는 고문으로는 보다 많은 사람들이 문학 창작에 참여하거나 이를 향유하기 어려우며, 세계문학의 발전 방향과도 배치된다는 것이었다. 이에 대해 후셴쑤는 고문은 일종의 서면어로서 고급문학을 창작하기 위해서는 여전히 유용하며, 음운과 같은 고문의 형식들도 그것을 잘 운용할 능력을 갖추면 창작의 구속으로 느끼지 않게 된다고 주장하였다. 즉 고문을 활용할 수 있는 작가의 능력이 문제이지 고문의 격식 자체가 문제가 아니라는 것이다. 또 서구문학의 언어가 라틴어에서 각 민족의 국어로 변화했다는 후스의 주장은 중국의 고문/백화의 대비와 동일시할 수 없다고 보았다. 라틴어와 각 민족어의 관계는 외국어와 국어의 관계인 데 반해, 중국에서는 고문이나 백화가 모두 민족 언어라는 것이다. 따라서 중국에서 고문의 폐지는 서구 근대국가에서 민족어로 라틴어를 대체한 것과 다르며, 오히려 민족 언어를 폐지하는 것이 된다고 지적하였다. 후셴쑤의 이러한 주장은 문화 민족주의적인 관점에 입각하여 중국 고유의 민족문화로서의 고문은 여전히 가치가 있으며, 신문학의 건설에서도 고문의 가치가 존중되어야 함을 강조하는 것이다.

둘째, 문학을 평가하는 기준은 무엇인가 하는 점이다. 후스가 역사 속에서 문학을 평가하는 기준은 작품의 완성도와 문학적 성취를 고려하고 있기는 하지만, 주요하게는 백화를 얼마나 잘 운용하고 있는가 하는 점이었다. 또 백화의 운용 능력은 얼마나 자신의 감정과 뜻을 자연스럽게 표현하여 전체 작품의 세계를 쉽게 공감하고 이해할 수 있도록 하는가에 달렸다고 보았다. 이러한 기준에 따라 그는 고문은 백화에 미치지 못하며, 문학의 발전은 곧 백화문학의 성숙과정이라고 보았다. 그는 근대 이전의 중국문학은 귀족문학이 성행하기는 했지만, 문학의 발전과정을 보면 귀족문학이 민중문학의 영향을 받아 백화문학으로 전환하여 점차 백화문학이 문학의 중심이 되어온 과정이었다고 보았다. 그리고 매 시기 역사는 퇴보하여 소멸되어가는 현상이 아닌 새롭게 발전해가는 추세에 주목해야 하며, 매 시기 문학도 쇠퇴해가는 고문이 아니라 나날이 새롭게 발전해가는 백화를 중심으로 서술해야 한다는 것이다. 이는 문학사를 백화문학의 발전사로 간주하는 그의 진화론적인 역사관에서 보면 자연스러운 일이다.

그러나 후스가 역사 속에서 백화문학을 중심으로 논하는 이유는 단순히 역사관 때문만은 아니다. 그의 이러한 주장은 기존의 역사가 지나치게 고문을 중심으로 논해지고 있는 편향성을 바로잡기 위해서도 또 다른 편향, 즉 백화문학 정통론이 필요하다고 보았기 때문이며, 백화로도 고문 못지않은 문학적 성취를 만들어낼 수 있다는 것을 입증하기 위함이었다. 그렇기 때문에 그의 『백화문학사』는 객관적인 학문연구라기보다 오히려 전략적으로 '운동'적인 차원에서 서술된 것이라고 할 수 있다. 이로 볼 때 메이광디가 신문학운동 진영을 비판하면서 그들은 사상가가 아니라 궤변가이고 학문하는 사람이 아니라 공명(功名)을 좇는 사람이라고 말한 것은 정확한 지적이라고 할 수는 없지만, 당시 신문학 논쟁의 성격의 일면을 간파한 것이다.[40]

---

40 梅光迪, 「評提唱新文化者」, 『學衡』 第1期, 1922. 1, 1-8쪽.

후스의 문학사 서술에 대해 후센쑤는 문학작품 혹은 문학사를 이해하는 능력의 부족을 비판하였다. 후스는 백화문학을 중심으로 서술하면서 고문문학에 대해서는 간략히 기술하거나 문제점을 지적하는 데 그치고 사(詞) 장르를 거의 무시하여 일체 언급하지 않았는데, 이는 전체 문학을 조감하고 개별 작품을 감상할 능력이 부족하거나 식견이 협애하기 때문이라는 것이다. 또 그리스문학이 여전히 높이 평가받으며 계속 번역되고 있는 바와 같이, 문학의 가치는 그것이 고문인가 여부와 관계없다고 주장하였다.

후스의 문학사 서술에서 보여주는 '편향'성에 대한 비판은 후센쑤와 같은 『학형』파 외에 신문학 진영 내에서도 제기되었다. 「후스의 『중국문학 50년』을 평함」이란 후센쑤의 비판적인 문장과 거의 같은 시기에 문학연구회 소속인 옌지청(嚴既澄)도 후스가 백화를 기준으로 고대의 운문(韻文)을 평가하는 것은 부당하다고 지적하였다.[41] 문학에 대한 평가는 백화의 사용 여부만이 아니라 시인의 독립적인 기개나 정신을 담고 있는가를 보아야 하며, 후자를 갖추고 있다면 그것이 옛것이든 현재의 것이든, 창조적인 것이든 모방적인 것이든 모두 가치가 있다고 보았다.[42] 이러한 기준에 따라 그는 적어도 후스가 가치 없다고 무시한 천싼리(陳三立), 정샤오쉬(鄭孝胥), 판쩡샹(樊增祥) 등은 당시 김화, 황준헌과 더불어 시대를 대표할 만한 시인이라고 주장하였다. 옌지청의 이러한 관점은 후센쑤의 견해와 매우 유사하다. 문

41 嚴既澄, 「嚴既澄致鄭振鐸」(1923年5月16日), 『小說月報』 第14卷 第6號, 1923年6月, 通信欄, 1-2쪽.

42 嚴既澄, 「與胡適之先生談談文學史上的"大"和"小"」, 『文學旬刊』 第74期, 1923年5月22日, 上海書店, 1984年影印, 2쪽.

학에 대한 평가는 그 언어나 체제, 신구 등에 의해 결정되는 것이 아니라 그 작품이 얼마나 작가의 독창적인 정신을 가지고 있는가, 그리고 시대를 초월하여 독자들에게 얼마나 감동을 주느냐에 달려 있다는 것이다.

마지막으로 문학의 역사적 발전에 있어서도 후스는 자연적인 추세와 의식적인 혁명을 구분하고, 신문학운동 이전의 백화문학은 자연적인 추세에 따라 발전해오다가 신문학운동에 의해 비로소 의식적인 운동으로 변화하게 되었다고 주장하였다. 후셴쑤 역시 중국 시가의 역사를 당우(唐虞) 시기부터 주(周) 말기, 서한에서 수, 성당에서 오대, 송 이후와 같이 4단계로 진화되어왔다고 설명하였다. 이러한 단계를 거쳐 시는 인간의 감정과 뜻을 더욱 풍부하고 명확하게 표현할 수 있는 기술을 발견해왔으며, 청 대에 이르러 고전적인 시는 더 이상 발전할 수 없을 정도로 완숙해졌다는 것이다. 이후 신문화가 전파됨에 따라 청 대의 시가는 더 이상 사람들에게 만족감을 줄 수 없게 되었지만, 신학문이 널리 확산됨에 따라 시대적 조류에 부합하는 사상과 감정을 완미한 전통적인 시가의 예술적 방식으로 표현해낸다면 중국 시의 신기원을 개척하게 될 것이라고 보았다.[43] 후스가 백화문학의 추세를 중국문학의 자연적인 추세로 보았다면, 후셴쑤는 시대적 문화의 변천에 따라 전통적인 고문 시가가 더욱 풍부해지고 완숙해지는 것을 자연적인 추세로 본 것이다.

한편 이와는 다른 차원에서 신문학운동 이전 시기의 문학사에서

---

43 胡先驌, 「評『嘗試集』」(續), 『學衡』 第2期, 1922. 2, 14-18쪽.

백화문학의 발전과정을 자연적인 추세로 볼 수 있는가에 관한 문제가 제기되었다. 옌지청은 중국의 역사를 통해서 보면 이전 시기 문학의 자연적인 추세는 오히려 백화가 아니라 고문으로 보아야 한다고 주장했다. 당시 사대부들과 다수의 사람들에 의해서 환영을 받았던 것은 백화문학이 아니라 오히려 고문이었으며, 문학계에서 백화문학에 호응하는 경우는 매우 소수였고 그런 가운데 백화문학의 발전은 거의 없었다. 백화문학은 줄곧 민간분야에서 자신의 길을 개척해왔지 귀족문학과는 무관했다는 것이다.[44] 그의 이러한 관점은 신문학운동 이전 문학의 중심은 백화가 아니라 고문이었다는 것을 의미한다. 이와 같이 후스의 『중국문학 50년』은 신문학운동에 대한 논쟁이 재연되는 시기에 집필되어 발표 이후에도 신문학의 건설과 관련된 논쟁의 중심에 자리하였다.

5. 조선 문단에서의 반향

중국에서 신문학이 한창 실험적인 단계에서 구체적인 건설방법을 모색하고, 동시에 교육적 측면에서 현대문학 및 문학사 강의가 필수적으로 요구됨에 따라 신문학의 발전 방향과 문학의 역사에 대한 체계적인 인식 방식을 둘러싼 문제가 자연스럽게 관심의 대상으로 부각되었다. 후스의 『중국문학 50년』은 비록 신보관의 50주년을 기념하

44 嚴既澄, 앞의 글, 2쪽.

여 1872년 이래 중국문학의 변천을 논하는 것이었지만, 당시 국어강습소에서의 국어문학사 강의와 국고정리 작업, 그리고 백화를 중심으로 한 신문학의 방향에 지속적인 관심을 지녔던 그로서는 지금까지 자신의 신문학 주장을 역사서술 속에 응축시키지 않을 수 없었다. 특히 최근 반세기 동안의 문학의 흐름은 여전히 현재 진행 중인 와중에서 문학사의 서술방식, 고문과 백화문학의 관계, 신문학운동의 역사적 지위, 백화문학의 역사적 정당성 등을 명확히 입증해야만 했다. 그러한 측면에서 『중국문학 50년』은 당시 처음 시도하는 현대문학사로서 상당히 실험적이고 도전적이며 전범(典範)적인 의미를 지니고 있다.

물론 후스의 『중국문학 50년』은 완전한 문학사 서술체계란 관점에서 보면 소략할 수 있다. 왜냐하면 저자의 집필 의도가 처음부터 문학의 역사에 대한 학리적인 정리나 연구에 있는 것이 아니라 오히려 '운동론' 혹은 '진영론'적인 관점에서 당시로서는 가장 '최근 50년간'의 문학을 최초로 평가하고자 시도했기 때문이다. 그러한 그의 문학사 실천은 20세기 이래 중국 현대문학사가 처음 어떻게 쓰여지는지 그 '원형'을 보여준다는 점에서 의의가 있고, 특히 신문학 개혁을 이끌었던 당사자가 동시대적인 관점에서 역사적으로 평가하는 작업을 하고 있기에 상당히 중요한 텍스트라고 볼 수 있다. 왜냐하면 이러한 그의 관점은 상술한 바와 같이 이후 꾸준하게 근현대문학사 서술의 '기본 틀'로서 작용하며 많은 연구자들에게 인용되어왔기 때문이다.

특히 당시 5·4 신문학 관련 논의들은 일부 새로운 구두점이나 문법 등에 관한 구체적인 문제를 다루기는 했지만, 기본적으로는 추상적인 차원에 머물렀을 뿐이었다. 당시 신문학을 평하던 사람들이 백화문학의 가치를 인정하면서도 실제 백화문학 작품에 대한 평가가 매우 인색했던 것도 이론과 실천 사이의 갭(gap)이 있었기 때문이다. 이후 1920년대 새로운 창작의 붐이 일어나고 역사적인 문학에 대한 재정리가 이루어지면서 쟁점들 역시 보다 구체화되었다. 그런 점을 감안하면 후스의 문학사 서술은 비록 요청에 따른 것이기는 하지만, 그의 문학주장을 작품비평과 역사비평을 통해 구체화하는 실천행위이자 이론과 실제 사이의 갭을 극복해야 하는 과제이기도 했다.

이러한 시대적 의미를 지닌 『중국문학 50년』은 중국만이 아니라 일본과 조선에서도 동 시기에 각별한 주목을 받으며 적잖은 반향을 일으켰다. 일본에서 1923년 2월 앞서 언급했던 하시카와 도키오에 의해 『최근의 지나문학(輓近の支那文学)』이라는 제목으로 번역되었다. 같은 시기 조선에서도 양백화(梁白華)가 1923년 8월 26일부터 10월 21일까지 총 6회에 걸쳐 『동아일보』 일요일판에 「후스의 『最近五十年의 中國文學』」이란 제목의 번역문을 본격적으로 연재하였다. 그리고 한참 뒤인 1941년 1월과 4월 두 차례에 걸쳐 이육사(李陸史)가 『문장(文章)』지에 「후스의 『중국문학 50년사(中國文學五十年史)』」란 제목으로 다시 번역문을 게재하며 재차 주목을 끌었다. 이와 같이 후스의 『중국문학 50년』은 1923년 특간으로 출판되고 1년 뒤에 단행본으로 출판되기에 앞서 오히려 일본에서 먼저 단행본이 나오고 동시기에 조선에서도 잇따라 번역 게재되었다. 이는 『중국문학 50년』이 당시 주변 국가를 포함한 동아시아에서도 상당한 영향력과 비중을 지니고 있었음을 의미한다.

후스의 문장이 출판되자마자 일본과 조선에서 즉각적인 반향이 있었던 데는 양국이 그 이전부터 중국의 신문학운동에 대해 꾸준한 관심을 지녔기 때문이다. 특히 조선에서는 청 말 이래 중국의 변혁운동을 줄곧 주목하고 있었는데, 일본 및 서구 열강의 압박하에 유사한 위기의식과 문제의식을 지니고 내부로부터의 변혁을 통한 대외적인 위기 극복과 근대화의 길을 모색하는 데 서로 참조적인 의미가 있었던 것이다. 일본의 지배하에 놓인 조선에서 한편으로는 일본이나 서구로부터 지속적으로 새로운 사상과 문화를 수용하면서도 동시에 일본의 영향력에서 벗어나기 위한 노력이 수반되었는데, 후자의 견지에서 중국의 변화 움직임은 중요한 관심의 대상이었다. 제1차 세계대전 이후 3·1운동과 5·4 운동을 거치면서 조선과 중국 지식인들의 교류가 더욱 밀접해졌고, 그 과정에서 신문화운동이 조선 지식인들의 관심을 끌게 된 것은 지극히 자연스러운 현상이었다.

1920년대 문학 방면에서 중국과 조선의 가교적 역할을 하며, 꾸준히 번역과 평론을 통해 중국의 신문학운동 이론과 작품들을 소개하는 데 앞장섰던 이가 바로 양백화이다. 그의 본명은 양건식이며 관립 한성외국어학교 출신이었는데, 그가 처음으로 그러한 활동을 시작한 것은 1920년 11월 『개벽(開闢)』(제5호)에 후스의 신문학론을 소개하는 글을 번역 연재하면서부터이다. 1921년 2월(제8호)까지 총 4회에 걸쳐 「胡適을 중심으로 한 중국의 문학혁명」이란 제목으로 실린 이 문장은 일본의 아오키 마사루(青木正児)가 1920년 9월부터 11월까지 『지나학(支那學)』 잡지에 게재한 「후스를 중심으로 소용돌이치고 있는 문학혁명(胡適を中心に渦いてある文學革命)」이라는 논문을 번역한 것이었다.[45]

이 글은 최근 중국 문단에 일어난 문학혁명의 핵심을 백화문학의 고취로 보고, 이를 처음으로 제기한 후스의 「문학개량에 관한 소견(文學改良芻議)」(『신청년』 제2권 제5호, 1917. 1)에 실린 구체적인 내용을 소개하면서 천두슈, 첸쉬안퉁, 류반눙 등의 주장이 후스보다 더 급진적이라고 평가하였다. 이어 후스의 「건설적 문학혁명론(建設的文學革命論)」의 요지로 문학적 국어의 제정에 앞서 국어의 문학 건설이 급선무라는 주장을 소개하고, 형식에 대한 혁명에서 이제 내용적인 혁명으로 나아가는 전환을 보여준다고 설명하였다. 이 외에도 후스의 백화시 실험과 단편소설론, 희곡개량론을 상세히 정리하는 한편, 그의 신문학론에 반대하는 주장들을 역류 현상으로 규정하고 그러한 반대파 세력에 부딪혀서도 문학혁명이 점차 대세로 되어가는 전반적인 과정을 객관적으로 고찰하고 있다. 비록 이 글이 후스 문학론의 직접적인 번역이 아니라 일본학자의 논문을 번역한 것이라 하더라도, 당시 중국 문학혁명의 전개과정과 다양한 신문학 관련 주장들, 그리고 그 선도자로서 후스가 차지하는 위상 및 주요 이론들을 비교적 상세하게 국내에 처음 소개하고 있다는 점에서 그 의의가 자못 크다.

위의 글이 한창 연재되고 있던 1921년 1월 『개벽』 신년호 특집에 후스가 보낸 축사(祝詞)와 서신이 나란히 게재되었다. "『개벽』의 발

45 青木正児, 「胡適を中心に渦いてある文学革命」, 『支那学』 第1巻 第1号-第3号, 1920年 9月, 10月, 11月. 아오키 마사루는 1919년 12월 『대정일일신문(大正日日新聞)』에 「각성하는 지나문학(覚醒せんとする支那文学)」을 발표한 데 이어, 1920년 9월 『지나학(支那学)』을 발간함과 동시에 「후스를 중심으로 소용돌이치고 있는 문학혁명」을 연재하였는데, 당시 일본에서 이렇게 중국 신문학운동에 대해 깊은 관심을 가지고 적극적으로 소개한 것은 매우 드문 일이었다. 이에 대해서는 辜承堯, 「青木正児における中国文学史観に関する考察(一)」, 関西大学大学院東アジア文化研究科, 『東アジア文化交渉研究』 Vol. 9, 2016. 3, 221-222쪽 참고.

전을 축원합니다(祝開闢的發展)"란 축사와 함께 보낸 짤막한 서신에는 "저는 귀 잡지를 읽고 비로소 귀 잡지가 동방문학계의 샛별임을 알았습니다. 귀 잡지에 보내는 몇 글자로 신년 축하말을 대신할까 합니다. 귀사(貴社)가 나날이 발전하기를 기원합니다"라는 내용과 함께 "민국 9년(1920) 12월 19일 후스 드림"으로 끝맺는다. 이 축사와 서신은 신년호 표지 다음의 맨 앞 첫 페이지에 실려 있는 것으로 보아 당시 『개벽』에서 후스를 어떻게 인식했는지를 가늠케 한다. 동 잡지의 후반부에 상술한 후스 신문학론에 관한 양백화의 번역문도 실려 있기 때문에, 가히 후스 관련 소식이 전반과 후반을 모두 장식하고 있다고 해도 과언이 아니다.

양백화는 후스가 『개벽』에 보낸 축사와 서신에 대한 감사를 표하는 뜻에서 1921년 1월 17일 후스에게 직접 편지를 써서 자신을 중국문학을 연구하는 자로 소개하고, 문학혁명을 통해 중국문학에 새로운 생명을 부여한 귀하의 위대한 업적을 조선 청년들에게 소개하고 싶었다고 밝혔다. 또한 오늘날의 추세를 보면 중국과 조선은 문학혁명을 해야 한다면서 조선 청년들을 일깨우는 글을 부탁하는 것으로 끝맺고 있다.[46]

한성외국어학교 출신이기는 하지만 중국어가 아닌 일본어를 전공한 것으로 추정되는 만큼,[47] 중국어 실력이 뛰어나지 못한 그가 중국문학을 접한 주요 경로는 대부분 일본어 번역을 통해서였던 것으

46 耿雲志 編, 「胡適書信, 他人致胡適信」(20), 『胡適遺稿及秘藏書信』 42, 黃山書社, 1994, 601-605쪽.

47 박진영, 「중국문학의 발견과 전문 번역가 양건식의 초상」, 『근대서지』 10, 2014. 12.

로 판단된다. 초기에 중국문학은 이처럼 일본을 경유하여 한국에 수용되는 것이 일반적이었다. 그가 『동아일보』에 1922년 8월 22일부터 9월 4일까지 연재했던 「중국의 사상혁명과 문학혁명」 역시 그 자신이 밝힌 바와 같이 일본의 『일본 및 일본인(日本及日本人)』(1922년 7월호) 잡지에 실린 글을 번역한 것이다.[48] 이 글은 현 중국을 문예부흥시대로 규정하고 반공교(反孔教)운동에 이어 후스의 문학혁명을 서술하였는데, 주로 「문학개량에 관한 소견」의 8개 항목(이른바 '八不主義')과 「건설적 문학혁명론」을 집중적으로 조명하였다.

그는 또한 1923년 8월 26일부터 10월 21일까지 총 6회에 걸쳐 『동아일보』 일요일판에 후스의 「最近五十年의 中國文學」이란 글을 본격적으로 번역·연재하였다. 이는 하시카와 도키오가 『중국문학 50년』을 일본어로 번역한 『최근의 지나문학』을 참고하여 번역한 것으로 보인다.[49] 양백화는 번역문 서두에서 이 문장을 번역하게 된 동기를 다음과 같이 설명하고 있다.

> 현재 중국에서 新文化新文學의 母라고 하는 北京大學教授胡適氏는 임의世上에서 다아는바와가치 일즉이 文學革命을 提唱하고 國語文學卽言文一致의新建設에努力하야 青年學子의 渴仰을밧는 新人인바 이제本紙에 譯載하는本文은 氏가 上海申報五十周年紀念號를爲하야

48 양백화가 연재를 시작하기에 앞서 출처를 간단히 밝힌 것 이외에 현재로서 정확히 누구의 어떤 글을 번역한 것인지는 알려지지 않고 있다.

49 상술한 바와 같이 후스의 저작은 1920년대 중국어본과 번역본이 모두 6종이지만, 그중 목차가 있는 것은 3종인데, 중국어본과 일본어본의 목차가 다소 다르다. 양백화의 번역본의 목차가 일본어본과 동일한 것으로 미루어 보아 일본어본을 참고했을 것으로 보인다.

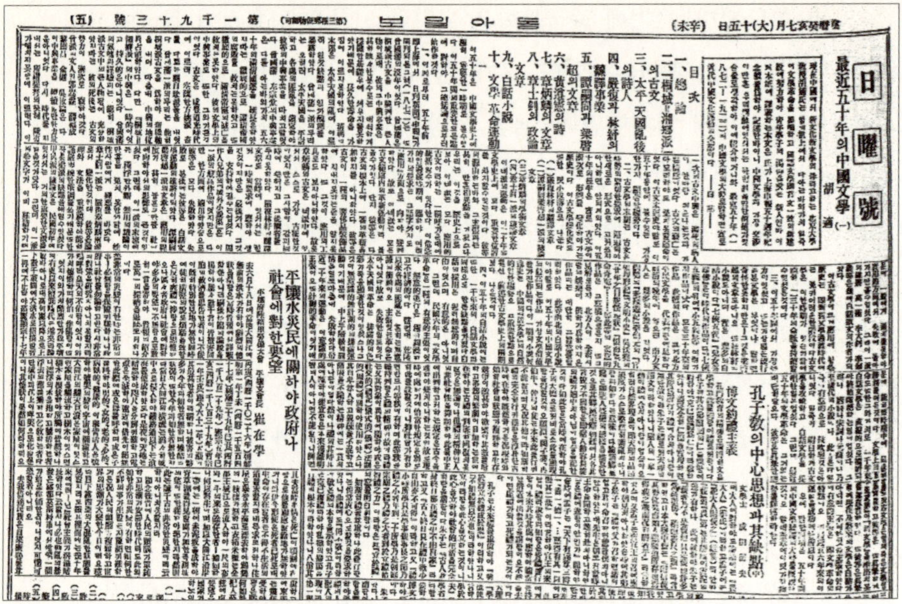
동아일보

日曜號

最近五十年의中國文學 (一)

胡適

孔子敎의中心思想과其缺點

平壤水災民에關하야政府나社會에對한要望

崔在學

〈그림 4〉『동아일보』 1923년 8월 26일 일요일호에 수록된 「最近五十年의 中國文學」

> 記述한바이니 中國文學과 가장 交涉이만흔 우리朝鮮에잇서서는 한번 읽을만한價値가잇슬줄로생각하야 이에 紹介하거니와 最近五十年(一八七二-一九二二)의 中國文學의大勢로말하면 實로 近代中國文化運動의 全部이다.
>
> 一白華

위의 인용문처럼 조선 문인의 눈에도 후스가 기술하고 있는 50년은 곧 "근대 중국문화운동의 전부"라고 칭할 수 있을 정도로 중국 문단의 가장 중요한 변혁기이자 관건적인 시기였으며, 이에 대한 역사적 서술은 현 중국 문단의 추세를 가장 잘 나타낸다고 보았다. 그가 후스의 문학론 가운데 대표적인 글이었던 「문학개량에 관한 소견」이나 「건설적 문학혁명론」에 대해서는 번역이 아니라 내용 소개에 그친 반면, 번역하기도 까다로운 장문의 『중국문학 50년』을 선택한 것은 그만큼 그 글이 중국 신문학운동의 역사적 의미와 특징을 명쾌하게 서술해주고 있다고 보았기 때문이다. 그는 구문학의 쇠망과 더불어 신문학 건설의 길은 조선에서도 똑같이 요구된다고 보았을지도 모를 일이다.

양백화는 먼저 목차를 다음과 같이 맨 앞에 제시하였는데, 1. 總論, 2. '桐城一湘鄕派'의 古文, 3. 太平天國後의 시인, 4. 嚴復와 林紓의 번역사업, 5. 譚嗣同과 梁啓超의 문장, 6. 黃遵憲의 시, 7. 章炳麟의 문장, 8. 章士釗의 政論文章, 9. 白話小說, 10. 文學革命運動이다. 이는 그가 처음에 완역을 목표로 했다는 것을 의미한다. 그러나 실제로는 완역이 아니라 4장까지만 번역되고 중단되었으며, 정작 중요한 후반부는 번역되지 않았다. 그 이유는 『동아일보』의 문제인지 아니면 역자의 문제 혹은 당시 조선 사상계의 문제인지 정확히 알 수 없다. 그럼에도 후스의 『중국문학 50년』은 1930년대 이후 중국의 신문학운동에 대한 본격적인 연구서들이 등장하기 전까지 당시 조선에서 중국의 신문학을 이해하기 위한 중요한 참고자료 역할을 하였다.[50]

---

50 또한 1928년 11월 25일부터 『조선일보(朝鮮日報)』에 박노철(朴魯哲)의 「중국신문학간고(中國新文學簡考)」가 실렸는데, 소설계의 타락, 백화문학 주장, 백화문학 현상을 논하며 28일 마지막 게재를 끝내면서 후스 씨의 「五十年來中國之文學」과 그 밖의 중국문학사에서 참고한 것임을 밝히고 있다. 여기서 말하는 그 밖의 중국문학사란 아마도 탄정비(譚正璧)의 『중국문학사대강(中國文學史大綱)』(光明書局, 1927) 등을 지

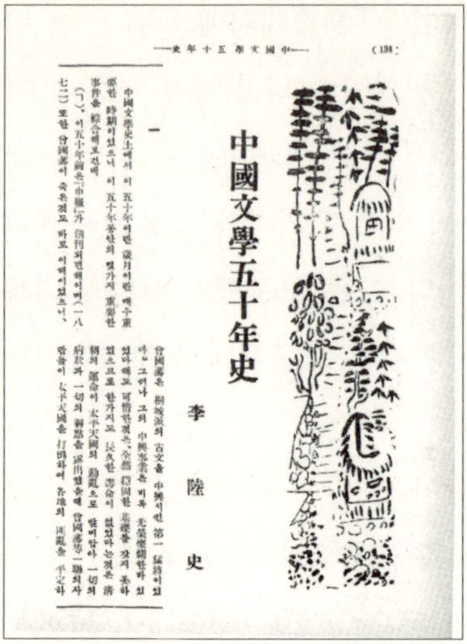

中國文學五十年史

李陸史

〈그림 5〉『문장』 제3권 제1호(1941)에 실린 「중국문학 50년사」

이어 『중국문학 50년』은 한참 뒤인 1941년 1월과 4월 2회에 걸쳐 『문장』에 「중국문학 50년사(中國文學五十年史)」란 제목으로 다시 게재되었다. 번역자는 독립운동가로 더 알려진 이육사(李陸史)로, 그는 중국 유학[51] 경험을 바탕으로 일본을 경유하지 않고 중국 자료에 근거하여 직접 중국문학을 수용하고 번역하였다. 양백화의 번역이 일본을 매개로 한 한계가 명확하였고 중국 신문학에 대한 조예가 깊지 못했던 반면, 이육사 같은 중국 유학 출신 번역자들의 등장은 직접적으로 중국문학을 받아들이면서 좀 더 주체적인 시각을 확보하고 수용 기반을 넓혀가는 데 영향을 주었다. 비록 『문장』에서도 4장까지만 번역·게재되었고 일부 중략도 눈에 띄지만, 양백화의 번역문에 비해 전체적으로 번역이 무난하고 가독성이 좋아진 측면이 있다.

이육사는 1930년대부터 문필활동을 시작하였고, 일찌기 상해에서 루쉰을 직접 만나기도 했다. 이육사는 1936년 루쉰의 죽음을 애도

칭하는 것으로 보인다.

51 그는 1926-1927년 사이에 북경의 중국대학에서 유학하였고 1932년 10월부터 남경(南京) 근교의 조선혁명군사간부학교에서 6개월간 교육을 받았다고 한다. 이에 대해서는 홍석표, 「시인 李陸史와 중국 현대문학」, 『중국현대문학』 55호, 2010. 12 참고.

하는 추도문을 썼고 그의 소설 「고향(故鄕)」을 제일 먼저 한국 문단에 소개하기도 하였다.[52] 이렇듯 중국의 신문학에 대해 줄곧 깊은 관심을 갖고 있었던 그가 1941년에 후스의 『중국문학 50년』을 번역했다는 것은 그다지 놀랍지 않다. 하지만 그 시기만 하더라도 중국에는 이미 신문학에 관한 체계적인 연구가 적지 않게 출판되어 있었는데, 그런 최신의 저서나 문장이 아니라 20년 전의 글을 번역했다는 것은 특별한 의미가 있어 보인다. 그 이유 중의 하나는 후스가 서술하고 있는 '50년'의 역사가 앞에서도 말했듯이 가장 거센 격동기이자 문학혁명이 배태되는 전(全) 과정이었다는 점에서, 일제강점기의 절망적인 상황 속에 놓인 조선 문단에 시사해주는 바가 적지 않았기 때문일 것이다. 그렇지만 후스 문장의 가장 중요한 서술은 후반부 10장의 문학혁명운동에 있는데, 양백화도 이육사도 모두 번역을 중단하여 정작 조선 문단에 참조계가 될 수 있는 문학혁명에 관한 상세한 서술을 놓치고 있는 점이 아쉬움을 남긴다.

그러나 무엇보다도 이육사의 번역은 『중국문학 50년』이 지니고 있는 현실 문화에 대한 비판성과 복잡한 역사적 맥락에 대한 간명한 서술이라는 점과 더불어 20년대부터 줄곧 조선 문단에서 지속되던 후스에 대한 관심이나 열기와 결부시켜 바라보아야 한다. 후스의 「건설적 문학혁명론」이 1923년 4월 15일부터 5월 6일까지 총 4회에 걸쳐 『동명(東明)』 잡지에 연재된 것이 그 일례이다. 번역자 이윤재(李

52 이육사의 「루쉰추도문(魯迅追悼文)」은 1936년 10월 23일부터 27일까지 『조선일보』에 연재되었고, 그가 번역한 루쉰의 단편소설 「고향(故鄕)」은 1936년 12월 『조광(朝光)』에 실렸다.

允宰)는 1924년 북경대학 역사학과를 졸업하였는데, 그가 한창 북경에서 유학 중이던 당시에 이 글을 번역하여 연재하였다. 이 글이 처음 연재되기 시작한 제2권 제16호에는 번역자 이윤재 성명 앞에 北京이라고 적혀 있고, 한 페이지 전면에 실린 번역문 정중앙에 "北京大學敎授 博士 胡適氏"라는 제목과 함께 후스의 전신사진이 배치되어 있다. 그도 양백화와 마찬가지로 서두에 번역하게 된 동기를 다음과 같이 밝히고 있다.

> 이 論文은 中華民國에 新思想家로 著名한 現時 國立北京大學敎授 哲學博士胡適氏의 雜誌『新靑年』上으로써發表한『建設的文學革命論』을譯出한 것이다. 文明의精華의雄渾한經史書集과絢爛한詩賦詞章이燦然極備하야, 중국의舊文學을世界에足히자랑한것임은 누구나 이를否定치못할것이아닌가. 그러나 胡氏의 이文學革命論이世에一出하매 全國이一時은風靡하야, 二千年迷夢을 覺破하고, 精銳한步武로 모다 그革命의旗발앞에로몰려들엇다. 더욱이것이陳腐舊敗의死文學을더욱이崇尙하는우리朝鮮사람에게가장深刻한刺戟을與할듯하기로, 特히이를抄譯하야, 諸君의한번參考에供코자한다.

이윤재에 따르면 후스의 문학혁명론에 의해 수천 년 문명의 정화로 세계의 자랑거리였던 찬연한 중국의 구문학이 죽은 문학에 불과함을 일깨웠으니, 그 진부한 죽은 문학을 더욱이 숭상하는 우리 조선 사람에게 "가장 심각한 자극"을 줄 수 있다고 여겨 번역했다는 것이다. 한자문화권에 속하여 그동안 중국에 대한 사대주의를 고수해 온 조선문단에 일침을 놓고자 하는 그의 목적이 명확해 보인다. 「건설적 문학혁명론」에서 "국어의 문학-문학의 국어"란 부제와 함께 표준국어 수립을 위해서도 국어로 쓰인 문학창작의 중요성을 주장하는 내용은 국어의 위치를 잃어버린 모국어의 현실과 언문일치의 과제를 고민하는 당시 조선 문단의 개혁 방향에 직결되는 문제이기도 했다. 결국 번역의 동기를 분명히 밝힌 양백화나 이윤재가 중국문학, 그것도 신문학론을 적극적으로 수입했던 이유는 답답한 자국 문학의 현실을 타개하고 개혁의 물꼬를 트는 역할을 기대했기 때문이다.

이동곡(李東谷) 역시 『개벽』 제30호에 후스의 「문학개량에 관한 소견」을 소개하면서 "以上胡氏의主張이中國文學及思潮에만病弊가되어잇슬뿐만이아니라所謂漢文學의純然한征服을바든우리朝鮮文學의改良에도同一한策略이안될는지?"[53]라고 언급하고 있는데, 이는 비단 그 혼자만의 생각이 아닐 것이다. 그리고 이런 연유로 당시 조선 청년 문인들의 관심이 신문학운동의 선두주자였던 후스에게 더욱 집중될 수밖에 없었던 듯하다.

『동명』지는 「건설적 문학혁명론」의 연재가 끝나자 곧바로 후스의 「신시담(新詩談)」을 연재하기 시작하는데, 1923년 5월 13일부터 6월 3일까지 총 4회에 걸쳐 양백화가 번역하여 실었다. 동일 잡지에 외국작가의 문장 수 편이 연이어 실리는 것이 흔한 일은 아니라는 점에서 후스의 인기를 엿볼 수 있다. 이 외에도 양백화에 의해 후스의 백화시들이 『동명』과 『해외문학』 등의 잡지에 다수 게재되었고, 이후 다양한 논자들이 쓴 후스에 관한 평론문들도 『조선문단(朝鮮文壇)』,

53 北旅東谷, 「現中國의舊思想, 舊文藝의改革으로부터 新東洋文化의樹立에 他山의石으로現中國의新文學建設運動을이약이함」, 『개벽』 제30호, 1922. 12.

『현대평론(現代評論)』, 『조광(朝光)』, 『신흥(新興)』, 『신동아(新東亞)』, 『문장』 등에 실렸다. 이처럼 1920년대 초반부터 『개벽』과 『동명』을 비롯하여 이후 다수의 잡지들에 이르기까지 후스의 신문학론 관련 주요 문장들이 잇따라 번역되고 소개되는 것을 확인할 수 있다.

이 시기 높아진 후스에 대한 관심을 반영하듯 1925년 1월 1일 『동아일보』에서 특별히 마련한 「外國人士와 朝鮮」이라는 뉴스란 중에 후스가 보낸 "조선의 장래가 해마다 새로워지기를(朝鮮的將來與年俱新)"이라는 신년 축사와 함께 조선과 중국과의 역사적 관계를 고찰할 목적으로 후스가 올해 여름 조선을 처음으로 방문할 예정이라는 기자의 보도를 싣고 있다. 재미있는 것은 후스에게서 『후스문존』 4권을 받았다는 기자는 조선의 서적을 구해달라는 후스의 부탁으로 고금을 막론하고 外人에게 보일 만한 우리나라 서적을 가지고 있으면 후스에게 보내주기 바란다며 북경대학 주소를 독자들에게 알려주고 있다. 실제로 후스의 조선 방문은 이루어지지 않았지만, 후스가 당시 조선의 지식인 청년들과 지속적으로 관계를 맺고 있음을 짐작할 수 있다.

그의 문학론 외에도, 북경 유학(1924-1930) 당시 후스를 직접 만났던 정래동(丁來東)이 「중국문인 인상기(中國文人印象記)」[54]에서 후스를 소개한 것을 비롯하여 김태준(金台俊)이 1931년 1월 『매일신보(每日新報)』에 「新興中國文壇에活躍하는重要作家」[55]를 연재하면

54 『丁來東全集』 II(評論篇), 금강출판사, 1971, 135-138쪽.

55 천태산인(天台山人)이란 필명으로 『매일신보(每日新報)』 1931년 1월 1일, 3일, 5일 총 3회에 걸쳐 후스의 약력을 소개하였다.

서 후스를 소개하였고, 3년 뒤에 양백화가 『매일신보』에 또다시 「후스」[56]라는 문장을 게재하는 등, 후스의 개인 약력과 활동, 저작 등에 걸쳐 인물을 집중 조명하는 글도 잇따라 발표되었다. 이와 같이 1920년대와 30년대에 집중적으로 다수의 언론매체들에 의해 중국 신문학 운동의 선구자인 후스와 그의 문학론이 빠르게 전파되고 수용되면서 한국의 언문일치운동과 신문학 담론에 광범위한 반향을 불러일으켰다. 조선 문단의 청년작가들은 대체로 그의 신문학 사상에 적극 동조하고 자국 문학의 개혁방안을 모색하는 데 일정 정도 영향을 받지 않을 수 없었다. 이러한 중국 신문학의 수용이 한국 근대문학의 형성과 발전에 구체적으로 어떤 영향을 끼쳤을지는 앞으로의 지속적인 연구과제로 남겠지만, 어찌되었든 한중 근대문학의 교류사에서 후스가 차지하는 역사적 위상을 감안할 때 그의 신문학 관련 글들은 '한국적 인문학'이란 시각에서 충분히 조명해볼 만한 가치를 지닌 자료라고 생각된다.

이들 자료는 한국과 중국의 근대를 비교하는 시각에서 출발하여 바라볼 필요가 있다. 20세기 초 이미 앞서 나갔던 일본에 비해 한국과 중국의 근대적 경험은 나름 동보적인 관계를 형성하면서 동아시아 지역에서 (번역)언어를 매개로 한 문화교차적 혹은 언어횡단적 실천을 제대로 보여주고 있기 때문이다. 따라서 이에 대한 역사적 복원 작업 속에서 한국(당시 조선) 혹은 중국의 근대화를 고립시켜 고찰하는 것이 아닌, 동아시아의 변화하는 질서 및 주변세력들과의 상호관

56 『매일신보』 1934년 3월 5일과 6일에 게재. 『양백화문집』 3, 강원대학교출판부, 1995, 338-341쪽 참고.

계하에서 고찰해야만 한다. 이러한 한중 간의 비교시각은 다음과 같은 세 가지 측면에서 의미를 지닌다. 첫째, 근대화 기획과 진행과정에서 양국 간의 비교연구를 통해 공동의 경험과 과제를 인식하는 것이며, 둘째, 양국 간의 교류와 상호연계를 통해 한국 혹은 중국의 자기인식과 정체성, 그리고 자기형상화 과정을 밝히는 것이며, 셋째, 중국 지식계의 근대개혁 논의는 상호 차이성을 통해 서구나 일본과는 또 다른 타자의 시선과 참조계를 제공해줄 수 있다는 것이다.

이러한 비교시각 혹은 동아시아 시각의 확보는 구체적으로 중국과 한국 양국의 근대 주체의 형성과정에 직간접적으로 관련된 계몽주의, 민족주의, 개인주의, 언어운동, 정치사상, 신교육사상 등을 한중 비교연구의 접점으로 삼아 서구문명과 어떻게 충돌하고 어떤 식으로 서구의 문물(여기서는 서구문학)이 수용되는지, 그 가운데서 근대적 국민국가 건설을 향한 강한 열망과 함께 자각적인 근대주체의 수립문제가 어떻게 토의되어 가는지 등등, 그 구체적인 담론 형성과정을 연구하는 데 효과적이다. 이러한 담론의 틀로부터 당시 양국의 문학개혁운동(혹은 논의) 역시 자유롭지 못하며, 아니 어떤 점에서 더욱 밀접한 연관성을 보인다고 할 수 있다. 이런 의미에서 후스의 『중국문학 50년』은 동아시아 지역의 지식담론의 생성과 전파라는 확대된 시야 속에서 그의 문학사상은 물론 한중 간 문학의 상호관계를 이해하는 데 중요한 사료적 가치를 지니고 있다.

五十年來中國之文學

중국문학 50년

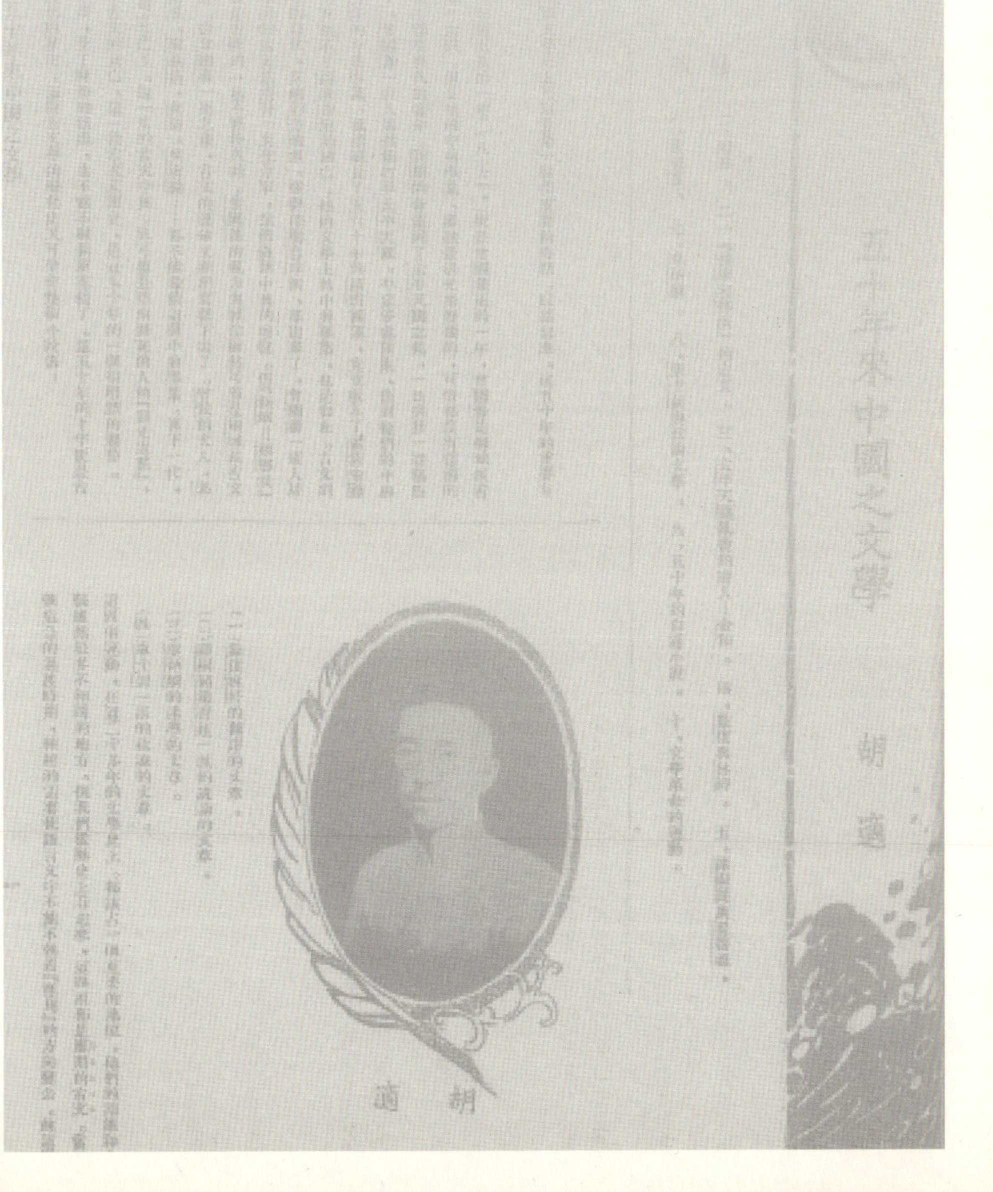

1. 총론

근래 50년은 중국문학사에 있어서 매우 중요한 시기라고 할 수 있다. 이 50년간 중요사항 전체를 요약하면 다음과 같다.

1. 50년 전에 『신보(申報)』가 출간된 첫 해(1872)는 바로 증국번(曾國藩)[1]이 사망한 해이다. 증국번은 동성파(桐城派)[2] 고문을 중흥시킨 제일의 거장이다. 그러나 그의 중흥사업이 비록 영광스럽고 찬란하다 할지라도, 안타깝게도 탄탄한 기반이 없어 오랜 수명을 지속할 수 없었다. 청 조의 운명은 태평천국의 난[3]에 이르자, 모든 병증과 약

---

1 증국번(曾國藩, 1811-1872): 호남(湖南) 장사(長沙) 출신. 자는 백함(伯函), 호는 척생(滌生). 청 말 정치가이자 학자이자 문학가. 태평천국의 난을 진압하고 양무운동을 추진하였다.

2 동성파(桐城派): 청 대 문단의 가장 큰 산문유파로서 동성고문파로 불린다. 방포(方苞), 유대괴(劉大櫆), 요내(姚鼐)가 동성파의 3대 시조로서 문통(文統)의 연원이 오래되었고 심오한 문론과 풍부한 저술로 초기 작가들의 출신 지역인 동성(桐城)을 넘어 전국에 풍미하면서 청 말까지도 세력을 떨쳐 중국 고대문학사에서 혁혁한 지위를 차지한다. 정식으로 '동성파'란 기치를 들고 나온 이는 증국번인데, 그는 『구양생문집서(歐陽生文集序)』에서 "天下之文章其在桐城乎?"를 인용하며 동성파 명칭의 유래를 설명한 바 있다. 동성파의 문장은 기본적으로 당송파 고문전통을 계승하여 "義法"과 "義理", "道統"을 내세우며, 유가사상, 특히 정주이학(程朱理學)에 기반한 내용적 특성을 지닌다.

3 "태평천국의 난(太平天國之亂)"이란 표현은 원문 그대로 따른 것이다. 이후 등장하는

점들이 드러나게 되었다. 증국번 등은 예상외로 태평천국을 진압하고 각처에서 일어난 비적들의 난을 평정하며 그들의 중흥사업을 완수할 수 있었다. 비록 증국번, 좌종당(左宗棠)[4]의 중흥사업이 50-60년 동안 청 말 국운을 연장시키기는 했지만, 결국 청 말 제국의 부패를 구할 수 없었고 청 황실의 멸망을 구할 수 없었다. 그들의 문학상의 중흥사업 역시 마찬가지다. 고문은 도광(道光), 함풍(咸豊)시대에 이르러 공소(空疏)한 방포(方苞)[5]·요내(姚鼐)[6]파, 괴팍한 공자진(龔自珍)[7]파가 모두 출현하였는데, 증국번과 같은 사람들이 갑자기 동성파 고문에 활력을 불어넣어 중흥에까지 이르게 하였다. 그러나 "동성(桐城)=상향파(湘鄕派)[8]"의 중흥도 잠시였을 뿐 지속될 수 없었다. 증국번의 패기와 경험에 비추어 보면 그는 확실히 동성파 고문을 중흥시

이러한 표기는 마찬가지임을 밝혀둔다. 1850년 말 홍수전(洪秀全), 양수청(楊秀淸), 석달개(石達開) 등이 중심이 되어 광서(廣西)의 금전촌(金田村)에서 기의한 반청운동. 홍수전 등은 1853년 지금의 남경인 금릉(金陵)을 함락시키고 그곳에 수도를 정하여 천경(天京)이라 불렀다. 그 후 1864년 증국번 등의 군대에 의해 멸망하였지만 중국 사회의 변화에 큰 영향을 미쳤다.

4 좌종당(左宗棠, 1812-1885): 자는 계고(季高), 호는 상상농인(湘上農人). 청 말 중신이자 군사가, 정치가, 양무파 인물. 증국번과 호남(湖南) 동향으로 그의 신임을 얻어 태평천국의 난을 평정하는 데 참여하였다.

5 방포(方苞, 1668-1749): 자는 영고(靈皐), 봉구(鳳九)이며 만년에 호를 망계(望溪)라 하였다. 청 대 산문가로 동성파 산문의 창시자이다.

6 요내(姚鼐, 1731-1815): 청 대 안휘 동성(桐城) 출신. 자는 희전(姬傳), 실명(室名)은 석포헌(惜抱軒)으로 석포선생으로 불렸다. 그는 방포, 유대괴와 더불어 동성파 3대 시조로 불린다.

7 공자진(龔自珍, 1792-1841): 자는 이옥(爾玉), 슬인(瑟人), 후에 이름을 공조(鞏祚)로 바꾸고, 호를 정암(定盦)이라고 하였다. 청 대 사상가이자 문학가. 그는 정치개혁과 문학에서의 개성을 중시하여 청 말 시기 변법파에 많은 영향을 미쳤다.

8 상향파(湘鄕派): 동성파 고문 중의 중요한 한 계파로, 그 대표인물이 증국번인데, 그가 호남성(湖南省) 상향(湘鄕) 사람이라 생긴 명칭이다.

킨 대가라 할 만하다. 그러나 그가 사망한 후, 고문의 운명은 점차 쇠락했다. 증국번파의 문인 곽숭도(郭嵩燾),[9] 설복성(薛福成),[10] 여서창(黎庶昌),[11] 유월(兪樾),[12] 오여륜(吳汝綸)[13]…… 모두는 이 중흥사업을 지속시킬 수 없었다. 그 다음 세대에는 거의 "쇠퇴 몰락의 지경(强弩之末)"[14]이 되었다. 이 한 차례의 고문 중흥은 폐병으로 죽어가는 사람의 "죽기 직전 반짝하는 현상"에 불과할 뿐, 여전히 고문을 쇠망으로부터 구할 수는 없었다. 이 시기 고문의 말운의 역사는 근래 50년간 뚜렷한 하나의 추세였다.

2. 말기의 고문학(古文學)은 시세의 압박을 받아 새로운 변화를 도모하지 않을 수 없었다. 이 50년간의 후반은 고문학이 점차 변화하는 역사이다. 이 고문학의 변화사는 다음과 같이 몇 가지 유형으로 구분할 수 있다

---

9 곽숭도(郭嵩燾, 1818-1891): 호남성 상음(湘陰) 출신. 자는 백침(伯琛). 청 말 관원(官員). 상군(湘軍) 창건자로 증국번의 조력자이다.

10 설복성(薛福成, 1838-1894): 강소(江蘇)성 출신. 자는 숙운(叔耘), 호는 용암(庸庵). 청 말 산문가이자 외교가. 양무운동을 이끌었던 주요 인물 중 하나이다.

11 여서창(黎庶昌, 1837-1896): 자는 순재(純齋). 청 말 산문가이자 외교가. 증국번 막부로 들어가 그의 신임을 두텁게 얻었으며 장유쇠(張裕釗), 설복성, 오여륜과 함께 증국번의 4대 제자로 칭해진다.

12 유월(兪樾, 1821-1906): 자는 음보(蔭甫), 호는 곡원(曲園). 청 말 저명한 학자, 문학가, 경학가, 고문자학자, 서예가. 당시 시험관이었던 증국번에 의해 진사시험에 합격하여 관계(官界)에 입문. 말년에 경학을 강의하여 장빙린(章炳麟) 같은 제자를 양성하였다.

13 오여륜(吳汝綸, 1840-1903): 동성(桐城) 출신. 자는 지보(摯甫), 지부(摯父). 청 대 문학가이자 교육가이며, 증국번의 막료이기도 하였다.

14 "강노지말(强弩之末)"이란 강궁으로 쏜 화살도 끝에 가서는 얇은 비단조차 못 뚫는다는 뜻으로, 강한 힘이 이미 쇠약해진 상태를 비유하는 말이다.

1) 옌푸(嚴復),[15] 린수(林紓)[16]의 번역문장

2) 담사동(譚嗣同),[17] 량치차오(梁啓超)[18] 일파의 의론문장

3) 장빙린(章炳麟)[19]의 학술문장

4) 장스자오(章士釗)[20] 일파의 정론문장

---

15 옌푸(嚴復, 1854-1921): 복건(福建) 출신. 본명은 쭝광(宗光), 후에 푸(復)로 개명. 근대 번역가이자 교육가. 일찍이 『천연론(天演論)』을 번역하였고, 『국문보(國聞報)』를 창간하여 서구의 사회학, 정치학, 철학, 자연과학을 중국에 소개하는 데 앞장섰다.

16 린수(林紓, 1852-1924): 복건 출신. 자는 친난(琴南), 근대 문학가이자 번역가. 고문을 잘 지어 동성파 대가 오여륜의 추천으로 북경대학에서 강의하였고 다수의 학교에서 교편을 잡았다.

17 담사동(譚嗣同, 1864-1898): 호남 출신. 자는 복생(復生). 근대 정치가이자 사상가. 그는 중국이 강성해지기 위해서는 민족 공상업을 발전시키고 서구의 정치제도를 학습해야 한다고 주장하였다. 공개적으로 과거제 폐지, 학교 진흥책, 관제개혁 등을 요구하며 청 정부의 매국적인 투항정책을 비판하는 문장을 쓴 바 있다. 1898년 무술변법을 이끌다가 실패한 후에 체포되어 처형되었다. 대표작으로는 『인학(仁學)』이 있다.

18 량치차오(梁啓超, 1873-1929): 호는 런궁(任公), 인빙스주런(飮冰室主人), 중궈즈신민(中國之新民), 쯔유자이주런(自由齋主人) 등. 근대 사상가이자 정치가, 교육가, 사학자, 문학가. 스승 캉유웨이(康有爲)와 함께 변법유신을 제창한 유신파의 대표적 인물. 문단에서는 시계혁명(詩界革命)과 소설계혁명(小說界革命)을 이끌었고 5·4 신문화운동을 지지하였다.

19 장빙린(章炳麟, 1869-1936): 절강(浙江) 출신. 본명은 쉬에청(學乘), 자는 메이수(枚叔), 후에 빙린(炳麟)으로 개명. 반청의식이 강하여 고염무(顧炎武)를 기리는 뜻에서 이름을 장(絳)으로 바꾸고 호를 타이옌(太炎)으로 정하였다. 청 말 민 초 사상가, 사학자, 국학대사. 경학, 역사, 정치, 철학, 불학(佛學) 등에 조예가 깊었다.

20 장스자오(章士釗, 1881-1973): 자는 싱옌(行嚴). 근대 학자, 작가, 교육가, 정치가. 청 말 상해 『소보(蘇報)』 주필을 역임하고 천두슈(陳獨秀)와 함께 『국민일보(國民日報)』를 창간하였으며 반청활동을 벌였다. 1914년에는 『갑인』지를 발간하여 위안스카이의 복벽운동을 비판하는 등 중국 사회와 정치 비판에 앞장섰다.

이 네 유형의 운동은 이 20여 년[21]의 문학사에서 응당 중요한 지위를 차지해야 한다. 그들의 연원과 주장은 비록 서로 다른 점이 많지만, 역사적으로 본다면 이 네 조류의 유형은 모두 응용된 고문에 해당한다. 이 위급한 과도기에 여러 가지 수요에 따라 언어문자는 "응용(應用)"의 방향으로 변화하지 않을 수 없었다. 따라서 이 네 조류의 유형은 "고문범주 내의 혁신운동"이라고 부를 수 있다. 그러나 그들은 모두 근본적으로 개혁을 하려 하지 않았고 고문이 한낱 사치품이나 장식품으로만 어울릴 뿐, 응용의 도구로는 적합하지 않다는 것을 깨닫지 못했다. 물론 장빙린의 고문은 네 조류 가운데 가장 고아하였지만, 단지 그 한 사람에만 그치고 단절되어 계승자가 없게 되었다. 옌푸, 린수의 번역문장은 그 당시 일시적인 수요에 가까스로 부응했을 뿐이며 결국 지속될 수 없었다. 루쉰과 저우쭤런(周作人)[22] 형제의 『역외소설집(域外小說集)』[23]은 당시 번역문학의 최고작이지만,

---

21 1900년 전후부터 1920년 전후 시기를 말한다.

22 저우쭤런(周作人, 1885-1967): 본명은 쿠이서우(櫆壽), 루쉰의 동생이며, 중국 현대의 저명한 작가이자 평론가. 1906년 일본으로 유학 갔다가 1911년 귀국한 후 여러 학교에서 교편생활을 하였고 1918년 북경대학 문과 교수로 부임하였다. 1919년 후스, 첸쉬안퉁과 함께 국어통일주비회(國語統一籌備會) 회원으로 활동하였다. 『신청년(新青年)』지의 동인이자, 정전둬(鄭振鐸), 선옌빙(沈雁冰) 등과 더불어 '문학연구회(文學研究會)'의 발기인으로 참여하였으며. 루쉰, 린위탕(林語堂) 등과 『어사(語絲)』를 발간하여 주편을 맡기도 하였다.

23 1909년 루쉰과 저우쭤런 형제의 번역서 『역외소설집(域外小說集)』이 일본에서 출판되었는데, 영국, 미국, 프랑스, 러시아, 폴란드, 핀란드 등의 단편소설 16편을 번역한 것으로 주로 동유럽 약소민족 문학에 편중되어 있다. 이 번역집이 나오기 전에는 린수를 필두로 하여 주로 고문(古文)으로 역술(譯述) 내지 의역(意譯) 방법을 썼지만, 『역외소설집』을 기점으로 직역(直譯)으로 바뀌면서 중국 번역계의 중요한 한 전환점을 대표한다고 평가받았다. 그러나 이 고문직역(古文直譯)의 단편소설집은 당시

활용 면에서 그들은 크게 실패하였다. 실패 후에 그들은 백화문학운동의 용장이 되었다. 담사동, 량치차오의 의론문장은 응용 정도가 매우 높아 사회적 영향도 큰 편이었지만, 그와 같은 의론문장의 말류는 경박한 포장이나 쓸데없는 말로 꾸며 종종 사람들의 염증을 일으켰다. 장스자오의 정론문학은 옌푸, 장빙린 두 파로부터 변해온 것으로, 그들은 논리를 중시하고 문법을 중시하여 근엄하고 완곡하며 량치차오 의론문의 결점을 보완할 수 있었다. "갑인파(甲寅派)"[24]의 정론문은 민국 초에 거의 중요한 문파가 되었지만, 이 일파의 문자는 쓰기가 쉽지 않고 통속적이지 않아 실용적인 측면에서 여전히 실패할 수밖에 없었다. 따라서 이 일파의 맹장인 가오이한(高一涵),[25] 리다자오(李大釗),[26] 리지엔눙(李劍農)[27] 등도 모두 이후 백화문 산문작가가 되었다.

독자층의 독서습관에 부합하지 못하고 겨우 41권만 팔렸다.

24 갑인파(甲寅派)는 1914년 5월 10일 일본 도쿄에서 창간된 월간잡지 『갑인』에서 비롯되었으며, 장스자오가 주편을 맡아 시대의 폐단을 분석하고 논리적인 주장을 펼친 정론잡지로 유명하다. 장스자오는 1925년 교육총장의 신분으로 다시 『갑인주간(甲寅週刊)』을 발행하였는데, 이 주간지는 『갑인』지가 중국 사회의 문제점을 비판하여 신문학운동 진영에 많은 영향을 준 것과는 대조적으로 문화보수주의의 입장에서 신문학운동 진영을 비판하였다.

25 가오이한(高一涵, 1885-1968): 본명은 융하오(永浩), 필명은 이한(一涵). 1916년 리다자오와 『신보(晨報)』를 발간하고 『신청년』에 자주 기고했던 신문화운동의 주력군이었다.

26 리다자오(李大釗, 1889-1927): 중국 공산당 주요 창시자 중 한 사람이자 저명한 학자. 일찍이 북경대학 교수로 재직하면서 『신청년』과 『매주평론(每週評論)』에 지속적으로 글을 발표한 신문화운동의 기수이다.

27 리지엔눙(李劍農, 1880-1963): 저명한 역사학자. 1916년 영국 유학에서 돌아온 후 상해에서 『중화신보(中華新報)』 편집을 담당하고 이듬해 『태평양(太平洋)』 잡지를 발간하며 다수의 문장을 발표하였다. 이후 무한대학(武漢大學) 교수로 재직하였다.

고문학이 억지로 응용을 추구했던 이 역사는 신구문학 과도시대에 피할 수 없는 단계이다. 고문학의 역사에 다행히 이러한 시기가 있었기에 비로소 그 운명을 20-30년간 더 연장할 수 있었다.

3. 근래 50년 중에 영향력이 가장 크고 가장 넓게 유행한 문학—말하자니 기이한데—은 량치차오의 문장도 아니고 린수의 소설도 아니라 바로 많은 백화소설들이다. 『칠협오의(七俠五義)』, 『아녀영웅전(兒女英雄傳)』은 모두 이 시대의 작품이다. 『칠협오의』 이후 『소오의(小五義)』 등의 속편들도 모두 최근 30여 년 이래의 작품들이다. 이런 류의 소설들은 북방의 평민문학을 대표한다. 청 말에 이르러 남방의 문인들도 많은 소설들을 썼다. 유악(劉鶚)[28]의 『노잔유기(老殘游記)』, 이백원(李伯元)[29]의 『관장현형기(官場現形記)』, 『문명소사(文明小史)』, 오옥요(吳沃堯)[30]의 『이십년목도지괴현상(二十年目睹之怪現狀)』, 『한해(恨海)』, 『구명기원(九命奇冤)』 등은 모두 의미 있는 작품들로, 의경(意境)과 내용 모두 단순히 오락성을 추구하는 북방의 민간작품과는 크게 다르다. 이러한 남북 백화소설들은 이 50년간 중국문학

---

28 유악(劉鶚, 1857-1909): 강소 출신. 호는 노잔(老殘), 필명은 홍도백련생(洪都百煉生). 관직에서 물러나 사업가이자 청 말 소설가로 활동하였다. 대표작으로 『노잔유기(老殘遊記)』가 있다.

29 이백원(李伯元, 1867-1906): 강소 출신. 이름은 보가(寶嘉), 자는 백원(伯元), 별호는 남정정장(南亭亭長). 청 말 소설가로, 과거에 급제하지 못하자 상해로 진출하여 1896년 『지남보(指南報)』, 『유희보(遊戲報)』 등을 발간하다가 소설 집필을 시작하여 대표작인 『관장현형기(官場現形記)』, 『문명소사(文明小史)』 등을 썼다.

30 오옥요(吳沃堯, 1866-1910): 광동(廣東) 출신. 호는 견인(趼人), 아불산인(我佛山人). 청 말 소설가로, 대표작 『이십년목도지괴현상(二十年目睹之怪現狀)』과 『통사(通史)』 등을 량치차오가 창간한 『신소설』지에 연재하면서 왕성한 창작활동을 했다.

의 최고작으로 가장 문학가치가 있는 작품들이다. 이 시기 소설발달사는 중국의 "살아 있는 문학(活文學)"의 자연적인 추세 중 하나이다. 그 중요성은 앞의 두 단계 고문사(古文史)보다 훨씬 앞선다.

4. 이 50년간의 백화소설의 역사는 여전히 1천 년 이래의 백화문학과 마찬가지로 큰 결점이 있다. 이들 소설에서 백화는 여전히 자의식적이지 않고 무의식적으로 깊은 사려 없이 사용되었다. 민국 6년(1917) 이래 "문학혁명"은 자각적인 의식을 바탕으로 제기되었다. 무의식적으로 행해지는 전진은 매우 느리고 비경제적이다. 예컨대 건륭 이래 각처 비적들의 난은 만주족을 배척하는 "배만(排滿)"의 의미를 다소 지니고 있었지만, 대부분은 무의식적인 충동에 의한 것으로 목적의식적인 혁명이라고 보기 어려웠고 그 결과 쉽게 실패하고 말았다. 태평천국의 혁명[31]은 비록 배만 색채가 뚜렷하였지만, 궁극적으로 의도적이고 계획적인 배만운동으로 보기에 너무 미약하였기에 중상계층의 지지를 얻을 수 없었고 결국 실패하고 말았다. 이에 비해 근래 20년간의 혁명운동은 주의와 주장이 의도적이고 계획적인 혁명으로, 단기간 내에 최후의 승리를 얻을 수 있었다. 문자상의 개혁도 이와 같다. 1천 년간 백화문학은 단절됨이 없이 대대로 전해져왔다. 하지만 당시(唐詩)나 송사(宋詞) 혹은 원곡(元曲)이나 명·청 소설은 모두 일찍이 의도적으로 고취되지도 않았고, 명백하게 고문학을 공격하거나 백화문학을 주장하지도 않았다.

---

31 원문의 표현을 그대로 따른 것으로, 여기서는 태평천국의 난이 아닌 혁명으로 지칭하고 있다.

최근 5년간의 문학혁명은 다르다. 그들은 솔직하게 고문학이 죽은 문학이라고 선고하였고 "죽은 문자(死文字)"는 "살아 있는 문학(活文學)"을 낳을 수 없다고 선언하였으며 현재와 미래의 문학은 백화가 아니면 안 된다고 주장하였다. 이 의식적인 주장은 문학혁명의 특징이자 5년간 이 운동이 성공할 수 있었던 가장 중요한 원인이다. 이상 네 가지 특징은 최근 50년간 중국문학이 변천해온 대체적인 흐름이다. 다음 장들에서는 이 몇 가지 조류를 보다 상세하게 설명하고자 한다.

2. "동성상향파" 고문

증국번이 사망한 후 "동성(桐城)=상향파(湘鄕派)"는 실제로 감동적이고 훌륭한 문장이 거의 없었다. 왕셴첸(王先謙)[1]이 편집한 『속고문사류찬(續古文史類纂)』(광서 8년, 1882년 엮음)에 용계서(龍啓瑞),[2] 노일동(魯一同),[3] 오민수(吳敏樹)[4] 등의 문장이 선별되어 수록되었는데, 이 정도의 인물들이 그 조류를 대표하는 선배 격이라고 할 수 있다. 왕셴첸은 「자서(自序)」에서 다음과 같이 말하였다.

석포(惜抱, 즉 요내(姚鼐))가 실전(失傳)된 학문을 진흥시키고자 하니

---

1 왕셴첸(王先謙, 1842-1917): 호남 출신. 청 말 학자. 일찍이 학술상으로 증국번을 추앙하여 "한(漢)·송(宋)을 융합하자"는 주장을 받아들였으며, 대표적인 편찬서인 『속고문사류찬(續古文史類纂)』은 고증을 경시하지 않고 의리(義理)를 중시한 특색을 지녔다고 평가받는다.

2 용계서(龍啓瑞, 1814-1858): 광서(廣西) 임계(臨桂, 지금의 계림시(桂林市)) 출신. 호는 한신(翰臣). 청 대 음운학자, 문자학자, 문학가, 목록학자로서, 광서 동성파 5대 고문가 중의 한 사람이다.

3 노일동(魯一同, 1805-1863): 청 대 저명한 고문학자이자 시인. 시사에도 관심이 많았던 그의 정치적 견해는 당시 임칙서(林則徐), 증국번의 지지를 얻기도 했지만 막료로 들어가지는 않았다.

4 오민수(吳敏樹, 1805-1873): 호는 남병(南屛). 청 대 저명한 문학가이자 경사학자(經史學家). 그의 문장은 자신만의 독특한 스타일을 지녀 문학사에서 반호문파(枰湖文派)라 불리는 일파를 창시하였다.

국내에서 모두 우르르 뒤따랐다. 그 후 제자들이 각자 모범적으로 계승했다고 장담하지만, 그릇되게 좇는 것이 없지 않다.…… 매 씨(梅曾亮,[5] 1855년 사망)는 고문에 심취하여 홀로 심원한 경지에 이르렀다.…… 증문정공(曾文正公,[6] 국번(國藩))은 웅대한 기백과 박학한 식견으로 문장을 발휘하여 고금의 역사에서 출중하였다.…… **학자는 다른 길로 가는 것을 근절하고 정상 궤도를 따라 요 씨 외에도 매증량, 증국번을 본받고자 하면 된다.**

"요 씨 외에도 매증량, 증국번을 본받으면 된다." 이것이 바로 증국번이 사망한 후 고문가가 그 법을 전하기 위한 첩경이다. 그들의 문장을 많이 인용하는 데 편폭을 할애할 수는 없으니, 여기서는 증국번의 『구양생문집서(歐陽生文集序)』를 인용하겠다. 왜냐하면 이 서문은 동성문파(桐城文派)의 연원과 전승에 대해 서술하고 있어 문학사료적인 가치가 있기 때문이다.

건륭 말에 동성 요희전(姚姬傳, 내(鼐)) 선생은 고문을 짓는 데 능하였다. 그는 고향 선배인 방망계(方望溪. 방포(方苞)를 지칭-역주) 시랑(侍郎)의 문장을 본받고 유대괴(劉大櫆)[7] 및 그 백부 편수(編修) 요범(姚

---

5 매증량(梅曾亮, 1786-1856): 상원(上元, 지금의 남경(南京)) 출신. 자는 백언(伯言). 청 대 산문가로, 요내 이후 증국번과 더불어 대표적인 동성파 문인으로 평가받는다. 대표작으로는 『백시산방시문집(柏梘山房詩文集)』(八冊)이 있다. 매증량의 사망년도에 대해 후스는 1855년으로 표기하였으나 실제는 1856년이다. 매증량의 생졸과 생평에 대해서는 郜紅紅, 「梅曾亮及其散文研究」, 山東大學, 2005, 9-17쪽 참고.

6 증국번이 죽은 후 시호를 문정(文正)으로 칭했다.

7 유대괴(劉大櫆, 1698-1780): 안휘(安徽) 동성(桐城) 출신. 자는 재보(才甫), 경남(耕南),

范)[8]에게서 전수받았다. 세 사람은 박학한 유학자이자 명망 높은 인물인데, 요 선생은 그 학술을 더 깊이 연마하였으니 역성(歷城)의 주영년(周永年)[9] 서창(書昌)의 말을 빌리자면 "천하의 문장은 동성에 있는가(天下之文章其在桐城乎)?"[10]라고 할 정도였다. 그리하여 많은 학자들이 동성에 귀속하여 동성파로 불렸는데, 이는 마치 그 이전 시기에 이른바 강서시파(江西詩派)[11]가 누리던 지위와 같았다.

요 선생은 만년에 종산서원(鐘山書院)의 강좌를 맡았다. 문하에 적(籍)을 둔 자들 가운데 상원(上元)현에 관동(管同)[12] 이지(異之)와 매증량(梅曾亮) 백언(伯言)이 있고 동성(桐城)현에 방동수(方東樹)[13] 식지(植之)와 요영(姚瑩)[14] 석보(石甫)가 있다. 네 사람은 뛰어난 제자들로, 각자 배운 바를 자신의 제자와 벗들에게 전수하여 대대로 이어졌다.

호는 해봉(海峯). 방포, 요내와 더불어 동성파 산문의 시조로 불린다. 건륭 시기에 주로 활동하여 많은 시가와 산문을 남겼다.

8 요범(姚范, 1702-1771): 안휘 동성 출신. 청 대 문학가. 건륭제 때 한림원 편수(編修)를 맡았다. 요내의 백부로, 어린 시절 요내를 가르쳤으며 그에게 큰 사상적 영향력을 미친 인물이다. 그와 유대괴는 친분이 있었으며 요내 또한 유대괴로부터 학문을 배웠다.

9 주영년(周永年, 1730-1791): 제남(濟南) 역성(歷城) 출신. 자는 서창(書昌). 청 대 저명한 학자이자 장서가(藏書家).

10 건륭 시기 한림원의 서길사(庶吉士) 주영년이 『사고전서(四庫全書)』 편찬을 맡았을 때 동성 지역 문인들의 문장을 높이 평가하였다. 그 당시 요내도 함께 편찬을 맡고 있었는데, 그에게 주영년이 한 말로 훗날 동성파 명칭의 유래로 간주된다. 이 말은 당시 동성파의 기세와 영향력을 나타낸다.

11 강서시파(江西詩派): 송 대 황정견(黃庭堅, 1045-1105)을 필두로 한 시가 유파. 주요 구성원들이 대부분 강서(江西) 출신이라서 강서시파로 불렸다.

12 관동(管同, 1780-1831): 상원 출신. 자는 이지(異之). 청 대 산문가.

13 방동수(方東樹, 1772-1851): 안휘 동성 출신. 자는 식지(植之). 청 대 중기 문학가이자 사상가.

14 요영(姚瑩, 1785-1853): 안휘 동성 출신. 자는 석보(石甫). 청 대 사학가이자 문학가.

동성인 중에 대균형(戴鈞衡)[15] 존장(存庄)은 식지를 오랫동안 섬기면서 각고의 노력으로 남들보다 월등하고 스스로 동향 선현들의 고문법을 고수했다고 자부하며 후학들에게 전수해주었으니, 도의상 겸손해 할 수 없었다.[16]

제자 명단에 들지 못했으나 진심으로 존경하면서 제자로 자처한 자 중에 신성(新城)의 노사기(魯仕驥)[17] 혈비(絜非)와 의흥(宜興)의 오덕선(吳德旋)[18] 중윤(仲倫)이 있다. 혈비의 생질이 진용광(陳用光)[19] 석사(碩士)인데, 석사는 외숙에게 배우고 요 선생 문하에서 수업을 받았으며 동향 사람들도 점차 그의 영향을 받아 좋은 문장을 많이 썼다. 석사와 함께 배운 무리 가운데 진학수(陳學受)[20] 예숙(藝叔)과 진부(陳溥)[21] 광부(廣敷)가 있고 난풍(南豊)현에는 또 오가빈(吳嘉賓)[22] 자

---

15 대균형(戴鈞衡, 1814-1855): 안휘 동성 출신. 자는 존장(存庄). 청 대 문학가. 방동수의 문하에서 공부한 이후 동성파의 문통(文統) 계승을 자신의 소임으로 삼았다. 태평군이 동성을 공략할 당시 일가족이 모두 희생되었다는 소식을 접한 그는 피를 토하고 죽었다고 전한다. 증국번이 그를 위해 묘비 제문을 써주었다.

16 이 문장은 증국번이 『구양생문집서(歐陽生文集序)』에서 대균형을 칭송하면서 한 말이다.

17 노사기(魯仕驥, 1732-1794): 강서 신성(新城) 출신. 자는 혈비(絜非). 청 대 산문가. 일찍이 요내에게서 고문을 배웠고, 동성파 고문을 강서 지역에 전파하는 데 일정 역할을 하였다.

18 오덕선(吳德旋, 1767-1840): 강소(江蘇) 의흥(宜興) 출신. 자는 중윤(仲倫). 청 대 문인. 요내를 스승으로 섬겼다.

19 진용광(陳用光, 1768-1835): 강서 신성 출신. 자는 석사(碩士). 청 대 관원(官員)이자 학자.

20 진학수(陳學受): 강서 신성 출신. 자는 예숙(藝叔). 일찍이 매증량에게 고문을 배운 바 있다.

21 진부(陳溥): 자는 광부(廣敷). 청 대 관원. 진학수의 촌수가 가까운 친족 동생.

22 오가빈(吳嘉賓, 1803-1864): 강서 남풍(南豊) 출신. 자는 자서(子序). 청 대 학자이자 시인.

서(子序)가 있는데, 모두 혈비의 학풍을 이어받고 요 선생에게서 사숙(私淑)[23]하였다. 그리하여 강서(江西)성 건창(建昌)[24]에 동성(桐城)파의 학문이 있다. 중윤(仲倫)과 영복(永福)현의 여황(呂璜)[25] 월창(月滄)이 친구로 사귀었는데, 월창의 동향 중에 임계(臨桂)현의 주기(朱琦)[26] 백한(伯韓)과 용계서(龍啓瑞) 한신(翰臣), 마평(馬平)현의 왕증(王拯)[27] 정보(定甫)가 모두 오덕선과 여황을 추종하면서 매증량이 학문하는 방법을 널리 확충시키기를 바랐다. 이로부터 동성학파가 광서(廣西)에서 유행하였다.

이전에 국번이 이상하게 여기기를, 요내 선생이 일찍이 호남(湖南)성 과거시험을 관장했었는데 동향인 그의 문하생 가운데 문장을 배우는 것을 중요하게 여겨 따르는 자를 들어본 적이 없다는 것이다. 얼마 지나지 않아 파촉(巴蜀)[28]의 오민수(吳敏樹) 남병(南屛)이 요내의 문장을 칭찬하며 무척 좋아하고 싫증내지 않았다는 것을 알게 되

23 자신이 존경하는 사람에게서 직접 전수받지 못했지만 그 사람의 학문을 본으로 삼고 배운 것을 뜻한다.

24 진용광이 강서 신성 출신인데, 신성이 예전에 건창부(建昌府)에 속해 있었다.

25 여황(呂璜, 1778-1838): 광서(廣西) 영복(永福) 출신. 자는 예북(禮北), 호는 월창(月滄). 청 대 고문대가. 오덕선과 막역한 사이라서 동성파의 중요한 문론 중의 하나인 오(吳) 씨의 『初月樓古文緒論』(오덕선 著/여황 記述)을 기술하였는데, 이는 광서 지역 동성파의 중요한 대표작이다.

26 주기(朱琦, 1803-1861): 임계 출신. 자는 백한(伯韓)이고 호 역시 같다. 청 대 문학가. 문장이 깔끔하고 깊은 맛이 있으며 시격이 웅장하고 힘찬데, 광서 지역 동성파의 대표적인 작가 중 하나이다.

27 왕증(王拯, 1815-1876): 광서 마평(馬平) 출신. 자는 정보(定甫). 청 대 시인, 서화가, 관원, 학자. 광서 동성파의 중요 인물로 꼽힌다.

28 진(秦)과 한(漢)이 파(巴), 촉(蜀) 일대에 세워졌는데, 지금의 사천(四川)성에 속한다. 후에 사천성의 별칭으로 사용되었다.

었다. 무릉(武陵)의 양이진(楊彝珍)[29] 성농(性農), 선화(善化)의 손정신(孫鼎臣)[30] 지방(芝房), 상음(湘陰)의 곽숭도(郭嵩燾) 백침(伯琛), 서포(漵浦)의 서도(舒燾)[31] 백노(伯魯) 등은 모두 요 씨의 문장을 정도로 여기고 이를 어기면 또 무엇을 추구하겠는가라고 생각했다. 마지막으로 상담(湘潭)의 구양생(歐陽生(勛))[32]이 있음을 알았다.…… 그는 파릉(巴陵)[33]의 오민수, 상음의 곽숭도에게 고문을 배웠고 또한 신성(新城)의 두 진(陳) 씨를 스승으로 섬겼다. 점차 깊이 영향을 받아 천하의 아름다움으로도 동성 요 씨를 우러러보는 그의 마음을 바꿀 수는 없었다.

……홍수전(洪秀全),[34] 양수청(楊秀淸)[35]이 난을 일으킨 이래 동남지역이 참혹한 폐해를 입었다. 종산(鐘山)[36] 석성(石城)은 예전에 요 선생이 지팡이를 들고 강의했던 곳으로, 오늘날 개(犬)와 양(羊)의 소

---

29 양이진(楊彝珍, 1805-1898): 호남 무릉(武陵, 지금의 상덕(常德)시에 속함) 출신. 자는 성농(性農).

30 손정신(孫鼎臣, 1819-1859): 호남 선화(善化) 출신. 호는 지방(芝房). 매증량과 직접 교류하였다.

31 서도(舒燾): 호남 서포(漵浦) 출신. 자는 백노(伯魯). 청 대 관리이자 시인.

32 구양생(歐陽生, 1827-1856): 호남 상담(湘潭) 출신. 이름은 훈(勛). 오민수로부터 학문을 전수받았다.

33 중국 고대의 군(郡). 오늘날의 호남 악양(岳陽)시와 호북(湖北) 감리(監利), 통성(通城), 숭양(崇陽)현 일대에 해당한다.

34 홍수전(洪秀全, 1814-1864): 1851년 그리스도교 비밀결사대를 기반으로 청 조 타도와 새 왕조 건설을 목적으로 농민 봉기를 일으켜 태평천국을 세우고 천왕(天王)이라 자칭하며 1853년 남경을 천경(天京)으로 바꾸고 수도로 정하였다. 1864년 그의 병사(病死) 후 태평천국도 곧 멸망하였다.

35 양수청(楊秀淸, 1823-1856): 태평천국의 중요한 영수 중의 한 인물로, 1851년 홍수전이 그를 동왕(東王)에 책봉한 바 있다.

36 남경의 자금산(紫金山)을 종산(鐘山)이라고도 칭한다.

굴로 단단하게 변하여 제거할 수 없다. 동성이 이역(異域)[37]으로 전락하여 수복된 후에 다시 함락되었는데, 이에 대균형 전(全) 가족이 모두 병란으로 죽고 본인도 피를 토하며 죽었다.

내(증국번을 지칭-역주)가 건창(建昌)[38]에 와서 신성(新城), 남풍(南豊)의 전란 피해 현장을 방문해보니, 많은 가정이 일소되고 농토도 황폐해지고 황야에 사람이 없었다. 한두 문사(文士)들이 정해진 거처 없이 떠돌았다. 광서(廣西)지역에서 9년간 병력을 동원했지만, 떼 지은 강도들이 여전히 기세등등하여 일시에 소탕할 수 없었다. 용한신(龍翰臣. 용계서(龍啓瑞)를 지칭-역주) 군도 작고하였다. 오직 우리 고향만이 조금 안정되자 두세 명의 군자들이 한가롭게 문장을 지으며 동성파 고문에 부합하고자 애썼다. 그러나 서도(舒燾)가 먼저 세상을 뜨고 구양생도 병사(病死)하였다. 연로한 자는 인간사에 얽매이거나 동란을 당해 그 학문에 정진할 수 없었고, 나이 어린 자는 중도에 요절하고 말았다. 사방에 사건이 많아 요 선생처럼 총명하고 일찍 공명을 이루고 평안하게 장수하며 침착하게 고대 문장가의 반열에 오른 자를 끝내 찾을 수 없었다.……

이 문장은 동성파의 전파과정에 대해 서술하고 있는데, 이 파의 최고의 목표가 "온갖 방법으로 동성파 고문에 부합하고자 애쓰는(曲折以求合桐城之轍)" 것임을 우리에게 알려준다. "천하의 아름다움으로도 동성 요 씨를 우러러보는 마음을 바꿀 수 없다(擧天下之美, 無以易

37 태평군에 의해 점령당한 지역을 일컫는다.

38 강서의 신성, 남풍은 예전에 건창부에 속해 있었다.

乎桐城姚氏者也)!"

증국번은 당시 동성파의 중흥 공신으로 은근히 자처하였고, 남들도 그렇게 그를 추앙했다(왕센첸의 「자서」 참고). 그는 「성철화상기(聖哲畫像記)」에서 성현 32명을 선별하면서 요내를 그 가운데 한 사람으로 포함시켰으니 이로부터 그의 심리를 충분히 엿볼 수 있다. 그의 막부에는 무수한 인재들을 망라하여 모집하였다. 설복성(薛福成)의 「서증문정공막부빈료(敍曾文正公幕府賓僚)」(『庸庵文編』 四)를 보면 당시의 학자 전태길(錢泰吉),[39] 유육숭(劉毓崧),[40] 유수증(劉壽曾),[41] 이선란(李善蘭, 수학자),[42] 화형방(華蘅芳, 수학자),[43] 손의언(孫衣言),[44] 유월(兪樾), 막우지(莫友芝),[45] 대망(戴望),[46] 성용경(成蓉鏡),[47] 이원도(李元度),[48] 그리고 문인으로 오민수(吳敏樹), 장유쇠(張裕釗),[49] 진학수(陳學受), 방종성(方宗誠),[50] 오여륜(吳汝綸), 여서창(黎庶昌), 왕사봉(汪士

---

39 전태길(錢泰吉, 1791-1863): 청 대 저명한 문학가이자 장서가(藏書家).

40 유육숭(劉毓崧, 1818-1867): 청 대 경학가.

41 유수증(劉壽曾, 1838-1882): 청 대 경학대가. 유육숭(劉毓崧)의 아들.

42 이선란(李善蘭, 1811-1882): 청 대 저명한 수학, 천문학, 역학, 식물학자.

43 화형방(華蘅芳, 1833-1902): 청 말 수학자이자 번역가, 교육가.

44 손의언(孫衣言, 1814-1894): 청 말 관리, 학자, 장서가.

45 막우지(莫友芝, 1811-1871): 청 말 금석학자(金石學家), 목록판본학자, 서예가. 송시파(宋詩派)의 주요 성원.

46 대망(戴望, 1837-1873): 청 대 금문경학가.

47 성용경(成蓉鏡, 1816-1883): 청 말 저명한 학자. 양주학파(揚州學派)의 대표인물.

48 이원도(李元度, 1821-1887): 청 말 대신(大臣), 역사학자.

49 장유쇠(張裕釗, 1823-1894): 청 말 산문가이자 서예가.

50 방종성(方宗誠, 1818-1888): 청 말 학자. 동성파의 후기 대표인물.

鋒),[51] 왕카이원(王闓運)[52] 등이 모두 그의 막부 안에 있었음을 알 수 있다. 이처럼 증국번파(曾派)의 세력은 중국에서 수십 년간 영향력을 발휘하였다. 그러나 이들은 문학사에서 그다지 중요한 공헌을 하지 못했다. 나이가 가장 많고 명예가 가장 길었던 이는 유월, 왕카이원, 오여륜 3인이다. 유월의 시(詩)와 문(文)은 모두 큰 가치가 없다. 왕카이원은 일대 대사(一代大師)로 불리지만 그의 고문은 설복성에 견줄 수 없다(시는 논외로 함). 오여륜의 사상은 좀 신선하고 영향력도 좀 크지만, 그의 공헌은 그 자신의 문장에 있는 것이 아니라 그가 양성해낸 후학 인재들에 있다. 옌푸, 린수 모두 그의 문하에서 배출되었는데, 이들의 영향은 그보다 더욱 컸다.

솔직히 말하자면 고문학(古文學) 가운데 물론 '고문(古文)'(한유(韓愈)에서 증국번 이하에 이르는 고문)이 가장 정당하고 가장 유용한 문체이다. 변려문(駢文)의 병폐는 말할 필요가 없다. 당송팔대가 이하의 고문을 무시하는 사람들은 주(周), 진(秦), 한(漢), 위(魏)로 돌아가기를 망상하는데, 돌아가고자 할수록 통하지 않고 예스러울수록 더 쓸모없으며 단지 문학계에 통할 듯 말 듯한 가짜 골동품을 보탤 뿐이다. 당송팔대가의 고문과 동성파 고문의 장점은 **그들이 기꺼이 문맥이 잘 통하고 담백한 문장을 쓰고자 하며, 가짜 골동품을 만들려고 망상하지 않는다**는 점에 있다. 동성 고문을 배운 자는 그래도 문맥이 '통하게(通)' 쓸 수 있고, 더 나아가 응용 문장을 지을 수 있다. 따라서 동성

51 왕사봉(汪士鋒, 1802-1889): 청 말 역사지리학자.

52 왕카이원(王闓運, 1833-1916): 호는 상치(湘綺). 청 말 경학가이자 문학가. 일찍이 증국번 막부에 들어간 적도 있으며, 이후 여러 고등학당을 돌며 경서를 강의하여 후진 양성에 힘썼다.

파의 중흥은 비록 그리 큰 공헌은 없지만, 그리 큰 폐해도 없다. 그들은 때때로 '도를 지키는(衛道)' 성현으로 자처하기도 했는데, 예를 들어 방동수가 한학(漢學)[53]을 공격하고 린수(林紓)가 새로운 사조(新思潮)를 공격한 것은 '문이재도(文以載道)'라는 말에 중독된 것으로 자신의 능력을 헤아리지 못한 처사였다. 그러나 동성파의 영향으로 **고문을 잘 통하게 지어 이후 20-30년간 그런대로 응용할 수 있도록 예비**할 수 있었으니, 이 공로는 부정할 수 없다.

53 여기서는 주로 명 말 청 초에 한 대(漢代) 경학에 의거하여 여러 방면의 고증이나 훈고(訓詁)에 치중하는 학문을 일컫는다.

3. 태평천국의 난 이후의 시인: 김화

태평천국의 난은 명말 유적(流寇)들의 난[1] 이후 가장 참혹한 재난으로, 마땅히 비분강개한 좋은 문학이 생겨나야 한다. 당시 귀주(貴州)의 훌륭한 시인인 정진(鄭珍, 자는 자윤(子尹), 1806-1864)은 귀주가 태평천국의 난으로부터 부분적이기는 해도 영향(함풍 4년, 귀주의 난[2])을 받자, 그의 만년의 시(『소경소시초(巢經巢詩鈔)』 후집(後集))에서 슬프고 애상적인 소재를 많이 다루었다. 그러나 정진이 사망한 것은 58년 전이므로, 본서에서 다루고자 하는 작은 역사(小史)의 범위 내에 속하지 않는다. 특이한 것은 동남 지역 여러 성이 태평천국의 난으로 가장 심각한 폐해를 입었지만, 위대하고 심오한 문학이 출현하지 않았다는 점이다. 왕카이윈은 한 시대를 대표하는 시인으로서 바로 이 시대에 태어났고, 그의 『상기루시집(湘綺樓詩集)』 1권에서 6권까지는 태

---

1 명을 멸망으로 몰고 간 명 말 민란의 발단은 1627년부터 1628년에 걸쳐 섬서(陝西)성 북부를 휩쓴 기근으로 인한 폭동으로, 굶주린 농민뿐 아니라 제때 배급을 받지 못한 병사들, 도망병, 파직된 역졸, 마적떼까지 가담하면서 각지의 부호를 약탈하고 관리들과 충돌하면서 떠돌아다니는 도적떼(流寇)가 되었다. 이후 고영상(高迎祥), 이자성(李自成), 장헌충(張獻忠) 등이 가세하여 세력이 확대되었다.

2 청 정부가 귀주에 소수민족 족장을 폐지하고 중앙관리를 보내 직접 통치를 강화하는 정책을 취하던 중에, 태평천국운동 발발 후 이 지역의 토지세 등을 가중시키자 갈등이 극화되면서 1854-1858년에만 30여 차례의 반란이 이 지역에서 일어났다.

평천국 대란의 시대(1849-1864)에 해당한다. 그러나 그의 시집에서는 처음부터 끝까지 단지 「의포명원(擬鮑明遠)」, 「의부현마(擬傅玄龐)」, 「의왕원장(擬王元長)」, 「의조자건(擬曹子建)」…… 같은 류의 가짜 골동품만을 볼 수 있을 뿐이다. 어쩌다 "세월은 여전히 다난한데, 전쟁이 끝나면 멀리 떠나고파"(歲月犹多難, 干戈罷遠游. 왕카이윈의 「다난(多難)」이란 시의 첫 구절-역주)같은 류의 어정쩡한 시가 한두 수 발견되기도 한다. 그러나 진정으로 이 침통한 시대를 기념하는 시는 찾아볼 수 없다. 이는 무엇 때문인가? 내가 생각하기에 이들 시인들이 대부분 시를 모방할 줄만 알기 때문이다. 그들이 사는 세계는 여전히 포명원(鮑明遠),[3] 조자건(曹子建)[4]의 세계이지 홍수전, 양수청의 세계가 아니다. 더구나 포명원, 조자건의 시체(詩體)가 대해방의 과정을 거치지 않는다면, 결코 홍수전, 양수청 시대의 비참한 재난을 묘사하는 데 적합할 수 없다. 『왕카이윈집(王闓運集)』 중에서 1872년 작 「독행요(獨行謠)」[5] 30장(章)(9권)은 20년간 시대의 여러 일들을 묘사한 작품이다. 그중에는 대담한 비판도 없지 않지만 문장이 대체로 통하지 않고 서술이 명백하지 않아, 단지 30편의 가결(외우기 쉽도록 요점을 간추린 노래-역주)이라고 할 수 있을 뿐 시를 창작했다고 할 수는 없다. 그러나 그중에서도 명성이 대단히 높은 이 시인을 대표하는 시를 굳이

3 포조(鮑照, 415-470 추정): 이름은 조(照), 자는 명원(明遠). 남조(南朝) 시기 사부(辭賦)의 대가. 그의 시문은 이후 작가들에게 큰 영향을 끼쳤다.

4 조식(曹植, 192-232): 자는 자건(子建). 삼국 시기 위(魏)나라의 저명한 문학가이자 건안(建安)문학의 대표인물.

5 왕카이윈의 장편 연작시로, 태평천국운동의 역사적 화첩(畵帖)이라 불릴 만하다고 평가받는다.

뽑는다면 「동관행(銅官行)·기장수린(寄章壽麟)·제감구도(題感舊圖)」를 들 수 있을 것이다.

동관행(銅官行)·기장수린(寄章壽麟)[6]·제감구도(題感舊圖)

(후스의 부언: 이 시는 주석이 없으면 대부분의 의미를 이해할 수 없다. 장수린의 자는 가인(價人)이다. 증국번이 정항(靖港)에서 패했을 때 장수린에 의해 구출되었다.[7] 후에 증국번은 성공하여 작위를 하사받았지만, 장수린이 보답을 받지 못하자 사람들이 그를 위해 불평을 했다. 장수린은 이에 관해 만년에 〈감구도(感舊圖)〉[8]를 그렸을 뿐만 아니라 문장으로 기록하여 남기기도 하였다. 정샤오쉬(鄭孝胥)[9]의 『해장루(海藏樓)』 시 3권, 3쪽 참고)

계평(桂平)에서 도적(태평군-역주)이 일어나 동남 지역을 석권하니,
장사(長沙)가 유독 더 위태롭다.
3년간 우물 안에 앉아 하늘을 우러러보노니,

6 장수린(章壽麟, 1833-1887): 증국번 막부의 막료.

7 1854년 증국번이 이끄는 주력군인 상군(湘軍)이 정항(靖港)에서 태평군(太平軍)과 싸우던 중 전멸하자, 그는 분노하고 부끄럽기도 하여 상강(湘江)에 투신하여 자살하려 했다. 당시 그의 막료였던 장수린은 급히 강물에 뛰어들어 그를 구하였다.

8 정확한 그림 제목은 〈동관감구도(銅官感舊圖)〉이다. 증국번이 사망한 후 몇 년 지나서 장수린은 관직을 그만두고 낙향하던 도중에 정항을 지나게 되었는데, 정항의 맞은편이 동관(銅官)이다. 그는 동관에서 묵으면서 그림을 그렸는데, 제목에서 알 수 있는 바와 같이 '옛일을 생각한다(感舊)'는 것은 바로 증국번과의 그 옛일을 떠올린 것이다. 그는 아울러 「자서(自序)」를 붙였다.

9 정샤오쉬(鄭孝胥, 1860-1938): 중국 근대의 정치가, 서예가. 청 말 동광체(同光體) 시파의 창도자 중 하나.

성곽 담장 위에 미풍이 병기(兵器)를 스치며 불어온다.

폭도와 무뢰한들이 오고가는데,

반탁(潘鐸)[10]· 장양기(張亮基)[11] 두 사람이 떠난 후에 낙병장(駱秉章)[12]

이 재난을 맡았다.

그는 집 문을 닫아걸고 죽음으로 충정과 절의를 나타내고자 했지만,

오히려 죽지 않고 유유히 높은 자리를 차지하였네.

증(曾) 씨 집안은 쇠사슬을 목에 걸 듯 스스로 곤경을 자임하고,[13]

여러 촌락의 유생들도 분노가 가슴에 맺혔도다.

온갖 방법을 써서 자금을 지원하도록 권유하고 군수품을 차단하고,

강오(江吳)[14] 지역을 근거지로 삼아 전력을 다해 활약하였다.

여(廬) 장군, 황(黃) 장군의 군대가 뒤집어진 솥처럼 대패하여,

하룻밤 사이에 동정호(洞庭湖)에는 온통 도적의 배들로 가득하구나.

무표(撫標)대장[15]은 성루(城樓) 위 줄을 타고 도망쳐 버렸고,

---

10 반탁(潘鐸, ?-1863): 1852년 순무(巡撫) 장양기가 총독으로 부임하자, 그가 순무를 대행하였다. 이듬해 순무 낙병장이 도착하자 그는 병을 핑계 삼아 직책을 그만두었다.

11 장양기(張亮基, 1807-1871): 1852년 호남 순무로 임명되어 장사(長沙)로 가서 태평군에 맞서 싸웠다. 곧이어 호남·호북 총독을 맡았다.

12 낙병장(駱秉章, 1793-1867): 그가 호남 순무로 임명된 후, 1852년에 태평군이 호남에 침입하자 청나라 군대를 이끌고 필사적으로 저항하였지만 평정하지 못하고 파직되었다. 이후 신임 순무로 장양기가 부임해왔을 당시 장사(長沙)에서 태평군이 80여 일을 포위하고 공격했으나 뚫지 못했는데, 그가 여기에서 공을 세워 복직된다. 1853년 음력 2월 그는 호북 순무로 임명되고 음력 4월에 또 호남 순무로 임명되어 10년간 재직하였다.

13 스스로 고생을 사서 한다는 비유.

14 강(江)은 주로 양자강 하류 남부 지역, 오(吳)는 강소성 남부와 절강성 북부 일대를 가리킨다.

15 "무표대장(撫標大將)"에서 "표(標)"는 청 대 육군 편제의 하나로 지금의 연대에 해당

서공(徐公)[16]은 집을 맴돌며 어쩔 줄 몰라 한다.

성을 지킬 군사들이 하나도 없는데,

증 씨 집안에 보잘것없는 대가로 나서 싸우라 한다.

증국번은 빈 배 위에 앉아 목관인(官印)을 지키며,

칼끝을 마주하고 죽을 곳을 찾고 있을 뿐.

군대의 책략과 용병술을 설명할 틈도 없이,

도적들이 이미 상담(湘潭)에 주둔하였고 정항(靖港)을 향해 진격해 온다.

양쪽에 손을 뻗어 빈 솥을 뒤지고,

10일 동안 강에서 잡은 것은 메마른 민물조개뿐이로다.

유용(劉蓉)[17]·곽숭도는 자기 식솔을 돌보느라 정신이 없고,

좌종당(左宗棠)은 미친 듯이 웃으며 그들을 개돼지라 질책한다.

팽옥린(彭玉麟),[18] 진사걸(陳士杰),[19] 이속의(李續宜)[20]·이속빈(李續賓)[21] 형제 등이 어찌 죽기를 바라겠는가?

그들은 곳곳에 치밀하게 함정을 설치했다.

이때에 비밀리 좋은 계책을 구함에,

한다. 여기서 무표대장은 왕장무(王壯武, 즉 王鑫)를 지칭한다.

16 서유임(徐有壬, 1800-1860)을 지칭한다. 청 대 강소성 순무를 역임했으며, 태평군이 소주(蘇州)를 공략할 때 전사하였다.

17 유용(劉蓉, 1816-1873): 청 대 동성파 고문가이자 증국번의 막료였다.

18 팽옥린(彭玉麟, 1816-1890): 청 대 저명한 정치가, 군사가, 서화가. 병부상서를 역임하였다. 증국번과 함께 상군 수군을 통솔하였고 1854년 태평군이 상담(湘潭)을 점령하고 있을 당시 진압하기 위한 주요 책략을 맡아서 짰다. 그러나 증국번은 팽옥린이 세운 사전 계획을 어기고 단독으로 작전을 하다가 정항의 태평군에게 대패하자 강물에 뛰어들어 자살을 시도하다가 구출되었다.

진사걸과 이속의가 모의하여 생각이 일치하였다.

팽옥린이 건의하길 하류를 공격하는 것이,

적진을 무너뜨리고 적군의 수장을 생포할 묘책이라 하였다.

나와 그들은 모두 같은 약관(弱冠)의 젊은이들,

그들은 이광(李廣)[22]처럼 묵묵히 아무 말도 없었다.

정오쯤 정한 계책이 한밤중에 바뀌어,

내가 돌아왔을 때 그들은 이미 떠나 소식을 알 수 없었다.

날이 밝을 무렵 정(丁) 노인이 문턱을 넘어 총총히 들어와,

참패소식을 전하고서야 전군(全軍)이 몰살하여 울고 있음을 알았다.

군 통솔자(증국번-역주)는 굴원(屈原)처럼[23] 강물에 투신할 작정이었으나,

주부(主簿)[24]가 총총히 두습(杜襲)[25] 같은 장군을 구해냈네.

10개의 군영에서 연이어 일이 터져 모든 것이 수포로 돌아갔고,

---

19 진사걸(陳士杰, 1825-1893): 증국번의 가장 중요한 심복이자 막료 중의 한 사람. 태평천국 기의 후에 증국번이 상군을 창설하자 1853년 증국번의 군영에 들어가 참모를 맡았다. 저명한 학자 왕카이윈은 일찍이 증국번이 정항 전투에서 진사걸의 계략을 수용하지 않았기 때문에 대패했다고 지적하였다.

20 이속의(李續宜, 1822-1863): 청 말 상군의 장수. 이속빈의 친동생. 태평군 진압에 공을 세웠다.

21 이속빈(李續賓, 1818-1858): 청 말 상군의 명장(名將). 태평군 진압에 공을 세웠다.

22 이광(李廣, ?-기원전 119): 서한(西漢) 시기의 명장(名將). 흉노족 토벌에 공을 세웠다.

23 원문의 "湘累"는 굴원(屈原)이 호남의 상수(湘水)에 뛰어들어 익사한 역사적 고사를 가리킨다.

24 한(漢) 대 관직명으로 주로 문서를 관리하는 직책이었고, 위(魏)·진(晋) 시기에 이르러 기밀을 다루고 막부의 일을 총괄하는 업무를 맡았다. 명·청 대에도 보좌관의 일종으로 두었다.

25 두습(杜襲, 생졸년 미상): 동한(東漢) 말 및 삼국 시기 조위(曹魏)의 관리이자 장수.

이후 (증국번은-역주) 배를 버리고 산 속에 주둔하였다.

봄이 다 가도록 낮에도 7중문을 겹겹이 걸고 들어앉아서,

오직 진사걸과 이속의에게 마지막 상소문을 다듬도록 시켰다.

판교는 끊어지고 사령기(司令旗)는 부러졌고,

동관(銅官) 기슭에 봉화만 깜빡인다.

누가 알았으랴, 상담(湘潭)대첩 소식이 전하길,

마치 끓는 물을 눈 위에 붓는 듯 천 리(千里)의 적진이 곧 궤멸되었다니!

한 차례의 승리로 위신을 세우자 승전보가 연이어 울린다,

탑제포(塔齊布)[26]·나택남(羅澤南)[27]은 호랑이처럼 용맹스럽고 팽옥린·양재복(楊載福)[28]은 용처럼 용감했다.

당시 사람들이 이 승전으로 인해 출셋길에 오르길 30여 년

앞다투어 그 당시 일을 얘기하며 공적을 칭찬한다!

낙병장(駱秉章)은 일거에 명성을 얻었고 서유임(徐有壬), 도은배(陶恩培)[29]는 죽었고,

---

26 탑제포(塔齊布, 1817-1855): 청 말 상군의 명장. 증국번의 상군 창설을 보좌하였고, 1854년 당시 태평군을 대패시키고 상담(湘潭)을 수복하였다.

27 나택남(羅澤南, 1807-1856): 청 말 상군의 주요 창시자 중 한 사람. 1853년 증국번과 상군을 창설하고 1853-1856년 전사할 때까지 태평군을 진압하는 데 전공을 세웠다. 이속빈·이속의 형제와 같은 제자들도 다수 배출하였다.

28 양재복(楊載福, 1822-1890): 청 말 상군 수군 통솔자. 1853년 증국번과 함께 상군 수군을 창건하고 태평군과 교전하면서 전공을 세웠다. 1854년에는 태평군을 격파하고 수백 척에 이르는 적선을 불사르며 상담을 수복하였다.

29 도은배(陶恩培, 1801-1855): 청 말 대신. 1855년 호북 순무였던 그는 태평군이 무창(武昌)을 공격해오자 출전하였으나 대패하고 스스로 자양호(紫陽湖)에 투신하여 순직하였다.

증국번 형제들은 할미새가 날아오름을 칭송하오.[30]

오직 상강(湘江) 기슭에 수많은 버들만이

그 당시 강물의 울음소리를 한탄하는 듯하다.

신릉(信陵)[31]의 문객들이 흩어진 지 이미 10여 년이 흘렀고

(후스의 부언: 이 시는 증국번이 사망한 후 약 10년 후에 쓰였다)

순찰 도는 노병들은 빈번히 거쳐 가는 새로운 절도사를 맞이하네.

태평한 시대에 비로소 전공(戰功)이 대수롭지 않음을 깨닫고,

번잡한 관직들은 그저 경력이 쌓인 것일 뿐이로다.

그 누구든 어려운 일을 말하지 마소,

우연히 얻고 잃음은 모두 하늘의 뜻이거늘.

쓸쓸한 강어귀 버려진 보루에 가을색은 완연한데,

과객은 옛 행적의 흔적을 찾는구나.

이 시는 완전히 문맥이 통한다고 할 수 없지만, 『상기루시집』의 수많은 가짜 골동품들 가운데 그래도 우수한 작품이라 하지 않을 수 없다.

---

30 『詩·小雅·常棣』: "脊令在原, 兄弟急難." 『毛傳』: "脊令, 雝渠也, 飛則鳴, 行則搖, 不能自舍耳." 鄭玄, 『毛詩箋』: "雝渠, 三鳥, 而今在原, 失其常處, 則飛則鳴, 求其類, 天性也, 猶兄弟之於急難." 여기서 "脊令"은 곧 "鶺鴒"으로, 후에 할미새는 형제를 비유하는 말로 쓰인다. 할미새는 서로 돕는 것이 천성으로, 이로써 형제끼리 우애가 좋아 서로 고난에 처했을 때 도와주는 것을 비유한다. 본문의 시에서 할미새에 빗대어 "증국번 형제들은 서로 고난에 처하면 도와주었기 때문에 칭송받았다"는 은유적 표현을 하고 있다.

31 신릉(信陵)은 호북성에 위치하는 지명. 옛 지명으로는 전국(戰國) 시기 위(魏)나라 지역을 일컫는데, 위나라 왕족이자 정치가인 신릉군(信陵君)은 문객들을 대거 거느려 많을 때는 수천 명에 이르렀다 한다. 여기서는 증국번을 가리킨다.

그러나 이 시대에도 확실히 시대를 대표하는 시인이 있으니, 그가 바로 상원(上元)의 김화(金和)[32]이다. 김화의 호는 아포(亞匏)이며, 1818년에 태어나 1885년에 사망했다. 대표적인 저작으로는 『추혜음관시초(秋蟪吟館詩鈔)』 7권이 있다. 1853년 남경성(南京城)이 함락되었을 때 김화는 그 성안에 갇혔는데, 장발군(長髮軍)[33] 사람들과 왕래하면서 점차 많은 이들을 규합하여 관병과 몰래 호응하고자 하였다. 그 당시 향영(向榮)[34]의 대본영이 성 밖에 있었는데, 김화는 몰래 성을 빠져나와 성 안팎에서 서로 호응할 계획을 관병에게 알렸다. 향영이 처음에 불신하자, 그는 자청해서 병영 안에 억류당한 채 보증을 섰다. 뜻을 같이하는 성안의 사람들은 관병과 공격 시일을 정하였지만, 정해진 날짜에 관병은 오지 않았다. 이에 다시 약속했지만, 관병은 또다시 오지 않았다. 성안의 뜻을 같이하는 수많은 사람들이 피살당했다. 김화는 몸소 포위된 성안의 생활을 겪으면서 당시 관군의 부패와 무능을 통한하였기 때문에, 사건을 기록한 그의 시는 매우 감동적일 뿐만 아니라 역사적 가치가 있다. 그의 「통정편(痛定篇)」(2권, 12-20쪽)에는 일기체의 시들이 수록되어 있는데, 성의 함락 및 성안의 일을 묘사하고 있다. 여기서 그의 시 한 수를 예로 들겠다.

---

32 김화(金和, 1881-1885): 강소성 상원 출생. 자는 궁숙(弓叔), 호는 아포(亞匏). 청 말 시인. 아편전쟁과 태평천국의 난을 직접 겪었기 때문에 그의 시는 대부분 이러한 역사적 사건을 다루고 있으며 거의 장편으로 산문화된 특징을 지닌다.

33 청 말 통치집단이 태평천국 군대를 멸시하여 지칭하던 용어로 '長毛'라고도 불렀다. 청 정부가 두발을 밀어 변발을 강요하던 규정에 반발하여 태평군들은 일률적으로 머리카락을 길렀던 데서 유래한다.

34 향영(向榮, 1792-1856): 청 말 장군. 태평군 진압에 공을 세웠다.

2월 23일 대군이 온다는 소식이 들리자,

도적[35]의 두목이 황망한 듯, 종일 경계를 시켰지.

남경 사람들은 은밀히 서로 경축하며, 비로소 다시 생기가 돌았다.

용맹스러운 향장군, 하늘의 신처럼 존귀한 듯 우러러보네.

도적이 호각을 부는 소리가 들리자마자, 곧 장군이 말에 오르길 기다린다.

맛좋은 향은 장군을 영접하려 하고, 술은 장군에게 바쳐지기를 기다린다.

음식은 장군을 위해 고대하며, 잠도 장군을 위해 휴식하길 기다린다.

……

일곱 살 어린 아이가 어찌 알겠는가, 문밖에서 우연히 놀다가,

공연히 길가는 행인에게, 장군의 이름을 발설하였네.

젊은 누이는 사색이 되어, 크게 화내며 때린다.

이때부터 장군을 고대하며 기다리다, 하루같이 초췌하였다네.

또한 일부 건장한 사람들은 야밤에 충의를 맹세하고,

서로 멀리 떨어져 있어도 장군과 서로 호응하기 위해 빈틈없이 계책을 세웠다.

종복을 도적의 휘하에 배치하고, 도적이 의심하지 못하게 하였지.

평소와 같이 일을 하며, 단검을 어깨에 묶었다.

일단 병사들이 성에 들어오길 기다렸다가, 각자 한꺼번에 횃불을 들 것이다.

장군의 얼굴을 보면, 장군이 곧 명령을 내릴 것이네.

허나 누가 예측이나 했겠는가, 장군이 바빠

35 김화는 태평군을 적대시하여 "賊(도적)"으로 묘사하고 있다.

이러한 상황에 신경 쓸 겨를이 없을 줄이야?

김화의 「6월 초2일 기사100운(六月初二日紀事一百韻)」은 전반부에 향영이 곧 며칠 안에 출병날짜를 정하는 것을 그리고, 이어 출정하기 전에 병졸들을 잘 먹게 하고, 술을 권하며 군의 사기를 고취시키기 위한 출정의식과 다음 날 새벽에 출병하기 위해 준비하는 상황을 그렸다. 모두 90여 구로, 끝부분에서는 간단히 다음과 같이 묘사하고 있다.

……

갑자기 놀라움과 기쁨이 노인과 아이들에게 널리 퍼져나갔다.
마치 오랜 빗줄기 끝에 붉은 무지개를 보는 것처럼.
……
밤새도록 잠을 설치다 아침 해가 떴다
……
한낮에야 비로소 성난 말 울음소리가 들렸는데,
보이는 것은 평범한 물오리와 갈매기뿐이었다.
칼날에 피 한 방울, 몸에 진흙 하나 묻히지 않고,
전군이 퇴각하였다니!

이는 아주 심하게 비난하는 내용이다. 그러나 다음의 「초5일 기사(初五日紀事)」는 더욱 미묘하다. 여기에 시 전체를 인용해보겠다.

전날 전투에서 도적을 만나지도 못한 것에 대해,

장군은 용서하지 않으려 했다.

어떤 자가 장군께 고하기를 다 죽이기는 힘드니,

다시 전투를 하는 것이 어떻겠습니까?

어제 황혼 무렵 갑자기 명령이 전해지길,

"너희를 죽이지 않고 목숨을 살려주겠다.

오늘 밤 동북성을 공격한다,

성을 함락시키지 못하면 살아남지 못할 것이다."

3군은 감사해하며 칼을 차고 갔는데,

또다시 지난번 잠에 빠졌던 곳에 이르렀다.

공중에 우– 우– 광풍이 몰아치고

먹구름이 잔뜩 일고 우르릉 천둥이 친다.

장군이 병사에게 비가 올 거라 말하자,

병사가 장군에게 여기서 피하자고 말했다.

말머리를 돌려 10리를 달리니,

밤에 다시 날씨가 개었다.

급히 장군을 뵈니 날은 아직 밝지 않았다.

장군은 이미 날이 어두워졌다는 것을 알고

"이는 네 죄가 아니다. 너는 물러가라"고 하였다.

듣자 하니 호북지방은 날이 추워

얼어터진 손으로 싸우기 힘들고도 힘들단다.

근래는 작렬하는 태양이 더욱더 심하여,

출병은 반드시 밤에 해야 한단다.

하지만 이후에도 또 진군하기에 적합한 시기가 아니다.

왜냐하면 달이 낮처럼 밝아 도적이 쉽게 알아차리기 때문이다.

이렇게 시시각각 성운이 바뀌면

한 차례의 전투도 못할 수 있다.

오호라, 장군이 세운 계책은 틀림없이 완벽하니,

장군이 도적을 멸하지 않는 것이 아니라, 모두 하늘 때문이로다.

어찌 푸른 하늘이 춥지도 않고 덥지도 않을 수 있으며,

해와 달이 뜨지 않고 풍우가 없을 수 있겠는가!

이러한 조롱적인 풍자야말로 김화의 특별한 장점이다. 그는 전초(全椒)현 오(吳) 씨[36] 집안의 외손으로, 『유림외사(儒林外史)』의 저자 및 그 작품 가운데 몇몇 중요 인물들과 연관이 있다. 그는 『유림외사』를 높이 평가하는 한 사람으로, 그의 시 또한 『유림외사』의 풍자적인 수법에서 도움을 받았다. 뜻 있는 사람의 풍자는 비웃고 욕하는 것이 아니라 통곡이다. 경박한 것이 아니라 한(恨)이 극에 달하여 어찌 할 수 없어 부득이하게 그러한 것이다. 「16일에 말릉관에 이르러 동쪽 제방으로 가는 병사를 만난 소감(十六日至秣陵關遇赴東垻兵有感)」에서 그는 다음과 같이 읊고 있다.

초7일 아직 정오가 채 되기 전에

출발한 나는 남경 동쪽 교외의 종산(鐘山)을 내려왔다.

사천지방 병사 천여 명이 북쪽으로 힘껏 말을 달려간다.

들리는 말에 따르면 동쪽 제방의 방어선이 위급한데,

36 안휘성 전초현 태생인 오경재(吳敬梓)를 일컫는다.

방어하는 병력이 부족할 것 같다 한다.
장군에게 지원을 요청하니, 한 부대를 지원해주었다.
나는 곧 사직하고, 고초를 무릅쓰고 넓은 들판길을 걸었다.
3일은 호숙교(湖熟橋)에서 묵고, 이틀은 용계사(龍溪社)에서 묵고
4일은 방산(方山)에서 묵었는데, 먼지와 땀으로 뒤범벅이었다.
절에서 우연히 시원한 바람을 쐬는데, 위세등등하게 질책하는 소리가 들렸다.
살짝 곁눈질을 해보니 어디선가 본 듯한데, 큰 키에 얼굴은 구릿빛.
앞으로 다가가 눈을 흘겨보지 말라 하니, 다행히 주먹질을 하지는 않는다.
완곡한 말로 어찌된 일인지 물으니, 동쪽 제방으로 가는 중이라고 한다.
9일 동안에 여기에 이르렀으니, 앞으로 50리가 남았구나!

이러한 묘사기법은 확실히 두보(杜甫), 백거이(白居易)의 '문제시(問題詩)'와는 또 다른 새로운 형식을 창조했다고 할 수 있다. 김화는 「군전신악부(軍前新樂府)」 4편을 썼는데, 여기서 그의 「한쪽 눈썹(半邊眉)」이라는 제4편을 보도록 하자.

한쪽 눈썹, 넌 왜 왔노?
태수(太守)문 아래서 돈을 돌려 달라 청하려고요.
태수문은 어디인가?
종산(鐘山) 옆 근처에 있는 태부(太府)요.
태부는 처음에 어려운 백성들의 고통을 들었으나,
관아에서는 소작료를 샅샅이 수탈해가오.

옆의 고을(郡)에서는 부유한 집안에게 헌금하도록 격문을 붙이고,

온 힘을 다해 난민들의 목숨을 구해주고자 하며,

현명한 태수를 모셔 와서 정치를 맡겼지.

태수가 계산해서 말하기를,

"비용이 많이 들어도 120전(錢)이면 한 사람을 부양한다."

태수가 계산해서 말하기를,

"어려운 백성이 많은데, 한 사람이 여러 차례 요구하면 어찌 한단 말인가?

내가 듣자하니 예전에 눈썹을 조사하는 법령이 있었다."

하인을 불러 칼을 들고 사람을 마주보고 서서,

한 칼에 한쪽 눈썹만을 남겼다,

또 오려면 눈썹이 자라난 이후에야 하겠지-

좀벌레를 방지하는 계책으로 기묘했고,

좀벌레를 만드는 책략으로도 탁월했다.

어찌 눈썹이 없는 사람만 오지 않았겠는가,

눈썹이 있어도 오는 사람이 적었더라.

오직 한둘 교활한 시정잡배만이

태수 종복에게 20원 뇌물을 주어

칼을 세차게 휘두르지 말고 눈썹을 온전하게 해 달라 하여

한쪽 눈썹을 세 번이나 자를 수 있었네.

이렇게 하지 않는 병약자는 정말 굶어 죽거나,

잠시나마 연명하고자 고집하면,

한쪽 눈썹과 함께 완전히 없애주었지.

오호…… **태수는 어찌 독하게 계책을 세우지 않는가?**

1천 전으로 사람의 귀와 눈을 베고,

1만 전으로 사람의 손발을 자르면,

다시는 돈을 요구하러 오는 사람이 없을 터이니,

태수, 어찌 통쾌한 일이 아니겠는가?

이 외에도 볼 만한 훌륭한 시가 많이 있지만, 여기서 더 이상 사례를 들지 않겠다. 김화의 시는 매우 혁신적인 정신을 지니고 있는데, 그 스스로 자신의 『초우집(椒雨集)』을 평하여 다음과 같이 말하였다.

절반이 일기와 같아 시라고 말하기에 부족하다. 만약 시로 논하자면, 군(軍) 중에서 지은 작품들은 어조가 통쾌하여, 이미 고인(古人)의 돈후(敦厚)한 풍을 잃었고, 더욱이 근래 현인들의 풍자와 조소의 취지에도 부합하지 않는다. **오늘날 제공(諸公)들에게 이러한 병서(韜鈐)[37]가 있다면, 우리들에게는 이러한 문사[翰墨][38]가 있으니, 세속에 더러워지기는 비슷하거늘, 아마도 운명이 그렇게 한 것일까?**

김화는 또 한 시(제7권, 8쪽)에서 다음과 같이 읊기도 하였다.

지은 바는 비록 아주 순수하지는 못하지만,

하는 말마다 모두 진실하다.

---

37 고대 병서 『육도(六韜)』와 『옥검편(玉鈐篇)』을 합쳐 부르는 말로, 일반적으로 병서(兵書)를 가리킨다.

38 문사[翰墨]의 의미는 "筆墨"과 같으며 문사(文辭)를 가리킨다.

요즘 사람들은 이처럼 하지 못하면서,

고인(古人)과 다르다고 지적만 한다.

이는 비록 친구를 추모하는 시이지만, 그 자신의 주장을 대표한다고 할 수 있다. 그는 다른 시에서 또 다음과 같이 말하고 있다(제1권, 3쪽).

모두 여섯 권의 책을 썼지만, 이는 수만 자에 불과하다.

그중 제대로 익지 않은 것은, 또 열 가운데 서너 개다.

반복해서 쌓아가노라면, 문장 쓰는 것이 능숙해진다.

하나로 연계하여 펠 수 있는 것이라도, 고인(古人)이 밷어버리려 한 것을

후대 사람에게 남겨준 것이라면, 아름답고 진기한 것이라 자부할 수 있겠는가?

오늘날 글을 쓴다는 것이 말처럼 그리 쉽지는 않다.

진정한 장부가 있다면, 이에 소매를 걷어 붙이고 앞장설 것이다.

만 권을 독파한 후에, 같고 다름을 일일이 대조해보고,

또 고인 이전의 혼돈으로부터 새로운 것을 개척해낸다.

기꺼이 심혈을 다하고 백 번 싸워도 물러나지 않는다.

일단 독창적인 것을 이루면, 선경(仙境)의 기서(奇書)들에 대조해보아도.

반드시 천상의 말이 있고, 고인이 미치지 못하는 바가 있다.

……

저 표절하는 병을 지닌 자들은, 입만 열면 사람을 졸리게 만든다.

어찌『육경(六經)』을 가리켜, 공공의 도구(公家器)라 일컫지 않는가!

김화는 "표절하는 병을 지닌 자"들을 매우 증오하고, "고인 이전의 혼돈으로부터 새로운 것을 개척하고자" 하였기 때문에, 이 50년 동안의 시계(詩界)에서 아주 높은 자리를 차지할 수 있었다.

한편 사(詞)를 보자면, 최근 50년간의 사는 모두 몽창(吳文英)파[39]에 물들어 가치 있는 것이 매우 드물다. 따라서 여기서는 논하지 않겠다.

39 몽창파(夢窗派): 남송 중후기의 사(詞)를 대표하는 유파이다. 대표적인 사인(詞人) 오문영(吳文英, 1207-1269)의 호가 몽창(夢窗)인 데서 붙어진 명칭이며, 그를 필두로 하여 윤환(尹煥), 옹원룡(翁元龍), 황효매(黃孝邁), 루채(樓采), 이팽로(李彭老) 등이 주로 몽환적인 사풍(詞風)을 추구하였다.

4. 옌푸와 린수

1840년 아편전쟁 이래 1860년 영불연합군이 천진(天津)을 공격하고 북경에 진입하여 원명원(圓明園)을 불태우는 전쟁을 겪고 나서 동치년간 중흥을 위한 전쟁에서는 다시 서양인의 도움을 받았다. 이 과정을 통해 사리를 깨달은 중국인들은 점차 서양 각국의 중요성을 인정하기 시작했다. 1861년 청 정부는 각국에 총리각국사무아문(總理各國事務衙門)을 설치했고 1867년에는 동문관(同文館)을 설립했다. 후에 또 학생들을 외국에 파견하는 정책을 시행하였다. 당시 완고한 사회는 이러한 정책을 극력 반대하였기 때문에, 동문관은 좋은 학생을 받지 못했고 서양에 파견할 유학생을 더더욱 얻지 못했다. 그러나 19세기 말 번역사업은 점차 발달하였다. 선교사 중에 티모시 리처드(Timothy Richard) 등은 중국 문사(文士)의 도움을 받아 적지 않은 책을 번역하였다. 태평천국 시기에 문인 왕도(王韜)[1]는 이러한 번역사업에

1 왕도(王韜, 1828-1897): 청 말 사상가이자 언론인. 1848년 상해 묵해서관(墨海書館)에서 13년 동안 일하면서 주로 선교사들과 번역작업을 하였는데, 『성경』을 비롯하여 『화영통상사략(華英通商事略)』, 『광학도설(光學圖說)』, 『서국천학원류(西國天學原流)』 등을 번역하였다. 1862년에 가명으로 태평천국에 상서를 올렸다는 혐의로 청 정부에 의해 체포령이 내려졌고, 이를 피해 홍콩으로 건너간 그는 1874년 『순환일보(循環日報)』를 창간하고 유신변법을 주창하였으며, 1884년에 다시 상해로 돌아와 활동하였다.

서 중요한 선구자였다.

그러나 당시 역서(譯書)사업의 범위는 그리 넓지 못했다. 첫 번째 부류는 종교서적으로, 가장 중요한 것은 『신구약전서(新舊約全書)』의 각종 번역본이다. 두 번째 부류는 과학과 응용과학 서적으로, 당시에는 '격치(格致)'서적으로 불렸다. 세 번째 부류는 역사·정치·법제서적으로, 예를 들어 『태서신사남요(泰西新史攬要)』,[2] 『만국공법(萬國公法)』[3] 등이다. 이는 지극히 자연스러운 일이다. 종교서적의 번역은 선교사들이 자발적으로 진행한 사업이었다. 격치서적은 당시 총포·군함을 위한 기초적인 학문으로 여겨졌다. 역사·법제서적은 중국인이 서양의 국정을 이해하는 데 필요한 것이었다. 이 외에 문학서, 철학서와 같은 책들에 대해서는 당시 사람들이 거의 주목하지 않았다. 이 또한 자연스런 현상이다. 당시 중국학자들은 서양의 총포는 물론 대단하지만, 문예·철리(哲理)는 당연히 우리 5천 년 문명 고국(古國)에 훨씬 미치지 못한다고 여겼다.

옌푸(嚴復)와 린수(林紓)의 큰 공로는 이 두 가지 큰 결함을 만회했다는 데 있다. **옌푸는 서양 근세사상을 소개한 일인자이고, 린수는 서양 근세문학을 소개한 일인자이다.**

옌푸는 광서 병신(丙申, 1896)년, 즉 중일전쟁 이후 무술변법 이전

---

2 麥肯齊 著, 李提摩太·蔡爾康 譯, 『泰西新史攬要』, 廣學會, 1895. 원저는 다음과 같다. Robert Mackenzie, *The Nineteenth Century: A History*, T. Nelson and Sons, 1880.

3 惠頓 著, 丁韙良(W. A. P. Martin) 譯, 『萬國公法』, 京師同文館, 1864. 원저는 다음과 같다. Henry Wheaton, *Elements of International Law: With a Sketch of the History of the Science*, Carey, Lea & Blanchard, 1836.

시기에 헉슬리의 『천연론(天演論)』[4]을 번역하였다. 그는 「자서(自序)」에서 말하기를,

> 사회적 기풍이 점차 열리고 소통되면서 지식인들은 식견이 폐쇄적이고 고루한 것을 부끄럽게 여겼으며, 서학을 공부하는 자가 늘어났다. 그러나 몇몇 대가들은 서양의 뛰어난 점은 상수(象數)나 형이하학과 같은 지엽적인 것에 불과하고 서양인들이 힘쓰고자 하는 것은 공리(功利)를 벗어나지 않는다고 말한다. 이는 주관적인 억측의 말이며, 사실을 모르는 바이다. 자국의 전통적인 학문을 논하고 적을 살펴 자신의 거울로 삼는 방법이 결코 이와 같지는 않을 것이다.

이는 그의 탁월한 식견이다. 『천연론』 출판(1898)[5] 이후 중국학자들은 비로소 서양이 총포·군함 외에도 우리에게 제공해줄 수 있는 뛰어난 철학사상이 있다는 것을 점차 알게 되었다. 그러나 이는 사상사의 영역이므로 여기서 논할 필요는 없다.

여기서 마땅히 논해야 하는 것은 옌푸 역서의 문체이다. 『천연론』에는 「예언(例言)」 몇 항목이 있는데 그 가운데서 다음과 같이 말하였다.

---

4 헉슬리의 『진화와 윤리』 번역서. 헉슬리 원본의 초판본은 다음과 같다. Thomas H. Huxley, *Evolution and Ethics*(THE ROMANES LECTURE), Macmillan and Co. and New York, 1893.

5 옌푸가 『천연론』을 번역하고 서문을 쓴 것은 1896년 9월 9일이었지만, 호북성의 신시기재(愼始基齋)에서 공식적으로 간행한 것은 1898년 6월이었다.

번역 작업에는 세 가지 어려움이 있는데, 원문에 충실해야 하고(信), 의미를 전달해야 하고(達), 문장이 규범에 맞아야 한다(雅)는 것이다. 원문에 충실하게 번역한다는 것은 매우 어려운 일이다. 원문에 충실하더라도 의미가 전달되지 않으면, 비록 번역하더라도 번역하지 않은 것과 같다. 그런즉 의미 전달은 중시되어야 한다.…… 지금 이 책에서 언급하는 바는 근래 50년 사이에 서양인들이 새로 얻은 학설로, 작가가 만년에 쓴 저술이다. 번역문은 원문의 심오한 의미를 밝히고자 했기 때문에, 문구를 뒤바꾸거나 덧붙이기도 하였다. 자구 순서를 따지지 않았지만, 의미가 원문에 어긋나지는 않는다. 이를 의역(達旨)이라고 하지, 필역(筆譯)이라고 말하지 않겠다. 편한 대로 발휘했을 따름이지, 사실상 올바른 방법은 아니다.…… 이러한 작업은 모두 의미 전달을 위한 것이다. **의미 전달은 곧 원문에 충실하는 근본이 된다.**…… 원문에 충실하고 의미를 전달하는 이외에, 규범에 맞는 문장이 요구된다. 이는 멀리 전달하기 위해서만이 아니다. 실제로 정치하고 심오한 이치는 **한 대 이전의 문장 규범에 따라야 전달하기 쉽지 근세에 일상적으로 통용되는 문자를 사용하면 전달하기 어렵고, 종종 뜻을 무시하고 문장에 치중하면 근소한 차이라 하더라도 결국 커다란 잘못으로 이어질 수 있다.** 둘 중에 적합한 것을 신중히 선택하는 것은 물론 부득이한 일이다.……

이 말은 모두 당시의 실제 상황이다. 당시 물론 백화를 사용하기 불편했다. 만약 백화를 사용하면 읽는 이가 없었을 것이다. 팔고식(八股式) 문장을 쓰기는 더더욱 적합하지 않았다. 따라서 옌푸의 역서 문체는 당시 부득이한 방법이었다. 오여륜의 「천연론 서문(天演論序)」

을 보면 당시의 정황을 더욱 잘 이해할 수 있다.

> ……오늘날 서양 서적은 대부분 새로운 학문을 다루고 있음에도 불구하고 중국의 학자들이 시문(時文)·공문·설부(說部)의 문장으로 번역하여 전달하였기 때문에, 식자들은 이를 경시하고 거들떠보지도 않으니 어찌 민지(民智)의 계발을 논할 수 있겠는가? 이는 다름이 아니라 문장의 수준이 떨어지기 때문이다. 문장이 옌푸 정도는 되어야 역서를 논할 수 있다.…… 오늘날 헉슬리의 학술이…… 옌푸의 문장을 거치면서 어느새 주나라 말기 제자(諸子)들에 필적할 만하게 되었다. 그런즉 문장이 어찌 중요하지 않겠는가?……

옌푸는 고문으로 책을 번역하였는데, 이는 마치 청나라 관료가 붉은색 보석으로 윗부분을 장식한 모자[6]를 쓰고 연설하는 것처럼 역서의 가치를 높일 수 있기 때문에 당시의 고문대가는 "**어느새 주나라 말기 제자(諸子)들에 필적할 만하게 되었다**"고 여기게 되었던 것이다.

옌푸 자신은 그의 번역 방법에 대해 "쿠마라지바[7]는 '나를 모방하면 병폐가 생긴다'고 말한 적이 있다. 앞으로 (번역에) 종사하는 자가 많아지겠지만, 이 책을 구실로 삼지 않기를 바란다"(「천연론·예언(天演論·例言)」)고 말하였다. 이 말도 틀리지 않다. 옌푸는 영문과 중

6 "홍정자(紅頂子)"는 꼭대기에 붉은 산호 구슬로 장식한 관모를 의미하며, 청 대에는 정2품 이상의 관리들만이 썼다. 여기서는 바로 고관(高官)의 신분을 의미한다.

7 원문의 "什法師"는 쿠마라지바(鳩摩羅什(Kumarajiva), 344-413)를 가리킨다. 그는 서역에서 중국으로 인도의 불경을 전하였는데, 401년부터 장안(長安)에서 국사의 자격으로 소요원에 머물면서 산스크리트어 불경을 대규모로 번역하였다.

국 고문의 수준이 매우 높았을 뿐만 아니라 또 대충 하지 않고 심혈을 기울여 번역하였기 때문에, 비록 죽은 문자를 사용하였지만 그런대로 "의미 전달(達)"을 할 수 있었다. 그가 역서에 기울인 심혈과 정중함은 정말 감복할 만하며 귀감으로 삼을 만하다. 그는 일찍이 "도언(導言)"이라는 명사를 예로 든 적이 있다. 그가 먼저 "치언(卮言)"[8]으로 번역한 것을 샤청유(夏曾佑)[9]가 "현담(懸談)"[10]으로 바꾸었는데, 이번에는 오여륜이 찬성하지 않았다. 그리하여 결국에는 그 자신이 "도언"으로 바꾸었다. 그는 "한 명사를 정하는 데 한달 내내 머뭇거린다. 난 내 지식을 탓하며 명철함을 유지한다"고 말하였다. **옌푸의 역서가 성공할 수 있었던 까닭은 대부분 "한 명사를 정하는 데 한달 내내 머뭇거린다"는 이러한 정신에 의거했기 때문이다. 이러한 정신이 있다면, 고문을 쓰든 백화를 쓰든 모두 성공할 수 있다.** 후대 사람들은 그와 같은 실력이 없을 뿐더러 그와 같은 정신도 없다. 통할 듯 말 듯 어설픈 고문으로 제대로 이해하지도 못한 서양 서적을 번역하니 당연히 실패하고 만다.

옌푸가 번역한 『천연론(天演論)』, 『군기권계론(群己權界論)』,[11] 『군

8 편하게 간단히 하는 말을 뜻한다.

9 샤청유(夏曾佑, 1863-1924): 필명은 별사(別士). 근대 시인, 역사가, 학자. 1897년 천진에서 옌푸와 함께 『국문보(國聞報)』를 창간하고 신학(新學)을 선전하며 변법을 고취시켰다. 후에 중국 고대사 연구에 전념하였다.

10 원래는 불경을 강의하기 전에 편(篇)과 장(章)의 요지를 개괄적으로 설명해주는 말을 의미한다.

11 존 스튜어트 밀의 『자유론』 번역서. 옌푸가 1899년 번역에 착수하여 1903년 상해 상무인서관에서 출판하였다. 원저는 다음과 같다. John Stuart Mill, *On Liberty*, J. W. Parker and Son, 1859.

학이언(群學肄言)』[12]과 같은 역서의 원문이 본래 문학적 가치를 지니고 있으므로, 그의 번역본도 고문학사(古文學史)에서 응당 매우 높은 지위를 차지해야 한다. 여기서 잠시 한 절을 예로 들어보자.

지그시 동쪽을 바라보니 푸르디 푸르고 안개가 없다. 홀로 호숫가에 서서 물 위에 뜬 달을 감상한다. 그 달 아래부터 눈앞까지 한 줄기 빛이 출렁이며 반짝거린다. 찬찬히 살펴보니 모두 잔잔한 물결이 달빛을 받아 빛을 발산하여 이런 것이다. **몇 걸음 서성이니 이 풍경이 사람을 뒤따르는 듯하다.** 사리를 잘 아는 청년은 이 광경을 실물이니 뒤따를 수 있다고 말하면서도 때로는 스스로 의아해했다. **풍경은 사람으로부터 생겨나는 것이며, 보이지 않는 것은 빛도 없고 더욱이 사람을 뒤따르는 풍경도 없다는 것을 깨닫지 못한다. 호수 수면은 온통 달빛을 받아 반짝이며, 모든 것은 평등하다. 특히 사람의 눈길과 수면이 맞닿는 차이에 따라 명암이 달라진다. —부득이하게 보이지 않는 것은 무(無)이다. —이 때문에 비록 보이는 것이 한 줄기 빛일지라도 다른 쪽에서는 이와 같지 않으며, 또 사람의 눈이 각도를 바꾸어 앞쪽이 어두우면 이는 더욱 밝게 보인다. 그러나 이러한 여러 가지는 헛것을 보는 것에 불과하다.** 사실대로 말하자면 사람의 눈과 달이라는 두 선(線)이 물에 들어가 각을 이룸이 같으면 모두 빛을 이루고 같지 않으면 모두 어둠을 이룬다(각을 이룸이 같음과 다름은 다소 논의의 여지가 있지만, 원문은 이와 같이 말하고 있지 않다). 다

12 허버트 스펜서의 『사회학 연구』 번역서. 옌푸가 1897년 번역하기 시작하여 1898년 『국문보(國聞報)』의 순간(旬刊) 「국문회편(國聞滙編)」에 일부를 발표하다가 1903년 상해 문명편역국(文明編譯局)에서 출판하였다. 원저는 다음과 같다. Herbert Spencer, *The Study of Sociology*, Henry S. King, 1873.

만 사람이 여러 일들을 관찰함도 또한 이러하다. 종종 보이는 것은 있다고, 보이지 않는 것은 없다고 여긴다. 보이는 여부에 집착하여 유무(有無)를 결정하면, 그 생각이 포괄하지 못하는 바가 많다.(『군학이언』 3판, 72-73쪽, 원서 83쪽)

이 글은 문장으로 논하면 물론 훌륭한 고문 작품이다. 내용으로 논하면 또한 무수한 "말에 내용이 없는(言之無物)" 고문보다 훨씬 낫다. 옌푸의 번역서가 20년간 유행할 수 있었던 데는 결코 까닭이 없지 않았다.

린수가 알렉상드르 뒤마의 『동백아가씨』[13]를 고문으로 번역한 것도 일종의 새로운 시도라고 볼 수 있다. 고문의 역사상 이처럼 장편서사 및 서정적인 문장은 없었다. **『동백아가씨』의 성과는 고문을 위해 새로운 식민지를 개척했다는 점에 있다.** 린수가 초기에 번역한 소설, 예를 들어 『파리 동백아가씨 이야기(巴黎茶花女遺事)』, 『흑인 노예가 하늘을 향해 부르짖다(黑奴籲天錄)』,[14] 『워털루 및 라이프치히 혈전(滑鐵盧及利俾瑟戰血余腥記)』[15]...... 등은 현재 그 자료를 가지고 있지 않아 예

13 1897년 린수는 왕서우창(王壽昌, 口述)과 함께 번역하여 『파리 동백아가씨 이야기(巴黎茶花女遺事)』란 제목으로 출판하였는데, 일시에 독자들의 큰 호응을 얻었다.

14 린수가 해리엇 비처 스토(Harriet Beecher Stowe, 1811-1896)의 장편소설 *Uncle Tom's Cabin*(『톰 아저씨의 오두막』)을 1901년 웨이이(魏易, 口述)와 함께 번역하여 출판한 책이다. 원저는 다음과 같다. Harriet Beecher Stowe, *Uncle Tom's Cabin*, John P. Jewett & Co., 1852.

15 린수는 1904년 쩡쭝궁(曾宗鞏, 口述)과 함께 에르크만(Émile Erckmann, 1822-1899), 샤트리앙(Alexandre Chatrian, 1826-1890)의 장편소설 *Waterloo, suite du Conscrit de 1813*(1865)(『워털루 혈전(滑鐵盧戰血余腥記)』)과 *Histoire d'un homme du peuple*(1865)(『라이프치히 혈전(利俾瑟戰血余腥記)』)을 번역하여 상해문명서국(上海文明書局)에서

를 들 수 없다. 대신 되는 대로 몇 가지 예를 들겠다. 『스케치북(拊掌錄)』[16](19쪽 이하)에서 마을 선생에게 노래를 배우는 여학생이 있는데, 이름은 카트리나(Katrina van Tassel)로 그 마을 대부호의 외동딸이다.

> **자고새처럼 통통하고 두 빰은 그 부친 과수원의 복숭아처럼 빨간** 귀여운 용모에 재산도 많았다.…… 선생은 매번 여자를 볼 때마다 항상 매혹되곤 했는데, 지금 절세미인을 보는데 어찌 넘어가지 않을 수 있겠는가? 더욱이 그 집을 오가며 그 거대한 재산을 목격했는데 말이다. 소녀의 아버지 발터스(Baltus van Tassel).…… 가옥은 허드슨강 기슭에 있었으며, 산을 의지하고 나무 가까이에 지어져 푸르름이 눈부시기만 하다. 지붕 위로 큰 나무가 뻗어 있어 그늘이 안채에 가득 드리우고, 햇빛이 들지 않는다. 나무 아래에는 샘물이 세차게 뻗어 나와 종일토록 끝없이 흐른다. 늙은 농부는 물을 끌어대려고 도랑으로 갔다. 수로가 넓고 버드나무가 에워싸고 있어 샘물이 나무 사이로 콸콸 나와 흘러가는 듯하다. 집에서 가까운 곳에 세워진 미곡 창고에는 곡식이 높다랗게 쌓아 올려져 몇 개는 창문을 뚫고 나올 기세이다. 늙은 농부가 이처럼 쌓아놓고 타작하는 소리가 귓가에 끊이질 않는다. 처마 위의 제비 떼는 울며 날아간다. 무수한 흰 비둘기들은—곁눈질로 허공을 바라보는 놈, 날개에 머리를 파묻고 한 다리를 까치발로 서 있는 놈, 혹은 위아래로 목을 움직여 암컷을 부르는 놈—모두 햇살을 바라

출판하였다.

16 1907년 린수가 웨이이와 함께 워싱턴 어빙(Washington Irving, 1783-1859)의 에세이와 단편소설을 모아놓은 『제프리 크레용의 스케치북(*The Sketch Book of Geoffrey Crayon*)』(C. S. Van Winkle, 1819)을 번역하여 출판하였다.

보며 지붕 위에 모여들었다. 살찐 돼지는 삿갓 모양의 우리 안에서 발을 뻗어 꿀꿀대며 먹이를 더 많이 달라 울어대는 듯하다. 삿갓 모양의 우리 안에서 갑자기 작은 수퇘지가 떼를 지어 몰려나와 하늘로 코를 젖히고 공기를 들이마신다. 연못 안의 하얀 거위는 마치 해군 대부대의 전함들이 돛을 일렬로 배열하듯 가로로 줄지어 나아가고, 오리 떼는 헤엄쳐 다니는데 사냥을 나선 함대 같다. 칠면조는 연대를 이루어 다른 닭들과 뒤섞여 논두렁에서 우는데, 마치 말 많은 마을 노파가 기나긴 낮 동안 사람들에게 욕하는 듯하다. 미곡 창고 앞에 볏이 오뚝하고 큰 몸짓을 가진 몇 마리 수탉은 날개를 퍼덕이며 앞으로 나아가 목 부위의 깃털을 모두 곤두세우고 짝을 다툰다. 때로는 발톱으로 모래 위를 기어 다니다 작은 벌레를 얻으면, 큰 소리로 자기가 차지한 암탉이 부리로 쪼아 먹도록 이끌고 자신은 곁눈질로 옆에서 바라본다. 다른 수탉이 좀 앞으로 나오면, 곧바로 저지한다. **선생은 눈길 닿는 대로 그 많은 요리감들을 보고 있노라니 군침이 절로 나왔다. 돼지가 달아나는 것이 보였는데, 선생의 눈에는 이미 구운 넓적다리 하나가 나타났다. 벼 내음을 맡으며, 마음속으로 푸딩을 그렸다. 비둘기를 보면, 썰어서 증편 소를 만들 생각을 했다. 오리새끼와 거위가 물속에서 헤엄치는 광경을 보면, 선생은 끓는 기름 속에 그것을 넣어 요리하는 것을 떠올렸다.** 또 밭에 있는 보리와 밀, 옥수수, 그리고 과수원에 이미 익은 붉은 열매들이 고개를 숙인 모습을 바라보니, 정말로 사람의 마음을 뒤흔든다. 선생은 이러한 풍경을 바라보며 소녀를 한층 간절히 바라게 되었고, 소녀를 얻는 자는 만물의 모든 혼수품을 갖는 것이라고 생각했다.[17]

---

17 『스케치북』의 단편소설 「슬리피 할로우의 전설(The Legend of Sleepy Hollow)」 중 일부.

『골계외사(滑稽外史)』[18] 제41장[19]에서는 니콜라스가 브로디(John Browdie) 집에서 브로디 부부와 허심탄회하게 이야기할 때 스퀴어스(Squeers) 선생과 그의 딸 패니(Fanny), 아들 왝퍼드(Wackford)가 갑자기 들어오는 장면이 있는데, 브로디의 아내와 패니가 끊임없이 말다툼을 벌이는 모습을 묘사하였다.

> 두 여인이 논쟁하고 있을 때, 어린 왝퍼드는 테이블 위에 차려진 음식들을 보고 군침을 흘리며 참지 못하고 천천히 테이블 앞으로 다가가 **접시 위의 기름기를 손가락에 묻혀 입속으로 가져가 힘껏 빨았다. 빵 조각을 떼어내서 버터에 살짝 찍어 먹었다. 또 작은 각설탕을 집어 주머니 속에 넣고 고개를 들고 방 안을 보며 생각하는 듯 했는데, 손은 이미 설탕그릇으로 뻗어 여러 번 집었다. 이윽고 아무도 주시하는 사람이 없는 것을 보자 담력이 커져 칼로 고기를 썰어 먹었다.**
>
> **이 모습을 모두 똑똑히 지켜본 스퀴어스 씨는 다른 사람들이 알아차리지 못한 것을 보고 짐짓 못 본 척하며 그의 아들이 스스로 음식을 찾아 먹을 수 있는 것은 좋은 일이라고 생각했다.** 이때 패니가 말을 멈추자 스퀴어스 씨는 아들의 행동이 남들 눈에 뜨일 것을 알고 무척 화가 난 척하며 힘껏 빰을 때리고 말했다. "네가 서슴없이 적의 음식을 먹다니! 그

---

18 1907년 린수는 웨이이와 함께 찰스 디킨스의 장편소설 『니콜라스 니클비(*Nicholas Nickleby*)』(또는 *The Life and Adventures of Nicholas Nickleby*라고도 함)(1838-1839)를 번역하여 상무인서관에서 출판하였다. 1914년 상무인서관에서 재판하였으며, 1915년 린역(林譯) 설부총서(說部叢書)를 출판하면서 재수록하였다.

19 본문에서 『니콜라스 니클비』의 제41장이라고 했지만, 원서의 Chapter 42를 잘못 표기한 것으로 보인다.

들이 독을 넣어 너를 독살할 것이다. 이 사생아 같은 놈 어찌 염치도 없느냐!" 존(브로디)이 말하기를, "괜찮소, 그가 마음대로 먹게 두시오. 선생의 훌륭한 제자가 내 음식을 많이 먹고 배부를 수 있기를 바라오. 내 호주머니를 다 털어낸다 하더라도 아깝지 않소."……(111쪽)

원서를 읽을 수 있는 사람이라면 물론 이런 번역법이 만족스럽지 않을 것이다. 그렇지만 솔직히 말해 린수가 번역한 소설은 종종 그 자신만의 특색을 지니고 있다. 원서에 대한 그의 익살스러운 유머는 때때로 심오한 깨달음을 남기기 때문에, 그가 이런 부분에 더 힘을 기울일수록 더 훌륭해 보인다. 그의 최대 결점은 원문을 읽을 수 없는 데 있다. **그러나 그는 어쨌든 어느 정도 천부적인 문학적 재능이 있는 사람이므로, 좋은 조수가 있으면 원서의 문학적 재미를 이해하는 그의 능력은 지금처럼 원문을 거칠게 읽을 수밖에 없는 많은 이들의 이해력보다 훨씬 낫다.** 현재 많은 이들은 원서를 완전히 이해할 수 없을 뿐더러, 그들이 백화를 운용하는 능력 또한 린수가 고문을 쓰는 능력에 훨씬 못 미친다. 그런 그들이 린수가 번역한 서적을 비평하려 한다면, 아무래도 그에게는 불공평한 처사일 것이다.

냉정하게 말하자면 린수가 고문으로 소설을 번역한 실험은 대체로 매우 성과가 있었다고 할 수 있다. 고문으로는 장편소설을 쓴 적이 없었는데, 린수가 뜻밖에도 고문으로 1백여 종의 장편소설을 번역하였을 뿐만 아니라 그를 배운 많은 이들도 고문으로 많은 장편소설들을 번역하였다. 고문에는 해학적인 맛이 적은데, 린수는 고문으로 어빙과 디킨스의 작품을 번역하였다. 고문은 서정적인 것을 그리는 데 뛰어나지 못하지만, 린수는 뜻밖에도 고문으로 『동백아가씨』와

『가인소전(迦茵小傳)』[20] 등의 서적을 번역하였다. **고문의 응용이 사마천(司馬遷) 이래 이처럼 큰 성과를 이룬 적이 없었다.**

그러나 이러한 성과는 종국에 실패로 끝났다! 사실상 이는 린수 같은 사람들의 잘못이 아니라 **고문 자체의 병폐이다**. 고문으로 소설을 번역할 수 있다. 나도 고문으로 소설을 번역한 적이 있었기 때문에 감히 이렇게 말할 수 있다. 그렇지만 고문은 어찌 되었건 이미 죽은 문자이다. 당신이 아무리 잘 쓴다 하더라도 필경 소수의 사람들만이 감상할 수 있을 뿐이며, 멀리 넓게 보급될 수는 없다. 아주 분명한 예를 들어보자. 10여 년 전에 저우쭤런(周作人)과 그의 형도 일찍이 고문으로 소설을 번역하였다. 그들의 고문 실력은 매우 뛰어났고 서양어를 직접 이해할 수 있었기 때문에, 그들이 번역한 『역외소설집(域外小說集)』은 린수가 번역한 소설보다 확실히 뛰어났다. 「행복한 왕자(安樂王子)」[21]의 한 부분을 예로 들겠다.

> **어느 날 밤, 작은 제비 한 마리가 훨훨 날아 도시로 들어왔다. 40일 전 그의 동행자는 이미 이집트로 떠나고 그는 한 갈대를 사랑하여 홀로 남았다. 어느 봄날 황색 커다란 나방을 뒤쫓아 물가를 날아 스쳐 지나다가 갈대와 만나 그 가녀린 허리를 사랑하게 되어 안부 묻는 것을 멈추고 말했다. "내가**

---

20 린수는 웨이이와 함께 헨리 라이더 해거드(Henry Rider Haggard, 1856-1925)의 소설 *Joan Haste*(1895)를 번역하여 1905년 상무인서관에서 출판하였다. 그에 앞서 바오톈샤오(包天笑)가 양쯔린(楊紫驎)과 공동번역한 해거드의 이 소설을 『가인소전(迦茵小傳)』이라는 제목으로 1901년 『려학역편(勵學譯編)』 1-12책까지 연재한 후, 1903년 상해문명서국에서 출판하였지만, 완역본이 아닌 원작의 후반부만을 번역한 것에 불과하다.

21 오스카 와일드(Oscar Wilde, 1854-1900)의 동화 *The Happy Prince*(1888).

그대를 사랑해도 될까요?" 그러나 갈대는 아무 말 없이 허리를 굽혔다. 제비는 갈대 곁을 빙빙 돌며 날개로 물을 쳐서 은색의 물결을 일으키고 서로 다정하게 배려하며 기나긴 여름을 보냈다.

다른 제비들은 시끄럽게 서로 조잘대며 말하기를, "아주 우습군. 그녀는 돈이 없을 뿐더러 친척이 많다구." 제비들의 말은 사실이었다. 갯가 모두가 갈대밭이었다.

며칠 후 가을이 오자, 다른 제비들은 모두들 날아갔다. **제비는 동반자를 잃자 점점 고독을 느꼈을 뿐 아니라 사랑에 싫증을 느끼고 말했다. "당신은 말을 할 수 없는데, 난 그대가 경박하고 교활하여 늘 바람과 상대하는 것이 두렵소." 실제로 매번 바람이 불 때마다 갈대는 항상 굽히고 큰 절을 한다. 제비는 또 말하기를, "여자가 가정적이라면, 내가 여행하는 것을 좋아한다고 할 때 내 아내는 반드시 이를 기뻐하며 동의해줄거요." 마침내 묻기를, "당신은 나와 함께 갈 수 있겠소?" 갈대는 고개를 저었다. 그녀는 자신의 고향을 매우 사랑했다. 제비는 "당신은 나를 저버렸군요. 지금 난 이집트 고탑(古塔)으로 떠날 것이오. 이별이오!"라고 말하며 마침내 날아갔다.**

이 글은 역서로 논하건 문장으로 논하건 모두 좋은 작품이라고 할 수 있다. 그러나 루쉰과 저우쭤런 형제가 힘들게 번역한 이 책은 10년 동안 겨우 21권만 팔렸을 뿐이다! 이러한 고사가 우리에게 일깨워주는 바는 무엇인가? **물론 "원문에 충실해야 하고(信), 의미를 전달해야 하고(達), 문장이 규범에 맞아야 한다(雅)"는 이 세 가지 요구에 부합하도록 고문을 활용하여 소설을 번역할 수는 있지만—저우 씨 형제의 소설처럼—, 얻는 것보다 잃은 것이 더 많고 결국에는 실패를 면하기 어렵다.**

5. 담사동과 량치차오

중일전쟁 이후 시대의 추세를 인식한 사람들은 모두 중국이 개혁을 필요로 한다는 것을 알고 있었다. 이러한 각성을 수반하여 '시무(時務)문장'이라 부를 수 있는 새로운 유형의 문학이 출현하였다. 그 당시 앞다투어 출현한 몇몇 '위언(危言)'들, 예컨대 소작주(邵作周),[1] 탕서우첸(湯壽潛)[2]의 위언문장과 내용은 모두 그 시대의 추세를 대표한다고 볼 수 있다. 1897년 독일이 교주(膠州)를 강제로 점령하자 인심이 더욱 격앙되었다. 그때 청 조의 광서제(光緒帝)도 시국의 자극을 받아 '무술변법'(1898)운동을 추진하였다. 당시 변법운동은 중앙정부와 각 성에 모두 지지자들이 있을 정도로 세력이 자못 컸다. 그러나 완고한 반동세력의 저항으로 무술'정변'이 발생하였다. 변법당의 영수는 캉유웨이(康有爲), 담사동(譚嗣同), 량치차오(梁啓超) 등이

---

1 소작주(邵作周, 1851-1898): 1882년 『소씨위언(邵氏危言)』을 저술하여 민지(民智)를 일깨우고 서양에게서 배워야 한다고 주장하며 구국의 길을 모색하는 그의 사상을 구현하였다.

2 탕서우첸(湯壽潛, 1856-1917): 청 말 민 초 실업가이자 정치활동가. 청 말 입헌파의 대표적 인물. 1890년 『위언(危言)』을 출판하였는데, 중국의 당시 정치, 경제, 군사, 외교 등 병폐를 지적하고 변법을 주장함으로써 무술변법에서 일정 정도 여론을 이끄는 선도적인 역할을 하였다.

었다. 담사동은 동지 다섯 명과 함께 무술정변 때 죽었지만,[3] 그의 저술은 사후에도 여전히 적잖은 영향을 끼쳤다. 캉유웨이는 '금문가(今文家)'의 중요한 대표로서 그의 『신학위경고(新學僞經考)』[4]와 『공자개제고(孔子改制考)』[5] 등의 책은 최근 50년의 사상사에서 상당한 지위를 차지하고 있다. 그의 문장은 비록 그의 시(詩)만 못하지만, '공거상서(公車上書)'[6] 및 해외 망명 시기에 쓴 그의 문장은 적지 않은 영향력을 지니고 있었다. 그러나 그의 영향력은 량치차오의 원대한 영향력에는 훨씬 미치지 못했다. 량치차오는 『시무보(時務報)』[7]를 발간하던 때에 이미 상당한 영향력을 지닌 정론가였다. 이후에 『신민총보(新民叢

---

3 이른바 무술 6군자(戊戌六君子)를 가리킨다. 광서 24년(1898), 자희태후가 무술변법운동을 저지하고자 정변을 일으켰을 때 체포되어 처형당한 6명의 유신인사들로, 담사동 이외에 임욱(林旭), 양예(楊銳), 양심수(楊深秀), 유광제(劉光第), 그리고 캉유웨이의 동생인 강광인(康廣仁)이 그들이다.

4 1891년 캉유웨이가 그의 제자 량치차오, 진천추(陳千秋, 1869-1895)의 도움을 받아 완성한 저작으로, 주로 당시 학술계의 주류였던 고문경학의 근본을 비판하기 위해 저술되었으며, 학계의 격렬한 비판을 받아 금서가 되기도 하였다.

5 『신학위경고(新學僞經考)』에 이어, 1892-1898년에 역시 캉유웨이의 지침에 따라 그의 제자들이 중심이 되어 저술하였으며, 공자의 탁고개제설을 통해 무술변법 시기 정치적 주장과 서구 사상의 도입에 학술적 근거를 마련하고자 하였다.

6 공거(公車)는 한 대(漢代)에 주로 상서(上書)를 다루는 관서명(官署名)으로, 후에 입경하여 과거에 응시하는 자들이 상소하는 것을 가리킨다. 공거상서의 배경을 보면 당시 청일 갑오전쟁에서 청이 일본에 패전하고 마관조약을 체결하는데, 그 내용에 대만과 요동 할양과 거액의 배상금 지불이 포함되었다는 소식이 알려지자 1895년 북경에 모여들어 회시(會試)에 응시한 자들이 조약체결에 반대하였다. 이에 캉유웨이는 황제에게 올리는 1만 8천 자에 달하는 상소문을 썼고 1천2백여 명의 거인(擧人)들이 함께 서명하였다. 이 상소문은 청 정부에 의해 거절당했지만 사회적으로 큰 반향을 낳으며, 이후 광서제가 캉유웨이를 중용하여 변법운동이 일어나게 된 계기가 되었다.

7 1896년 8월 황준헌, 왕강년(汪康年), 량치차오 등이 순간(旬刊)으로 상해에서 창간하였다. 무술변법 시기 가장 중요한 잡지로서 변법운동을 고취하였으며, 1898년 8월 전체 69기를 발간하고 정간되었다.

報)』[8]를 발간하면서 그의 영향력은 더욱 커졌다. 최근 20년 동안 지식인들 가운데 그의 문장의 영향을 받지 않은 사람은 거의 없을 것이다.

옌푸, 린수는 동성파의 직계이며 **담사동, 캉유웨이, 량치차오는 모두 동성파의 변종이다**. 담사동은 「삼십자기(三十自紀)」(『문집(文集)』 중)에서 다음과 같이 말하였다.

> **난 어린 시절 동성파에 이끌려 수년간 애써 노력하며 오랫동안 스스로 비슷하다고 여겨왔다. 남들에게 보이니 그들도 비슷하다고 하였다.** 읽은 책도 우연히 많아지고 학문에 정진하는 정통한 당대의 인사들을 폭넓게 알게 되면서 조금씩 스스로 부끄러워지고 또 스스로 표현할 수 없었다. **어떤 이가 위(魏)·진(晋) 문장을 가르쳐주어** 크게 기뻐하였으며, 시시때때 읽으면서 더욱 좋아하게 되었다. **이로부터 진(秦)·한(漢)으로 거슬러 올라가고 아래로 육조(六朝)를 좇으면서 비로소 깊고 넓은 아름다운 문장을 마음으로 좋아하게 되었으며** 자운(子雲)[9]이 유독 뛰어난 까닭을 깨달았다. **예전에 하던 것을 모두 버리고 거의 남지 않게 되었다.**…… 이전에 후방역(侯方域)[10]은 변려문(駢文)을 다소 좋아했지만 장성하여 후회하며 그 자신의 처소를 '장회(壯悔)'라 이름하였다. 나 역시 장성하여 후회하게 된 바도 다름 아닌 여기에 있다.…… **이른바 변려문은 4·6**

---

8 1902년 2월 량치차오 등이 일본 요코하마에서 창간하였으며, 1907년 전체 96호를 발간하고 정간되었다. 초기에는 혁명적인 논조가 강했지만, 이후 입헌군주제를 위한 사상적인 진지 역할을 하였다. 무엇보다도 당시 량치차오의 새로운 문체와 사상을 가장 잘 보여주는 잡지였다.

9 양웅(揚雄, 기원전 53-기원후 18): 자는 자운(子雲). 서한(西漢)의 관리이자 학자. 사마상여(司馬相如) 이후 가장 저명한 사부가(辭賦家).

10 후방역(侯方域, 1618-1655): 명 말 청 초 산문가. 복사(復社)의 영수.

대구를 일컫는 것이 아니라 체재와 정취를 일컬음이요, 깊은 인식에 있는 것이다.

량치차오는 스스로 밝히기를,

난 오래전부터 동성파 고문을 좋아하지 않았다. 어린 시절 문(文)이라 함은 만한(晩漢)·위(魏)·진(晋)을 배우면서 신중하고 엄밀하게 정련하는 것을 중시하였다. 이제(『신민총보』를 발간할 때를 지칭) **스스로 해방되어 평이하고 명쾌하도록 힘썼다. 때때로 속어, 압운한 어구, 외국어법을 섞어 사용했다. 붓 가는 대로 대담하게 글을 쓰며 구속하지 않았다.** 배우는 자들이 마침내 이를 모방하여 신문체(新文體)라고 불렀다. 선배들은 몹시 싫어하며 여우라고 헐뜯었다. **그러나 그 문장의 조리가 명확하고 붓끝에 항상 정감이 묻어나** 독자들에게 또 다른 마력(魔力)을 지니고 있다.(『청대학술개론(淸代學術槪論)』,[11] 142쪽)

이는 량치차오가 48세 때 자술한 것으로, 그의 30세 때의 자술만큼 상세하지 못하다.

8세에 글쓰기를 배워 9세에는 수천 자의 문장을 지을 수 있었다. 12세에 원시(院試)에 응시하여 박사 제자가 되었다. 날마다 과거시험 문장을 연구하면서 비록 마음속으로 만족스럽지 못했지만, 세상에 과거시

---

11 梁啟超, 『淸代學術槪論』, 民國九年(1920). 원제는 『前淸一代思想界之蛻變』이다.

험 문장 외에 이른바 배울 것이 있다는 사실을 알지 못하고 늘 연구에 몰두하였다. 돌이켜 보면 사장(詞章)을 무척 좋아했고 조부와 부모님께서 때때로 당시(唐詩)를 가르쳐주셔서 팔고(八股)보다 그것을 더 좋아하였다. 집안이 가난하여 읽을 만한 책이 없고 오직 『사기(史記)』, 『강감역지록(綱鑒易知錄)』[12]만 있을 뿐이라서 조부와 아버지께서 날마다 그것을 가르쳐주셨다. **그리하여 지금도 『사기』의 문장을 거의 다 외울 수 있다.** 아버지 친구분이 내 재주를 보고 **『한서(漢書)』, 요 씨의 『고문사류찬(古文辭類纂)』[13]을 주셨는데, 나는 매우 기뻐하며 그것을 다 읽었다.**…… 13세에 비로소 단옥재(段玉裁),[14] 왕염손(王念孫)[15]의 훈고학이 있다는 것을 알고 매우 좋아하였고 점차 과거응시의 뜻을 포기하였다. 15세에…… 학해당(學海堂)[16]을 수료하고…… 이에 과거시험 문장을 버리고 사장(詞章)과 훈고학에 힘쓰기로 결심하였다.……

이 단락은 앞서 말한 "오래전부터 동성파 고문을 좋아하지 않았다"는 말을 보충설명하고 있다. 담사동과 량치차오는 모두 동성파의 시대를 거쳤지만, 이후에는 모두 동성파 고문에 만족하지 못했다. 그

---

12 한족(漢族)의 신화전설부터 명 말 역사까지 기록한 총목체 통사(通史). 전체 107권.

13 전체 74권에 총 7백 편 문장으로 구성된 중국 고문 선집으로, 1779년 요내가 당송 8대가 문장을 중심으로 각 조 대의 명문을 선정하였으며, 이후 동성파 산문관점을 대표하는 선집으로 간주되어 한때 크게 유행하였다.

14 단옥재(段玉裁, 1735-1815): 청 대 훈고학자, 경학가. 30여 년에 걸쳐 『설문해자주(說文解字注)』 30권을 완성하였다.

15 왕염손(王念孫, 1744-1832): 청 대 음운학자. 대표 저서로 10여 년에 걸쳐 완성한 『광아소증(廣雅疏證)』이 있으며, 훈고학에 끼친 영향이 크다.

16 청 대 도광(道光) 초기 완원(阮元)이 양광총독(兩廣總督)으로 있을 때 광주에 세운 서원으로 경사(經史) 훈고를 중시하였다.

들은 또한 일찍이 복고의 시대를 거쳤지만 모두 진(秦)·한(漢)·육조(六朝)로 되돌아왔다. **그러나 그들이 진·한·육조에서 얻은 것은 4·6대구 형식이 아니라 오히려 변려문의 "체재와 정취(體例氣息)"였다. 이른바 체재란 담사동이 말한 "깊고 넓은 아름다운 문장(沈博絕麗之文)"이다. 이른바 정취란 량치차오가 말한 "붓끝에 항상 정감이 묻어나는(筆鋒常帶情感)" 것이다.**

담사동의 『인학(仁學)』은 사상적 측면에서 물론 대담한 작품이라 할 수 있지만, 문학 측면에서도 시대를 대표하는 가치가 있다. 여기서 한 절을 인용하여 예로 들어보자.

> 불생불멸, 즉 삶도 죽음도 없다는 증거가 있는가? 광대한 우주의 모든 것이 다 그렇다. 예를 들어 앞서 논한 화학의 모든 원리의 궁극은 단지 몇 개의 원질(原質)을 나누어 분해하는 것과 여러 원질을 합하여 융합시키는 것에 지나지 않는다. 그리고 그 실재하며 당연한 것으로써 그 좋아하고 싫어하는 것을 때에 맞게 하고, 그 넘치고 비우는 것을 잘 조화시켜서 이름하기를 무엇무엇이라고 하는 것에 불과하다. 어떻게 하나의 원질을 없앨 수 있으며 또 새로운 원질을 창조할 수 있겠는가?…… 본래 불생불멸이거늘 어떻게 만들거나 없앨 수 있겠는가? 물에 비유하자면 물에 열을 가하면 점차 응고되지만, 이는 물이 없어지는 것이 아니라 수소와 산소로 변화하는 것일 뿐이다. 그 수소와 산소를 모으면 다시 원래의 물과 같아져서 열을 없애면 여전히 물로 변화하며 조금도 줄어들지 않는다. 촛불을 오래 연소시키면 촛대가 모두 없어지지만, 이는 초가 없어지는 것이 아니라 기체와 액체, 고체로 변화한 것이다. 그것이 발산한 이산화탄소를 모으면 촛농

과 같은 액체로 되고 나머지는 밀랍의 재가 되어 본래의 초와 같아진다. 게다가 여러 원질이 흩어져서 다른 사물을 배양하는 데 조금도 버려지는 것이 없다. 도기(陶器)를 예를 들면, 도기를 실수로 깨뜨리면 그 그릇은 없어진다. 그러나 도기는 흙으로 만들어진다. 흙이 도기모양을 갖추고 있으면 완전하다고 하고 흙의 상태로 되면 훼손되었다고 한다. 한편 그것은 깨짐으로써 흙으로 돌아가는 것이니 도기 상태일 때는 흙이 훼손된 것이고 오히려 흙의 상태가 완전한 모습이라고도 할 수 있다. 밀가루 떡을 예로 들면, 위장에 들어가 소화되면 그 음식은 없어지는 것이다. 그러나 밀가루 떡은 밀로 만들어진 것이다. 그것이 밀가루 떡일 때 존재한다고 하고 곡물 상태일 때는 부재한다고 한다. 그러나 그것이 소화되어 분(糞)이 곡물로 되돌아가면 밀가루 떡은 없어졌다고 하지만, 그 곡물은 여전히 존재한다. 단지 형태가 바뀌었을 뿐으로, 어디 존재했다 없어졌다 할 것이 있겠는가?…… (두 가지 비유를 삭제)[17]…… 산이 계곡이 되고 푸른 물이 뽕나무 밭으로 바뀌는 과정을 예로 들어보자. 지구가 생겨난 이래로 얼마나 변화했는지 알 수 없다. 아마도 수천 번, 수백 번 변화했을 것이다. 물 가운데 작은 육

17 삭제한 두 가지 비유의 원문은 다음과 같다. "바람을 예로 들면, 아침에는 남쪽으로 불다가 저녁에는 북쪽으로 불고, 어제는 폭풍처럼 불다가 오늘은 시원한 산들바람처럼 분다. 이는 질점의 동적인 상태와 정적인 상태, 오고가는 방향과 빠르고 느린 속도상의 차이일 뿐, 이 바람이 바로 그 바람이며, 하나가 생겨나고 또 다른 것이 없어지는 것이 아니다. 비를 예로 들면, 동쪽에는 비구름이 서쪽에는 옅은 구름이 서로 다르고, 가을에는 가뭄을 걱정하고 봄에는 큰 비를 걱정하는데, 이는 땅의 기(氣)가 차고 뜨겁고, 건조하고 습하고, 펼쳐지고 응결되고 하는 것이 일으키는 것이다. 위로 올라가면 비가 되고, 땅으로 내려오면 샘물이 되며, 강에서는 범람하고 육지에서는 수증기로 되는 것이니, 하늘에서는 생겨났다가 땅에 내려오면 없어지는 것이 아니다."

지가 막히면 장차 절벽이 무너지게 될 것이다. 또 풀, 나무, 금속, 돌의 원질이 매일 땅에서 나오게 되면 빈 구멍은 결국 무너지게 될 것이다. 적도가 더욱 빨라져 융기하게 되면 남극과 북극은 수축하게 될 것이다. 화기(火期)의 열기, 빙하기의 동결은 바로 하나의 기(氣)가 펼쳐졌다 수축되었다 하는 현상이다. 따라서 지구의 전체 부피는 시기에 따라 변화할 수 없다. 만약 변화하여 너무 무거워지면 태양에서 멀어지고, 너무 가벼워지면 태양에 가까워져 그 궤도도 해마다 다르게 된다. 유성과 운석의 변화를 보자. 항성은 옛날에는 없던 것이 지금은 있는 것이 있고, 또 옛날에는 없었는데 지금은 존재하는 것이 있다. 혜성은 타원형을 따라 움직이기에 왕복할 수 있다. 만약 포물선을 따라 움직인다면 왕복운동이 불가능하다. 왕복이라는 것은 멀고 가까운 것을 말하는 것이지 없어지고 생겨나는 것을 말하는 것이 아니다. 있고 없고 하는 것은 모였다 흩어졌다 하는 것을 말하는 것으로, 생겨나고 없어지고 하는 것이 아니다. 목성은 본래 4개의 위성을 통할(統轄)하는데, 가까워지면 갑자기 위성이 하나 더 많아지며 이를 통해 가까운 정도에 의해 흡수되는 것을 알 수 있다. 화성과 목성 사이에는 비율에 의하면 반드시 또 하나의 별이 있어야 한다. 오늘날 오직 소행성인 무성(武星)과 여성(女星) 등 백여 개가 있을 뿐이니, 여성(女星)이 분열하는 것은 이 지구 역시 결국에는 떨어져 흩어지게 될 때라는 것을 알 수 있다. 그러나 지구가 떨어져 흩어지는 것은 동시에 다른 별이 그 질점을 이용하여 새로운 별로 만들어지는 것이기도 하다. 왕선산(王船山)[18]은 일찍이 『역(易)』에 대해 말하기를, "하나의 괘에는 12개의 효

18 왕부지(王夫之, 1619-1692): 명 말 청 초 사상가, 철학자. 만년에 그는 석선산(石船山)

(爻)가 있어 절반은 숨겨지고 절반은 보인다"[19]고 하였다. 따라서 『대역(大易)』에서는 유(有)와 무(無)에 대해 말하지 않고 숨거나 나타날 뿐이라고 한다. 공자가 예(禮)에 대해 말하기를 "은(殷)은 하(夏)를 따랐고, 주(周)는 은(殷)을 따랐다"[20]고 하였다. 따라서 예 가운데도 얻지 못하는 바가 있으니, 백성과 더불어 변화하고 덜거나 더할 뿐이다. 이러한 모든 예들에서 보여주는 의미로 말하자면, 비록 "모든 불(佛)에는 무한개의 몸이 있고, 모든 몸에는 무한개의 입이 있어도", 그 뜻을 다 말할 수는 없다.(『인학』 상(上), 13쪽)

여기서 다루고 있는 내용은 당시의 과학지식을 대표할 수 있으며, 그 체재 또한 당시 및 최근 20년 이래의 '신문체(新文體)'를 대표할 수 있다. 담사동 자신이 말한 변려문의 체재와 정취를 여기서도 찾아볼 수 있다. 그러나 문학사적 시각에서 본다면, 이러한 문체는 비록 변려문의 도움을 받았다고는 하지만 사실상 팔고문(八股文)[21]의 덕을 본 것이다. **고대의 변려문에는 이처럼 자유분방한 체재는 없고, 오**

에 은거하여 '선산병수(船山病叟)'로 자필 서명하곤 했기에, 학자들이 선산선생(船山先生)이라고 불렀다.

19 王夫之, 『周易外傳·繫辭下傳』 第六章.

20 『논어·위정(論語·爲政)』에서 "子曰: 殷因于夏禮, 所損益, 可知也; 周因于殷禮, 所損益, 可知也"라고 하였는데, "공자께서 말씀하시기를, 은(殷)은 하(夏)의 예를 따르되 보태거나 없앤 바가 있고, 주(周)는 은(殷)의 예를 따르되 보태거나 없앤 바가 있다"는 뜻이다.

21 명·청 대에 과거제도에서 쓰이던 문체. 고(股)는 대구로 글을 짓는 것을 가리킨다. 팔고문의 제재는 모두 사서오경(四書五經)에서 따온 것으로, 수험생들은 반드시 주희의 주(注)에 입각하여 논해야 했다. 명·청 대에 팔고문은 사대부들의 필수 수험과목이었다.

직 팔고문 가운데 좋은 '긴 대구(長比)'에만 이러한 정취가 있을 수 있다(위의 예 가운데 물과 촛불의 비유 및 도기와 밀가루 떡의 비유는 가장 음미해볼 만하다). 따라서 엄격히 말하자면 **이러한 문체는 팔고문이 대해방을 거쳐 변화된 것이다**.

이러한 문체가 팔고문의 영향을 받았다고 말하면, 아마도 어떤 이는 이 말을 듣고 싶어 하지 않을지도 모른다. 사실 이 말이 완전히 부정적인 의미인 것만은 아니다. 청 대의 대문학가 장학성(章學誠)[22]은 고문을 지을 때 종종 대구의 긴 배열을 기피하지 않았다. 그는 일찍이 다음과 같이 말하였다.

> 오호, 문장을 아는 것이 어찌 쉽겠는가? 단옥재같이 학문에 정통한 사람은 내 심오한 『통의(通義)』를 보면 탄복한다. 그러나 문구에 긴 배열로 대구를 이룬 것이 있으면 "안타깝게도 시문(時文) 어조를 섞었구나!"라고 말한다. 무릇 문(文)은 그 이치를 구하는 것이거늘, 어찌 고문(古文)과 시문(時文)이 있겠는가? 시문체에 대구가 많다고 말하는데, 대구가 어찌 시문을 쓰는 자가 창조해낸 것인가? 그가 한비자(韓非子)의 『저설(儲說)』, 회남자(淮南子)의 『설산(說山)』, 『설림(說林)』, 부의(傅毅)[23]의 연주(連珠)[24] 여러 편을 본다면, 진(秦)·한(漢) 사람에게 아쉽게도 시문의 어조가 있다고 생각할 것이다. 문(文)을 논함에 어찌 이와 같을 수 있단 말인가? **이는 그의 마음속에 오로지 고집스럽게 바뀌**

---

22 장학성(章學誠, 1738-1801): 청 대 사학가이자 사상가.

23 부의(傅毅, ?-90 추정): 동한(東漢)의 사부가(辭賦家), 문학가.

24 고대 문체의 일종으로, 구(句)가 구슬을 꿰듯이 서로 연결되어 뜻을 상세히 밝혀준다.

지 않는 고문이 있기 때문에, 다른 사람이 같지 않음을 탓할 따름이다.(『여사여촌통(與史余村筒)』)

매우 합당한 말이다. 문장 속에 대구 구문을 섞어 쓴다고 해서 곧 폐단인 것은 아니다. 당시 사람들이 모두 팔고문을 썼으므로 일정 정도 영향을 받았던 것도 매우 자연스런 일이다. 사실 **이들의 장점은 바로 그들이 "고집스럽게 바뀌지 않는" 협의의 고문관(古文觀)을 타파하고, 고문, 시문, 유가 서적(儒書), 불교 서적(佛書)의 어조를 운용하여 문장을 지을 수 있었다는 데 있다**. 이러한 추세는 량치차오에 이르러 더욱 완비되었다.

량치차오는 누구보다도 각종 자구·어조를 운용하여 응용 문장을 가장 잘 쓴 사람이다. 그는 대비나 긴 대구를 가리지 않고, 불교 서적의 명사를 가리지 않았으며, 시사(詩詞)의 전고(典故)나 일본에서 수입한 신명사를 가리지 않았다. 따라서 그의 문장은 "고문의법(古文義法)"에 가장 부합하지 않지만, 그 응용의 마력은 가장 컸다.

량치차오의 문장은 너무 많아 예를 들기도 매우 어렵다. 여기서 그의 『신민설(新民說)』 제11편 「진보론(論進步)」의 한 구절을 예로 들어보자.

그렇다면 멸망의 위기에서 구하고 진보를 추구하는 길은 어떤 것인가? 수천 년간 횡포하고 혼탁한 정치체제를 반드시 타파하고 분쇄하여, 호랑이 같고 이리 같고 메뚜기 같고 애벌레 같고 물귀신 같고 구더기 같은 수천만의 관리들이 쥐와 여우가 기생하는 종묘나 성황묘

(社鼠城狐)[25] 같은 의지처를 잃게 한 연후에야, 위와 장을 씻어내고 진보의 도정에 오를 수 있다! 수천 년간 부패하고 유약한 학설을 제거하고 몰아내어, 좀벌레 같고 앵무새 같고 해파리 같고 개 같은 수백만 학자들이 혀를 놀리고 붓을 휘두르고 글재주를 부려 백성들의 도적이 되지 못하게 한 후에야, 이목을 일신하여 진보를 실행하는 열매를 얻을 수 있다.—이 목적을 달성할 수 있는 방법에는 두 가지가 있다. 첫째는 무혈의 파괴이며, 둘째는 유혈의 파괴이다. 무혈의 파괴란 일본과 같은 경우이며, 유혈의 파괴란 프랑스와 같은 경우이다. 중국이 만약 무혈의 파괴를 할 수 있다면? 나는 향을 피우고 이를 축원하겠다! 중국이 만약 유혈의 파괴를 하지 않을 수 없다면? 나는 상복을 입고 슬퍼하겠다! 비록 슬픈 건 슬픈 것이지만, 내게 이 둘 이외에 나라를 구할 수 있는 방도를 달리 찾아보라 한다면 난 괴롭게도 대답할 수가 없다. 오호! 우리 중국이 과연 첫 번째 뜻을 행할 수 있다면, 오늘 그것을 실행하면 된다. 그러나 끝내 할 수 없다면! 내가 말한 두 번째 뜻을 결국 면할 수 없다. 오호, 내가 또 어찌 차마 말하겠는가? 오호, 내가 또 어찌 차마 말하겠는가?

또 다른 하나의 예를 들자면,

롤랑 부인[26]은 어떤 사람인가? 그녀는 자유에 의해 살고 자유에 의해

25 "사서성호(社鼠城狐)"는 종묘 안의 쥐와 성황묘 안의 여우로 권세에 기대어 온갖 악행을 일삼는 교활한 사람을 비유하는데, 여기서는 바로 관리를 빗대어 하는 말이다.

26 롤랑 부인(1754-1793): 프랑스의 작가이자 프랑스 혁명의 지도자로 지롱드파의 영도자 중 한 사람. 그녀는 공포정치의 희생양이 되어 처형되었다.

> 죽었다. 롤랑 부인은 어떤 사람인가? 자유는 그녀에 의해 탄생했고, 그녀는 자유에 의해 죽었다. 롤랑 부인은 어떤 사람인가? 그녀는 나폴레옹의 어머니이자, 메테르니히의 어머니이며, 마치니, 라요스 코수스, 비스마르크, 카보우르의 어머니이다. 단적으로 말해서 19세기 유럽 대륙의 모든 인물들은 롤랑 부인을 어머니로 삼지 않을 수 없다. 19세기 유럽 대륙의 모든 문명은 롤랑 부인을 어머니로 두지 않을 수 없다. 무엇 때문인가? 프랑스 대혁명은 19세기 유럽의 어머니이기 때문이다. 롤랑 부인은 프랑스 대혁명의 어머니이기 때문이다.[27]

이 두 예는 량치차오 자신이 말한 "붓끝에 항상 정감을 띤" 문체가 어떤 것인지를 잘 보여준다고 할 수 있다. 앞의 예가 이러한 문장의 좋은 점을 나타낸다면, 후자의 예는 이러한 문장의 나쁜 점을 나타낸다. 다음의 예는 이보다 더욱 열악하다.

> 비록 하늘은 롤랑 부인이 가정의 행복을 누리고 천명을 다하도록 허락하지 않았지만! 프랑스 역사, 세계 역사는 반드시 롤랑 부인의 이름으로 그 광채를 더해야 하느니! 그리하여 바람이 점차 일고 구름이 점차 어지럽고 번개가 점점 들이치고 물이 점점 용솟음치니, 아으, 프랑스 혁명! 오호라, 프랑스는 마침내 대혁명을 피할 수 없도다!

그러나 이러한 문장은 당시에 확실히 매우 큰 마력을 지니고 있

---

27 량치차오의 번역문 「근세 제일여걸 롤랑 부인전(近世第一女傑羅蘭夫人傳)」은 1902년 10월 『신민총보(新民叢報)』 17-18기에 실렸다.

었다. 이러한 마력의 원인은 대략 몇 가지가 있다. 첫째, 문체의 해방으로, 모든 '의법(義法)', '가법(家法)'을 타파하고 모든 '고문', '시문(時文)', '산문', '변려문'의 한계를 타파하였다. 둘째, 조리의 분명함으로, 량치차오의 장편 문장은 모두 조리가 뛰어나 가장 읽기 쉽다. 셋째, 자구가 간단명료하여 알기 쉽고 모방하기 쉽다. 넷째, 상당히 자극적이고 "붓끝에 항상 정감을 띤다".

량치차오 중년의 문장, 『국풍보(國風報)』,[28] 『용언보(庸言報)』[29] 시기의 문장은 초년의 문장에서 보이던 결함이 점차 감소하고, 담백하고 명료한 문장으로 돌아왔다. 그러나 그의 문장을 배운 사람들은 종종 그의 대구법과 장황하고 쓸데없는 말로 글을 꾸미는 수사법을 배웠다. 서사적인 문장에서 이러한 열악한 단점이 더욱 쉽게 드러난다. 7-8년 전 한때 유행했던 『옥리혼(玉梨魂)』[30]류의 소설은 바로 이러한 문체를 서사에 운용한 결과이다.

---

28 1910년 량치차오 등이 상해에서 창간하였으며, 주로 입헌제를 주장하다 총 52기를 발행하고 신해혁명 직전인 1911년 7월에 정간되었다.

29 신해혁명으로 중화민국이 수립되고 나서 1912년 12월 량치차오 등이 천진에서 발간하였으며, 1914년 6월까지 총 30권을 발행하고 정간되었다.

30 1912년 쉬전야(徐枕亞)가 『민권보(民權報)』의 부간에 연재하였다가 후에 단행본으로 출간되었다. 당시 대표적인 언정(言情)소설로 평가받았다.

6. 황준헌

캉유웨이, 량치차오를 중심으로 한 집단 가운데 많은 사람들이 문학 개혁에 대한 포부를 지니고 있었다. 산문 방면에서 그들의 공적을 논하자면, 그들은 단지 고문을 평이하게 바꾸고 응용 범위를 더욱 확장시키는 데 그쳤다. 한편 운문 방면에서도 그들은 일찍이 '시계혁명(詩界革命)'의 포부를 가지고 있었다. 량치차오는 『음빙실시화(飮冰室詩話)』에서 다음과 같이 말하였다.

> 당시 이른바 '신시(新詩)'는 신명사를 써서 스스로 다름을 드러내길 좋아했다. 병신(丙申)년과 정유(丁酉)년 사이에(1896-1897) 우리 당의 몇 명은 이러한 문체를 즐겨 썼다. 제창자는 샤쑤이칭(夏穗卿(청유曾佑))이다. 복생(復生(담사동))도 그것을 매우 즐겼다.…… 그의 「금릉청설법(金陵聽說法)」에서 "인륜은 카스트(Caste) 때문에 처참하고(綱倫慘以喀私德(Caste)), 법회는 의회(Parliament)에서 성하다(法會盛於巴力門(Parliament))"고 말하였다.…… 쑤이칭이 나를 위해 쓴 시에서 말하길, "제왕이 흑룡을 죽이니 재능 있는 지사들이 숨었고(帝殺黑龍才士隱), 혈서가 적조(붉은 새)가 되어 날아갔건만 태평은 늦어지는구나(書飛赤鳥太平遲)".[1] 또 읊기를, "어떤 이가 유리 바다에서 떨치고 일어나니(有人雄起琉璃海), 짐승 개구리의 영과 용의 영 같은 무리들(兽魄蛙魂龍

所徒)[2]"…… 당시 우리는 종교에 심취해 있어서…… 따라서 『신약(新約)』의 글귀가 문장 속에서 종종 보여지기도 하였다.

이러한 시계혁명이 실패했음은 물론 말할 필요도 없다. 그러나 당시 그들 가운데 몇 명은 확실히 시계에서 새로운 빛을 발하였다. 그중 황준헌(黃遵憲)과 캉유웨이 두 사람의 성과가 가장 크다. 그러나 두 사람 중에서 황준헌이 의식적으로 신시를 지었기 때문에, 여기서는 단지 그를 시대를 대표하는 시인으로서 예로 들고자 한다.

황준헌[3]의 자는 공도(公度)이고 가응주(嘉應州) 사람으로, 1848년에 태어나 1905년에 죽었으며, 저서로는 『인경려시초(人境廬詩草)』 11권이 있다. 그는 30년 동안 외교관으로 지내면서 일본, 영국, 미국,

---

1 샤청유가 량치차오에게 보낸 시인데, 그 뜻은 "당국의 금기들이 첩첩으로 많으니, 군자가 자리를 얻을 수 없다. 혈서가 붉은 새로 날아드는데, 태평세를 아직 기약할 수 없다"는 것이다. 여기서 "제살흑룡(帝殺黑龍)"은 『묵자·귀의(墨子·貴義)』에 나오는 전고(典故)로, 그는 이 전고를 이용하여 갑오전쟁에서 패한 청 조의 완고파 통치에 대한 불만을 표시했다. 즉 그들의 통치하에서 사람들은 옴짝달싹 할 수 없을 정도로 속박당하고 아무런 생기가 없으니 인재가 나올 리 없다는 뜻이다. "서비적조(書飛赤鳥)"는 『공양전·애공십사년(公羊傳·哀公十四年)』에 나오는 전고로, 그는 이 전고를 운용하여 혈서상의 혈자(血字)가 붉은 새가 되어 날아가 백서(白書)가 되듯 혼란이 다스려지는 태평성세는 아직 멀었다는 뜻을 전한다.

2 이 구절은 샤청유의 「상해에서 량치차오에게 드림(滬上贈梁啓超)」이란 시의 일부이다. 여기서 유리바다(琉璃海), 개구리·용은 각각 신약성서 요한계시록 4:6과 16:13에 나온다. "4:6 보좌 앞에 수정과 같은 유리바다가 있고 보좌 가운데와 보좌 주위에 네 생물이 있는데 앞뒤에 눈들이 가득하더라", "16:13 또 내가 보매 개구리 같은 세 더러운 영이 용의 입과 짐승의 입과 거짓 선지자의 입에서 나오니".

3 황준헌(黃遵憲, 1848-1905): 광동 가응주 태생. 청 대 시인이자 외교가, 정치가, 교육가. 시계혁명을 주도한 주역 중 하나. 그는 캉유웨이가 이끈 변법운동에 참여하였고 상해강학회(上海强學會)에도 참여하여 량치차오, 담사동과 『시무보』를 창간한 바 있다.

남양(南洋) 등지를 다녔다. 그는 일찍이 『일본국지(日本國志)』,[4] 『일본잡사시(日本雜事詩)』[5]를 저술하였다. 그는 무술변법운동에도 참여하였으며, 아주 이른 시기부터 시계혁명을 위한 포부를 가지고 있었던 것으로 보인다. 그가 20여 세 때 쓴 시 가운데 「잡감(雜感)」 5편이 있는데, 그중 2편에서 다음과 같이 읊고 있다.

> 대지에 구멍이 뚫린 혼돈 속에
> 혼탁하게 큰 원이 빙그르 소용돌이친다.
> 예수(隸首)[6]와 같이 산술에 능한 자도 헤아릴 수 없는데
> 몇 만 년인지 어찌 알겠는가?
> 복희씨(伏羲氏)와 헌원씨(軒轅氏)가 문자를 만든 지
> 이제 5천 년의 세월이 흘렀도다.
> **우리 시대를 후대 사람이 본다면,**
> **고대의 삼대(三代) 이전 시대를 보듯이 하리라.**
> 식견이 좁고 진부한 학자들은 옛것을 존중하여
> 날마다 고서만 연구하니
> 육경(六經)의 글자가 없으면,
> 감히 시를 짓지 못하는구나.

---

4 광서 13년(1887)에 완성되어 1890년에 목판이 만들어지기는 했지만 정식으로 간행된 것은 청일전쟁이 끝날 무렵인 1895년이었다.

5 『일본잡사시』에는 대략 2백 수의 시가 수록되어 있다. 1879년 동문관(同文館)에서 처음 발간되었으며, 1898년에 장사(長沙)의 부문당(富文堂)에서 수정본을 발행하였다.

6 중국 고대 전설 속 인물. 황제(黃帝)의 사관(史官)으로 숫자와 주산을 발명하였으며, 산술에 뛰어났다고 한다. 예수에 관한 최초의 기록은 춘추전국시대 조(趙)나라 사관이 지은 『세본(世本)』에 나오며, 이후 『사기』, 『한서』 등에 인용하여 기록하고 있다.

고인이 뱉어낸 쓸모없는 것들,

그것을 보고 입에서 침을 흘리다니,

좇아 배우며 거침없이 베끼고 훔쳐서,

함부로 많은 죄과들을 만들어낸다.

똑같이 황토로 빚은 사람이거늘,

오늘날과 고대, 어느 것이 더 어리석고 현명할 것이 있겠는가?

현재였다가 갑자기 고대였다가,

눈앞의 시대는 어느 때란 말인가?

열린 밝은 창문 사이로 광채가 찬란하고,

화로에 향불을 피운다.

왼쪽에 단계연(端溪硯)[7]을 놓고,

오른쪽에 벽도전(薛濤箋)[8]을 늘어놓고.

내 손으로 내 말을 쓰거늘,

옛것이 어찌 구속할 수 있겠는가?

오늘날 유행하는 속어를

내가 만약 작은 저작에 싣는다면

5천 년 후의 사람들은 고색창연하다 경탄하리.

이 시는 일종의 시계혁명을 위한 선언으로 간주할 수 있다. 말미의 여섯 구는 속어를 써서 시를 지을 것을 주장한 것이다. 그 시대에

---

7 광동성 단계(端溪)의 석재로 만든 벼루로서, 역대로 문인들이 즐겨 썼다.

8 당 대(唐代) 여류시인이었던 벽도(薛濤)가 설계한 전지(箋紙)로 시를 쓰기에 적합하였는데, 훗날 주로 편지지로 쓰이게 되었다.

쓴 황준헌의 시 가운데 「산가(山歌)」 9수가 있는데 모두 백화로 쓴 것이다. 그중 다음과 같은 내용이 있다.

배를 사되 꿀벌 먹은 배를 사지 마라,
마음속에 병이 있으나 아는 이 없구나.
배를 함께 나누며 더 친밀해졌지만,
친밀함이 이별의 상처로 바뀔 줄 누가 알았겠는가?
길 떠나는 사람을 재촉하며 닭이 마구 울어대고,
사람을 떠나 보내 이별하는데 강물은 동쪽으로 흐른다.
물길을 돌려 서쪽으로 흐르게 하고 싶지만 방법이 없다.
오늘부터 새벽 닭을 키우지 않으리라.
한 집안의 딸이 신부가 되니,
열 집안의 딸들이 거울을 보네.
길거리에 둥둥 울리는 징과 북소리,
마음속에서는 오히려 '랑랑(郎, 신랑)' 울릴 뿐이리.

모두 민가의 우수한 작품이다. 황준헌은 「자서」에서 말하기를,

본 지방은 본래 노래 부르기 좋아하는지라 남녀가 서로 주고받는데, "자야(子夜)"[9], "독곡(讀曲)"[10] 등의 취지가 남아 있다. 그중 기록할 만

9 「자야가(子夜歌)」는 악부(樂府)의 곡명이며, 현재 42수가 『악부시집(樂府詩集)』에 수록되어 전해지고 있다. 5언으로 되어 있으며 주로 애정을 제재로 삼고 있다.

10 「독곡가(讀曲歌)」는 육조(六朝) 시기 청상곡사(淸商曲辭) 혹은 오성가곡(吳聲歌曲)의 일종이다. 곽무천(郭茂倩)의 『악부시집』 46권에 전체 89수가 수록되어 있으며, 오성

한 것을 수집하여 몇 수를 얻었다.

나는 황준헌이 그렇게 이른 시기에 대담하게 "내 손으로 내 말을 쓴다(我手寫我口)"고 주장한 것에 대해 종종 의아해 하곤 했다. 나는 그의 「산가」의 「자서」를 읽고 또 그가 50세 때 쓴 『기해잡시(己亥雜詩)』 가운데 가응주에 거주하는 민족의 생활풍속을 서술한 시 및 그 주석을 읽고서, **소년시절에 고향의 평민문학의 영향을 분명 받았으리라고 짐작했다**. 『기해잡시』 중에 다음과 같은 한 수의 시가 있다.

연인이 그리워 탄식하는 소리,
한밤중 달은 원숭이와 대나무 가지를 가엾이 비추네.
만나면 기쁘고 헤어지면 슬프거늘,
아 언제나 애간장을 끊어야 한단 말인가.

위 시에 대한 주석에서 황준헌은 다음과 같이 말하였다.

본 지방 사람들은 예로부터 산가(山歌)가 있는데, 남녀 간의 그리움을 묘사한 말은 대부분 남쪽 오랑캐(獠蠻)[11]의 유풍과 연관이 있다. 오늘날의 송구(松口), 송원(松源)[12] 각 지방은 여전히 그 풍속을 그대로 따르고 있다. 한 단어가 매번 끝날 때마다 페이후시(妃呼狶)[13]와 같이 탄

가곡 가운데 가장 많이 현존하고 있는 민가이다.

11 "남쪽 오랑캐(獠蠻)"는 예전에 중국 남방 소수민족을 멸시하여 부르던 호칭이다.

12 두 지역은 모두 광동성 해주(梅州)에 위치해 있다.

13 특정한 의미 없이 단지 애닲고 비통한 탄식을 나타내는 의성어이다.

식하는 의성어가 매우 슬프고 길게 이어진다.

이러한 민간문학에 대한 황준헌의 흥취로부터 우리는 그가 분명히 그들의 영향을 적잖이 받았을 것이라고 추정할 수 있다. 특히 그가 일본에 있었을 때 다음과 같은 교토(京都)의 민간풍속을 접하고 그러한 평민문학에 관심을 갖게 되었을 것이다. "7월 15일 밤부터 그믐날까지 매일 밤 끝없이 이어지는 거리에 수백 개의 등이 걸리고 남녀가 아름답게 차려입고 무리를 지어 날이 밝을 때까지 춤을 추는데, 이를 '미야코오도리(都踊)'[14]라 일컫는다. 또 남녀 간 외설적인 가사의 노래를 부르는데, 그 노래로써 리듬을 이끄는 것을 '온도(音頭)'[15]라고 일컫는다." 이에 대해 그는 **"그 풍속은 당(唐) 대의 「합생가(合生歌)」[16]와 비슷하고 그 음절은 한(漢) 대의 「동도행(董逃行)」[17]과 비슷하다"**고 말하였다. 나아가 그는 「도용가(都踊歌)」 한 수를 지었다.

긴 소맷자락 펄럭이고, 쪽머리 높이 솟았네, 하하
치맛자락 단단히 동여매고, 끈을 비스듬히 늘어뜨렸네, 하하

---

14 황준헌이 말하는 '미야코오도리'는 일본에서 일반적으로 말하는 것과는 다소 차이가 있다. 일반적으로 말하는 '미야코오도리'란 매년 4월 1일부터 30일(혹은 매년 벚꽃이 만발하는 4월 7일부터 시작하여 3주간 진행된다)까지 교토 기온(祇園)의 가부키 연습장에서 개최되는 연례 무도회를 가리킨다. 메이지 5년(1872)에 시작되었다. 内貴甚三郎, 『京華要誌(上)』, 内貴甚三郎出版, 明治28, 206-207쪽.

15 일종의 민가(民歌)형식으로서 대부분 집회와 같은 모임에서 불리며, 많은 사람들이 노래에 맞추어 춤을 춘다.

16 당 대(唐代)의 노래를 위주로 하면서 춤을 함께 추던 기예.

17 후한(後漢) 시기 유행한, 동탁이 도망가는 것을 묘사한 노래. 매 구의 끝에 동도(董逃)라는 두 글자가 반복되어 나오며, 5언 13구로 이루어진 가요이다.

나뉘어 걸으면서 무리를 뒤쫓고, 춤을 춘다오, 하하

반복해서 되돌아가니, 베를 짜는 듯하네, 하하

세상사는 계속 되풀이되고, 비벼 구기지, 하하

그중 누군가, 눈빛이 통했네, 하하

내게 난새(鸞)[18] 문양 비녀를 선물해주고, 비취빛 소라를 주었네, 하하

나를 인형이라 부르네, 우리 오빠, 하하

버드나무 꼭대기 위의 달, 새로 닦은 거울인 듯, 하하

닭은 자고 고양이도 잠들고, 개도 큰소리 내지 않건만, 하하

오든 안 오든, 사랑하는 이를 어찌하겠는가? 하하

한 가닥 끈으로 갈라져 있고, 은하(銀河)에 가로막혔네, 하하

두 개의 등이 비추며, 주위를 붉게 물들이고, 하하

천 명, 만 명의 사람들이라도, 나의 마음에 다른 이는 없다오, 하하

그대는 모르오, 버리면 어찌하리, 하하!

오늘은 부부, 훗날에는 시부모, 하하

백, 천, 만, 억 화신의 보살이여, 이 꽃을 받으소서, 하하!

3,332좌(座)의 대신(大神)이여, 내 노래를 들으소서, 하하!

하늘과 땅처럼 영원히, 잘못되는 일이 없기를, 하하!

(원래 이 시는 행을 나누지 않았다. 행을 나누는 것이 더 좋다.)

이는 원래 서경(西京) 교토의 풍속을 묘사한 것이지만, 이러한 민간 백화문학에 대한 황준헌의 선호는 아마 고향 산가의 영향일지도

18 전설 속에 나오는 봉황과 비슷한 새.

모른다. 「도용가」 매 구마다 끝에 붙인 '하하'는 가응주 산가의 "매 단어가 끝날 때마다 잠시 무언의 소리가 구슬프게 길게 늘어지는" 것과 서로 비슷하다. 이와 같이 **그는 젊은 시절 고향 산가의 영향을 받았기 때문에 민간 백화문학의 장점을 높이 평가할 수 있었던 것이다. 그가 민간 백화문학을 높이 평가하였기 때문에, 그는 "오늘날 유행하는 속어를 내가 만약 작은 저작에 싣는다면 5천 년 후의 사람들은 고색창연하다 경탄하리라!"고 말할 수 있었다.**

그는 일찍이 다음과 같이 말하였다(이는 그의 동생 황준해(黃遵楷)의 발문 중 인용문에 근거한다).

> 사람은 제각각 고유한 특징이 있으므로 옛사람과 같을 필요 없다. **나는 고문가의 억양 변화법으로 고시를 짓고, 「이소(離騷)」, 『문선(文選)』, 악부, 가행(歌行)의 오묘한 섭리를 취하여 근체시에 입문하고자 하였다.** 그 제재는 여러 경서, 삼사(三史),[19] 제자백가 및 허신(許愼), 정현(鄭玄)의 각 주석 등에서 취하였는데 이들은 사부가(詞賦家)들이 잘 사용하지 않는 것이다. 관서(官書)나 회전(會典),[20] 방언, 속담 및 **옛사람들이 말하지 않은 내용이나 개척하지 않은 경계를 묘사하였으며, 내가 직접 겪은 것을 기록하였다. 내 손으로 내 말을 적고자 하였다.**

이 말은 황준헌의 시를 언급한 것으로 매우 적절하다. 그러나 그

19 일반적으로 『사기(史記)』, 『한서(漢書)』, 『동관한기(東觀漢記)』를 일컫는데, 『후한서(後漢書)』 출현 후에는 이것이 『동관한기』를 대신하여 삼사의 하나로 손꼽힌다.

20 한 조 대(朝代)의 법령 제도와 사례를 기록한 책을 의미한다.

의 시에서 성과가 가장 두드러진 것은 "고문가의 억양 변화법으로 고시를 지은" 측면에 있다. 「아코 47명의 의사(義士) 노래(赤穗四十七義士歌)」[21](긴 서문이 있으니 참고 바람)의 마지막 절을 예로 들겠다.

……

신(臣)들은 일이 끝나면 바라는 게 없고

선군(先君)을 좇아 지하로 갈 것이오.

……

내년에 두우(杜郵)[22]처럼 칼을 하사하면,

47명의 무사들이 함께 같은 날에 목숨을 바치리니.

일시에 경탄하며 앞다투어 노래 부르리.

---

21 1701년 아코번(赤穗藩)의 영주 아사노 다쿠미노카미는 천왕의 칙사를 대접하였는데, 에도 최고의 의전 담당관인 기라 고즈케노스케는 아사노가 자신에게 뇌물을 바치지 않자 의식절차는 가르쳐주지 않으면서 트집을 잡아 칙사 앞에서 모욕을 주었고 이에 격분한 아사노는 칼을 휘둘렀다. 막부는 아사노에게 그날로 할복자살할 것을 명하고 영지를 몰수하였다. 이 처벌을 불공평하다고 생각한 아코번의 사무라이 47명이 주군의 원수를 갚기 위해 에도의 기라 저택에 난입하여 그를 죽이고 막부의 처분대로 모두 집단적으로 할복자살한 역사적 사건은 이후 고전으로 남았다. 황준헌은 일본의 사학자 아오야마 노부미츠(青山延光, 1807-1870)의 『사십칠사전(四十七士傳)』을 바탕으로 하여 「아코 47명의 의사(義士) 노래」를 지었다. 아오야마의 글은 1911년 동문관에서 편찬한 『일본교육문고』 가운데 『효의편(孝義篇)』에 수록되는 등 중국에 적지 않은 영향을 미쳤다. 青山延光, 『赤穂四十七士伝』, 真部武助, 1883; 同文館編輯局 編, 『日本教育文庫·孝義篇』(上), 同文館, 1911, 714-161쪽 참고.

22 두우(杜郵)는 옛 지명으로, 이에 얽힌 고사는 다음과 같다. 전국(戰國) 말기 진(秦)나라 소왕(昭王)의 명을 받아 무안군(武安君)이 성을 나와 순시하다가 두우에 이르렀을 때, 소왕이 파견한 사자(使者)가 다가와 무안군에게 단검을 주며 칼로 찔러 자살하라고 요구했다. 무안군은 자신이 무슨 죄를 지었냐고 물었지만, 강요에 못 이겨 어쩔 수 없이 칼을 뽑아 자살할 수밖에 없었다.

구경하는 자, 숭배하는 자, 조문하는 자, 축하하는 자,

온갖 꽃들이 무덤을 에두르고

매일 향을 사르는 연기가 피어오르네!

치마 하나,

신발 하나,

갑옷 하나,

투구 하나,

칼 하나,

창 하나,

지팡이 하나,

삿갓 하나,

노래 하나,

그림 하나,

손에 천구(天球) 같은 진귀한 보물을 들었구나!

천손(天孫)이 개국한 이래 우선 아마누보코(天瓊鉾)[23]를 소중히 여겨 혼과 함께 수천 년 동안 전해지노라.

또다시 5백 년 이래 무술계에서 무(武)를 숭상하여 나라에 뛰어난 자들이 많아졌으니!

오늘날에 이르러 아코의 무사들 모모 47명의 이름이 일일이 남겨졌네!

안으로 그 빛은 여덟 열도에 크게 비출 것이며,

밖으로 그 명성은 오대륙에 이를 것이리라.

23 일본 신화 속에서 처음으로 대지를 창조하는 데 사용한 창.

이 외에도 황준헌의 「강장군가(降將軍歌)」,[24] 「도요장군가(度遼將軍歌)」,[25] 「섭장군가(聶將軍歌)」,[26] 「축객편(逐客篇)」, 「번객편(番客篇)」[27]…… 모두 문장을 짓는 방법으로 쓴 것이다. 이러한 시의 장점은 조리가 명확하고 서술이 분명하다는 데에 있다. 시를 짓는 것과 문장을 짓는 것은 모두 응당 이 점에서부터 시작해야 한다. 즉 **먼저 '통해야(通)' 하고, 그런 연후에 '잘 짓기(好)'를 바랄 수 있다**. 자고로 대가들은 이렇게 하지 않은 이가 한 명도 없었다. 자고로 통하지 않는 좋은 시는 없었으며 이해되지 않는 좋은 시는 없었다. 김화와 황준헌 시의 장점은 그들이 먼저 '통하는' 것을 추구했고, 먼저 뜻을 나타내는 것을 추구했으며, 먼저 이해하는 것을 추구했다는 데에 있다.

황준헌은 신사상과 신재료로 — 이른바 "옛사람들이 말하지 않은 내용, 개척하지 않은 경계" — 이른바 신시(新詩)를 쓰고자 하였다. 그의 「금별리(今別離)」[28] 네 편은 바로 그의 지향을 잘 보여주는 작품들이다. 여기서 그의 「연꽃·국화·복사꽃을 한 병에 섞어 담아 노래를 만들다(以蓮菊桃雜供一瓶作歌)」의 마지막 단락을 예로 들어보자.

---

24 정여창(丁汝昌, 1836-1895)이 청일전쟁 중 황해(黃海)전투에서 패배하여 투항한 후 자결한 것을 노래한 시로, 1895년에 지었다.

25 오대징(吳大澄, 1835-1902)이 청일전쟁 중 요동전투에서 참패한 것을 노래한 시.

26 섭사성(聶士成, 1836-1900)이 1900년 의화단의 난 시기에 8개국 연합군에 맞서 싸우다 사망한 것을 노래한 시.

27 「축객편(逐客篇)」은 재미(在美) 중국노동자들의 고통을 읊은 시이고, 「번객편(番客篇)」은 남양에서 화교들의 정착과정을 노래한 시이다.

28 광서 16년(1890) 황준헌은 영국 런던에서 중국영사관 참찬으로 있을 때 이전의 악부잡곡 가사인 「금별리(今別離)」를 제목으로 하여 기차, 윤선, 전보, 카메라 등 새로운 문물과 동과 서의 주야가 서로 상반되는 자연현상 등을 시로 표현하였다.

……

지금 꽃을 심는 기술이 더욱 정교해지고,

가지를 옮기고 잎사귀를 연결하는 솜씨가 뛰어남을 겨룬다.

어찌 연꽃이나 복사꽃이 국화로 변하지 않는다는 것을 알겠는가?

노란색이 녹색으로 변화하는 것을 누가 알 수 있겠는가?

장인이 물건을 만들 때 먼저 바탕(質)을 만들고,

바탕을 제어하고 다루는 기술도 많거늘.

어찌 알리, 환골탈태하는 금단(金丹)[29]이 없어도,

이 연꽃, 이 국화, 이 복사꽃 수억 번 변화시켜 하나로 합쳐지게 할 수 있지 않을까?

……

64개의 바탕(質)이 또한 미세하니, 내 몸의 이합(離合)도 불가함이 없다.

바탕은 때로 망가져도 정신(神)은 영원히 존재하거늘,

내가 꽃으로 변하고 꽃이 나로 변하지 않으리라는 걸 어찌 알겠는가?

영원토록 혼(魂)은 지각(知)이 있어, 이 꽃과 내가 서로 뒤따르니!

꽃인 그대에게 내가 꽃병을 가져다줄 때, 꽃에게 지금 나의 시를 읽어주고 싶소!

이러한 '신시'는 옛풍 격으로 아주 평이하고도 새로운 뜻을 써냈는데, 당시의 한 추세를 대표한다고 할 수 있다. 그러나 냉정하게 말하자면 이러한 시는 좋은 시라고 볼 수 없다. 「금별리」는 당시 모두

29 신선이 만든다는 장생불사의 영약으로 복용하면 신선이 될 수 있다고 전해진다.

의 칭송을 받았지만, 지금 보면 사실상 매우 평범하고 경박하다.

『인경려시초』 가운데 가장 좋은 시는 무엇보다도 「증조모 이대부인의 묘를 참배하다(拜曾祖母李大夫人墓)」를 들 수 있다. 이 시는 그의 "내 손으로 내 말을 쓰거늘, 옛것이 어찌 구속할 수 있겠는가"라는 주장을 잘 실천한 예이다. 그중 한 단락을 들어보자.

> ……
>
> 매 년 많은 가일(佳日)마다,
> 친척들이 모두 모인다.
> 두 손으로 사랑하는 아이를 들어올리고,
> 이구동성으로 칭찬한다.
> "우리 집 가족은 70명,
> 모든 자식들은 그 할아버지를 사랑하고,
> 모든 부녀자들은 그 어머니를 사랑하며,
> 모든 손자들은 그 아버지를 사랑한다.
> 치마를 좋아하니 허리띠까지 아끼고,
> 아무리 비단이라 해도 흰 명주에 비교하겠는가.
> 노인의 본성은 본래 편애를 하니,
> 다른 이가 비웃는 것을 신경 쓰지 않소."
> **이웃사람이 나에게 웃으며 말하기를**
> **"노인 양반이 아낄만 하구먼.**
> **과연 훌륭한 외모가 연꽃처럼 예쁘오."**
> **여러 어멈들은 나를 등지고 욕한다.**
> **건장한 송아지가 수레를 망가뜨린다고,**

나무를 타는데 쉬지 않고 오르고,

토란을 훔치는데 손 가는 대로 기어간다.

어제 까치둥지를 뒤지다가,

떨어져서 이 두 개가 빠지고,

벽에 온통 피를 내뱉어,

용과 뱀을 그려 놓았네.

오누이가 내게 친근하게 말하며,

할머니에게 돈 달라고 시키면,

정말 자줏빛 염낭 주머니를 쏟아,

바닥에 금동전이 굴렀지.

부모님이 내게 귓속말로,

할머니에게 맛있는 새참을 먹고 싶다고 조르게 하면.

쟁반 잉어회는 결국 내가 먹어버렸지.

백부 숙부는 내 손을 잡아끌며,

진심으로 괜찮다고 했지만,

일부러 내 정수리를 쓰다듬어,

노인의 환심을 사고자 했지.

내가 9살 때,

아버지가 과거에 급제하였네.[30]

할아버지 곁에서 나를 옆에 끼고,[31]

30 함풍 6년(1856) 부친 황홍조(黃鴻藻)가 향시에 합격하여 거인(擧人)이 됨.

31 원문의 "男兒"는 "劍兒"의 오류이다.

연신 쓰다듬으며 말했지.

“이 아이는 원숭이띠인데,

원숭이보다 훨씬 총명하오.

병아리를 늙은 닭에 비교하면

훗날 어찌 알겠습니까?

나는 병들고 늙어서,

나날이 허약해짐이 느껴진다.

바람이 부는데 아이는 아직 자라지 않았으니,

어찌 아이가 출세하는 것을 볼 수 있을까?

아이가 자라 관(冠)을 쓸 때가 되면,

급제하는 걸 볼 수 있겠지.

이후 내 무덤을 찾아올 때,

서로 관복을 입고 오겠지.

앞에서는 우산을 펼치고 가고,

뒤에서는 퉁소를 불며.

돼지·닭과 꽃·과일을

일일이 나눠 어깨에 메고.

무덤 뒤편에서는 폭죽이 울리고,

무덤 앞에 종이돈이 흩날리겠지.

손에 받든 황제 조서는,

부인(夫人) 칭호를 하사한다는 내용이겠구려.

자손이 빙 둘러서서 절하고,

향을 피우고 신(神)에게 고하겠지.

‘아들이 다행히 귀한 자리에 올라,

어머님이 예상하신 대로 되었습니다'라고.

세간의 말은 귀신이 모르겠지만,

나는 분명 입을 벌려 웃을 것이오."

……

이 시기의 시인 중에 나는 김화와 황준헌 두 사람만을 거론하였다. 두 사람은 모두 특별한 개성을 지니고 있기 때문에 모방하는 시인들, 조탁을 일삼는 시인들과는 크게 다르다. 이 시대의 대다수 시인들은 모두 '송 시(宋詩)운동'의 범주에서 벗어나지 못한다. 송 시의 특성은 전고 사용이나 요구(拗句)[32]를 쓰는 데 있지 않고, 말하는 대로 시를 짓는 데 있다. 북송의 대시인은 아직 완전히 양억(楊億)[33] 일파의 악습을 벗어나지 못했다. 황정견(黃庭堅) 일파에도 비록 좋은 시가 있지만, 그들은 학문이나 재주를 과시하길 좋아하여 종종 가장 나쁜 고전시를 남겼다(예를 들자면 "司馬寒如灰, 禮樂卯金刀"[34]). 남송의 대가 양만리(楊萬里), 육유(陸游), 범성대(范成大)야말로 비로소 이러한 악습을 완전히 벗어나 "말하는 대로 시를 짓는" 추세를 따랐다. 그러나 후에 이른바 '강서시파(江西詩派)'는 이러한 정당한 추세(양만리, 육유,

---

32 근체시 중에 격률에 맞지 않는 구절을 가리킨다.

33 양억(楊億, 974-1020): 북송의 문학가. 서곤체(西崑體) 시가의 주요 작가.

34 출처는 황정견(黃庭堅)의 「숙구팽택회도령(宿舊彭澤懷陶令)」으로, "司馬寒如灰, 禮樂卯全刀"에서 두 구절이 전도되어 있으며, "卯全刀"는 劉 자를 해체하여 쓴 것이다. 시구의 전체 내용은 한 고조 유방(劉邦)이 소하(蕭何)에게 예악을 제정하도록 명하였으나, 사마(司馬) 씨가 정권을 잡은 진(晉)에 이르러 예악이 문란하고 쇠약해져 거의 회복하기 어려운 지경이 되었다는 의미이다.

범성대는 모두 강서시파의 증기(曾幾)[35]로부터 배출되었다)를 이으려 하지 않고 오히려 변화가 완성되지 않은 황정견을 모방하여 길을 잘못 들어 빠져나오지 못했다. 근대에 송 시를 배운 이들도 모두 이러한 병폐를 밟았다. 천싼리(陳三立)[36]는 근대 송 시의 대표 작가이지만, 그의 『산원정사시(散原精舍詩)』에 사실상 독립적인 시가 극히 적다. 근대 작가 중에 정샤오쉬(鄭孝胥)도 비록 모방성을 탈피하지 못했지만, 그의 매력이 크기 때문에 완전히 모방이라고 할 수만은 없다. 그는 일찍이 천싼리에게 증정하는 시를 썼는데, 그 가운데 "어찌 울긋불긋 바르고 교태를 부릴 수 있는가(安能抹青紅, 騷頭而弄姿)"[37]란 구절이 있다. 사실 정샤오쉬는 때때로 이러한 경지를 보여주지만, 천싼리는 이러한 경지에 이를 수 없다. 정샤오쉬는 일찍이 천싼리의 시집을 위한 서문에서 다음과 같이 말하였다.

> 예전에 공(公)[38]께서 저와 시에 대해 논하면서 반드시 명확함(清切)을 위주로 해야 한다. 당대의 시 조류를 보면 늘 장무선(張茂先)[39]처럼[40]

---

35 증기(曾幾, 1085-1166): 남송의 시인. 후대 사람들이 그를 강서시파에 넣었는데, 그의 시는 대체로 자연스럽고 담백하다.

36 천싼리(陳三立, 1858-1937): 자는 보옌(伯嚴). 만청 유신파 진보잠(陳寶箴)의 장남으로, 근대 동광체 시파(同光體詩派) 핵심 인물 가운데 한 사람이다.

37 정샤오쉬가 지은 『해장루잡시(海藏樓雜詩)』 34수 중 13번째 수에서 천싼리를 언급한 구절이다.

38 여기서 '공(公)'은 천싼리가 아니라 장지동(張之洞)을 가리킨다. 장지동도 송 시를 배웠지만, 시에 대해서는 의미가 명확해야 한다고 주장하였으며 당시 강서파를 비판하였다.

39 장화(張華, 232-300): 자는 무선(茂先). 서진(西晋)의 문학가이자 시인이자 정치가.

40 사람의 분류와 품평으로 유명한 유납(劉訥)이 박학한 장화에 대해 "장무선에 대해

내가 이해할 수 없는 비유들이 있다고 하였다. 그 말은 매우 맞다. 그러나 나는 시의 이치는 아마도 명확함만으로 한정할 수 없을 것 같다는 의문이 들었다. 외부의 세상사는 변화무쌍하고 혼란스러우며, 안에서는 온갖 생각들이 비등한다. 궁상(宮商)이 조화를 이루지 못하는데 소리로 표현되고, 표현이 공교롭지 못한데 언어로 표현된다면 나는 그것이 분명함(淸)과 어긋나는 면이 있다고 생각한다. 생각도 터무니없이 일어난다면, 자꾸 끊어지고 혼란스러움이 반복되니, 어찌 이를 온전히 합할 수 있단 말인가? 흥이 일어남도 정해진 바가 없다면 갑자기 보이지도 않고 멍하니 들리지 않는데, 어찌 말로 표현하길 요구하겠는가? 만약 이와 같다면, 나는 참으로 그것이 명확하기를 기대할 수 없다고 생각한다.[41]

정샤오쉬의 이 서문은 비록 표면상으로는 강서시파를 대신해서 변호하지만, 사실 강서시파의 단점을 지적하고 있다. 정샤오쉬의 시는 이러한 "분명하지 않고 정확하지 않은(不淸不切)" 주장을 따르지 않기 때문에 그래도 읽을 수 있다. 그는 후에 판쩡샹(樊增祥)[42]에게 답하는 시에서 스스로 이러한 관점을 철회하였다.

일찍이 나는 보옌(伯嚴: 천싼리)의 시를 위한 서문에서
명확함을 비판하는 주장을 설파한 적이 있소.

나는 파악하기가 어렵다(張茂先我所不解)"라고 감탄하며 말한다. 『진서·유의전(晉書·劉隗傳)』에 나온다.

41 鄭孝胥, 「散原精舍詩序」(1909).

42 판쩡샹(樊增祥, 1846-1931): 청 대 관원이자 문학가. 동광파의 중요 시인.

그런데 이는 후배들을 오도하거나,
전해지다가 실제와 어긋날까 걱정되오.
그대의 시는 훌륭하여 이해하기 쉽고
박학한 학식의 티(經史氣)가 사방에 넘치는구려.
시 속에 시인의 인물됨이 보이고 풍격이 뛰어나니.
말이 평이하다고 하여 심오하지 않은 것은 아니며,
하늘과 땅이 붓끝에 있거늘.
어찌 굳이 난해한 자를 쓰고
힘들게 괴로운 삶을 읊을 필요 있겠는가?
깨달은 바를 말로 표현할 수 있다면,
그 뜻은 이미 전달된 것이리.

판쩡샹의 시는 비교적 영민하고 명확하지만, 아쉽게도 내용이 없어 대가로 평가할 수는 없다. 이 외에도 많은 사람들이 옛사람을 모방하고자, 시의 장인(詩匠)이 되고자 노력하였다. 그러나 그들은 "옛것을 짓는(作古)" 데에 뜻을 두고 있어, 우린 감히 그들의 뜻을 거슬러 최근 50년 시대의 작가로 평가할 수 없다.

7. 장빙린

최근 50년은 중국 고문학의 종결 시기이다. 이 대종결을 이룰 인물을 얻기란 매우 쉽지 않은데, 마침 장빙린(章炳麟)이란 인물이 있어 고문학은 영광스럽게 종결을 지었다고 할 수 있다.

장빙린은 청 대 학술사에서 후위 대장[1]이지만, 그는 또한 문학가이기도 하다. 그의 『국고논형(國故論衡)』,[2] 『검론(檢論)』[3]은 모두 고문학의 우수한 작품이다. 최근 50년간 많은 저술가 가운데 그처럼 심혈을 기울여 내용과 체제를 구성한 이는 없다. 최근 50년만이 아니라 사실 2천 년을 통틀어 심혈을 쏟아 구상한 '저작'이라 불릴 만한 책, 예컨대 『문심조룡(文心雕龍)』, 『사통(史通)』, 『문사통의(文史通義)』와 같은 것은 겨우 7, 8종에 불과하고, 나머지는 편집본이거나 어록이거나 원고일 뿐이지 저작이라 할 수 없다. 장빙린의 『국고논형』은 이 7, 8종 가운데 하나라고 할 수 있다. 그는 고문학 실력이 매우 깊이가 있고, 또한 사상과 구성능력이 풍부하기 때문에, 그의 저작은 내용과 형식 두 측면에서 모두 '일파를 이루었다'고 할 수 있다.

---

1 즉 청 대 학술사상 최후의 대가라는 의미이다.

2 『國故論衡』, 秀光社, 1910.

3 장빙린은 1900년 『구서(訄書)』 초각본(初刻本)을 발표한 이후, 1904년 개정본을 거쳐 1914년에 다시 수정하여 『검론(檢論)』으로 발표하였다.

장빙린의 문론(文論)은 뛰어난 부분이 많다. 그의 「문학총략(文學總略)」(『국고논형』에 수록)은 자고 이래로 모든 천박한 '문(文)'론을 뒤엎고, "문이란 죽간과 비단에 기록한 모든 말을 포괄한다"고 말하였다. 그는 문이란 응용의 필요성에서 기원하며 말을 대신하는 공구라고 보았다. 즉 표보(表譜),[4] 부록(簿錄)[5]과 같은 모든 무구독문(無句讀文)과 모든 유구독문(有句讀文)은 근본적인 차이가 없다는 것이다. "운(韻)이 있는 것을 문(文)이라 하고 운이 없는 것을 필(筆)이라고 한다"든지 "학설은 사람의 생각을 일깨우고 문사(文辭)는 사람의 감정을 풍부히 한다"와 같은 구별은 더더욱 성립할 수 없다. 이러한 견해는 얼핏 보면 중요한 것 같지 않지만 사실 매우 중요하다. 많은 사람들이 단지 이러한 갖가지 인습적인 구별을 타파할 수 없어 '응용문'과 '미문'을 구분하게 되었을 뿐이다. 어떤 이는 심지어 '미문'은 내용을 중시하지 않아도 된다고 말하고, 또 어떤 이는 '미문'은 그 자체가 고상하고 포착할 수 없어 반드시 사람들을 이해하게끔 할 필요는 없으며, 상식과 논리의 제약을 받지 않는다고까지 말한다! 장빙린은 다음과 같이 말하였다.

> 문자는 원래 말을 대신하는 것이지만, 그 쓰임은 독특한 점을 지니고 있다. 무릇 무구독문은 문자만의 고유한 특징을 보여준다. **이를 위주로 한다면 문학을 논함에 있어서 흥취나 취지를 우선시할 수 없다.…… 문사(文辭)는 표보(表譜)와 부록(簿錄)에서 비롯되었음을 알아야 한다. 그런즉 문**

4 서식, 계보, 편년 등의 형식으로 역사인물, 사건, 연대를 나타내는 공구서.

5 사물의 기록이나 전적(典籍)의 목록.

장은 작가의 진실한 뜻을 잘 드러내는 것이 으뜸이다.

또한 말하기를,

사람을 감동시키는 것을 문사라 하고, 감동시키지 못하는 것을 학설이라 할 수 없다.…… 학설로서 사람을 감동시킬 수 없는 것은 없다. **문과 언(言)에 감동하는 것은 그것이 내 마음을 얻었기 때문이다.** 따라서 맛있는 음식을 먹으며 편안한 거처에서 사는 사람이 노동자의 노래를 들으면 마음이 두려울 것이다. 어리석고 우둔하며 분개하는 바가 없는 자가 훌륭한 문장을 보면 항상 입에 달고 다닐 말로 여긴다. 몸에 병이 있는 자가 깊고 은미한 소리를 들으면 감동이 뒤따른다. 마음에 의구심이 있는 자가 자세히 분석한 문장을 보면 기쁨을 느끼게 된다.

장빙린은 문사(文辭)와 학설을 구분하지 않고 글을 쓸 수 있었기 때문에 그의 강학, 설리문장은 모두 문학적 가치가 있다. 그렇다고 해서 그가 동성파의 고문에 반대한 것은 아니다. 그는 『도한미언(菿漢微言)』[6]에서 다음과 같이 말하였다.

동성의 의법(義法)은 어찌 그토록 협애한가라고 묻는다면, 이는 오늘

6 이 저서는 1913년 장빙린이 위안스카이(袁世凱)에 의해 북경에 유금되자 그해 말부터 제자들을 대상으로 강학을 하였는데, 그 내용을 우청스(吳承仕)가 기록하여 1916년 출판한 것이다. 제자학, 불학, 서학을 포함한 국학에 관한 강연이 주 내용을 이루고 있다. 서명은 장빙린의 필명이자 북경 유금 시 처소의 명칭이었던 "도한장우(菿漢章寓)"에서 빌려왔으며, "菿漢"은 "大漢"이라는 의미이다.

날에도 여전히 유용하다고 답변하겠다. 무슨 이유인가? 명 말 잡스럽고 경박한 문장들이 일세(一世)에 만연하자, 방포(方包)가 일어나 이를 청산하였다. 이후로 이설(異說)이 그쳤으니 유파를 말하지 않아도 되었다. 오늘날에 이르러 명 말의 학풍이 다시 일어나 사람들이 신문(報章) 소설을 정종으로 받들고 있다. 다행히 그 유파는 없어지지 않고 기강을 존속시켜 학자들이 이를 지키고 하류로 추락시키지 않았기에 가치가 있다. 부연하자면 문(文)이 뜻을 전달하기에 족하고, 비속하고 도리에 어긋나는 것을 멀리하기만 한다면 괜찮다. 내용이 있고 규범이 있으며 고상하기가 옛것에 가깝더라도 이 또한 족하다. 파별(派別)을 어찌 논할 필요가 있겠는가?(68쪽)

그러나 장빙린은 문(文)을 논하면서 **위(魏)·진(晋)으로 돌아갈 것**을 주장하였다. 그는 다음과 같이 말하였다.

위·진의 문은 대체로 한(漢)보다 저속하지만 유독 그 주장은 만주(晩周, 춘추전국 시기-역주) 시기와 비슷하다. 기세와 풍격은 비록 다르지만, 고수함에도 법도가 있고 남을 비판함에도 규범이 있으며 중화(中和)의 이치가 담겨 있고 품덕이 고상하고 순결하니 백세(百世)의 귀감이 될 만하다.(「논식(論式)」, 『국고논형』, 94쪽)

그 이유에 대해 말하길,

노자·장자의 형명학(形名學)이 위(魏)에 이르러 다시 부흥하였다. 그리하여 그 말은 장구(章句)에 얽매이지 않았으며, 단편적인 지론도 한(漢) 대보다

뛰어났다.(92쪽)

따라서 장빙린은 다음과 같이 여겼다.

『문선(文選)』을 읽으며 익히기보다는 『삼국지(三國志)』, 『진서(晋書)』, 『송서(宋書)』, 『홍명집(弘明集)』, 『통전(通典)』을 보는 것이 더 낫다. 설령 구류(九流)[7]를 살펴볼 수 없더라도 문장이 유창하고 꾸민 것보다 낫다.(93쪽)

그는 또 다음과 같이 말하였다.

무릇 우아하되 사실을 따지지 않고 반복하여 외우기에 가까운 것은 한나라 사람의 단점이다. 청렴하되 지나치면 강제하는 것에 가깝고, 제멋대로 절제가 없는 것은 방탕한 것에 가까우며, 분명하되 근거가 없는 것은 조야(粗野)한 것에 가까운데, 이것들은 당·송의 단점이다. 그 장점은 있되 그 병폐가 없기로는 위·진 만한 것이 없다.(95쪽)

또 다음과 같이 말하였다.

당·송의 주장을 본받는 자는 말을 잘하고, 한(漢)의 주장을 본받는 자는 대부분 암송을 하는데, 이를 배우는 것으로 이미 족하다. **위·진의**

7 춘추전국시대 유가, 도가, 법가, 명가, 음양가, 묵가, 종횡가, 잡가, 농가의 아홉 학파를 가리킨다.

주장을 본받는 자는 위로는 단순히 문(文)을 고수하지 않고 아래로는 입으로 사람을 부릴 수 없으며 반드시 먼저 학문(學)으로써 즐겁게 해야 한다.(95쪽)

"반드시 먼저 학문으로써 즐겁게 해야 한다(必先豫之以學)"라는 주장은 어찌 쉽게 행할 수 있는 것이겠는가? 장빙린의 문장이 스스로 일파를 이룰 수 있었던 까닭은 결코 그가 위·진을 모방했기 때문이 아니라, 그가 학문을 토대로 삼고 논리를 골격으로 삼았기 때문이다. 『국고논형』 중에서 예를 들어 「원유(原儒)」, 「원명(原名)」, 「명견(明見)」, 「원도(原道)」, 「명해고상(明解故上)」, 「어언연기설(語言緣起說)」…… 등은 모두 문학적 의미가 있는 고문학 가운데 우수한 문장이다. 『검론』 가운데도 좋은 문장들이 많이 있다. 예를 들어 「청유편(淸儒篇)」은 참으로 근대에 보기 드문 문장이다.

그러나 장빙린은 결국 복고의 문장가이다. 그의 복고주의는 비록 "말에 일리가 있을(言之成理)" 수는 있지만, 필경 시세에 부합하지 않는 운동이다. 그는 문사(文辭)를 논할 때, 문사가 표보(表譜)와 부록(簿錄)에서 비롯된 것이자 응용을 위한 것임을 알고 있었다. 그러나 응용의 측면에서 보면 그의 문장의 의의는 다른 무엇보다도 가장 적다. 그는 동시대의 문인들을 약간 무시하는 경향을 지니고 있다(『문록(文錄)』 2, 「여등실서(與鄧實書)」 및 「여인논문서(與人論文書)」를 보라). 그는 "천 년 동안 썩고 좀먹은 것을 되돌려 이치를 바로잡았다"고 자처하였다. 그는 근대 문인 중에 오직 "왕카이윈만이 우아함을 다할 수 있다"고 인정하였다. 어떤 이가 그에게 어떻게 고아한 문장을 쓸 수 있는지 묻자, 그는 일찍이 왕카이윈의 문장 짓는 방법을 그 사람에게 가르쳐준 적이 있다. 그 방법이란 것은 **바로 먼저 생각을 평범한 문장으로 쓴 연후에 허자(虛字)를 가능한 한 삭제하면 자연스럽게 고아해진다는 것이다**! 그는 또한 옛 글자(古字)로 통용하는 글자를 대체하기를 즐겨했다. 그는 스스로 다음과 같이 말하였다.

육서(六書)의 본래 의미가 퇴색한 지는 이미 오래되었다. 경서를 여전히 이용하지만, 모두 가차가 많다. 가차 대신 본래의 글자를 사용한다면, 이는 시초로 다시 돌아가는 것이다.(「정명잡의(正名雜義)」, 『검론』 五, 28쪽)

장빙린은 "사회적으로 약속하여 습관이 된(約定俗成) 것이 적합하다"는 것이 순경(荀卿)이 말한 정명(正名)의 요지임을 모르기 때문에, "시초로 다시 돌아가려는" 그의 노력은 비록 고풍(古氣)과 고색(古色)을 짙게 했지만 동시에 응용력을 약화시켰다. 그의 저서는 본래 구두가 있는 문장(有句讀文)이어서 그래도 일반 독자들이 이해하는 데 도움이 되었다. 그러나 후에 그의 문하생들이 그의 전체 저서를 수정·교열하면서 문장에 동그라미를 표기하는 권두(圈讀)법이 예스럽지 않다고 여겨 구두를 삭제함으로써 더욱 읽기 어렵게 되었다. 그는 문사(文辭)는 "내용을 갖추는 것"을 근본으로 삼아야 한다는 것을 알고 있었다. 그는 일찌기 "문(文)이 내용에서 벗어날수록 표상(表象)이 더욱 많아지고 병폐 또한 더욱 심해진다"고 말하였다. 그는 다음과 같은 문장들을 몹시 비판하였다.

식견이 좁고 제멋대로인 빈객과 막료들은 지나치게 꾸미고, 한 사건을 처리하면서 "상세하게 모두 보고하다(纖悉畢呈)"라고 말하지 않고 "물이 얕아지니 돌이 드러난다(水落石出)"[8]고 말한다. 한 가지 문제를 제거하면서 "화근을 없앨 수 있다(禍胎可絶)"고 말하지 않고 "가마솥 밑에 타고 있는 장작을 꺼내 물이 끓어오르는 것을 막는다(釜底抽薪)"[9]고 말한다. 표상이 많아지면 천박하여 이치에 어긋남도 심해진다!(「정명잡의」, 14쪽)

장빙린의 「정문(訂文)」(「정명잡의」는 「정문」의 부록이다) 가운데 "훗날의 군주로서 진취를 아는 자는 반드시 문자를 배우고 밝혀서 전수해야 한다(後之林烝, 知孟晋者, 必修述文字)"는 구절이 있는데, "맹진(孟晋)"[10]으로 진취를 대신하는 것은 그런대로 말이 된다. 그러나 "임증(林烝)"[11]이란 두 글자는 그가 지적했던 "물이 얕아지니 돌이 드러난다", "가마솥 밑에 타고 있는 장작을 꺼내 물이 끓어오르는 것을 막는다"는 표현보다 더욱 말이 통하지 않는다.

요컨대 장빙린의 고문학을 보면 근래 50년간 그는 의심의 여지없이 근대적 작가였다는 것을 알 수 있다. 그러나 **그의 성과는 단지 고문학을 위해 영광된 결말을 만들었다는 것뿐이지 죽을병으로부터 고문학을**

8 "사건의 진상이 저절로 드러나기 마련이다"라는 뜻이다.

9 "문제를 근본적으로 해결한다"는 뜻이다.

10 맹(孟)은 형제자매 가운데 가장 나이가 많은 '맏이'의 의미이고 진(晋)은 '나아가다', '진급하다'라는 의미로서 맹진은 '앞서 나가다'라는 의미가 된다.

11 『이아(爾雅)·석고상(釋詁上)』에 "임증은…… 군주이다(林烝…… 君也)"라고 하였으며, 형병(邢昺)의 소(疏)에서 임(林)은 평지의 총림을 가리키며, 증(烝)이란 『좌전(左傳)』에 의하면 하늘이 많은 백성을 낳고, 군주를 세워 그들을 돌보고 기르게 하였다 하였으니 임증(林烝)은 군주를 말한다.

구할 수는 없었으며, 또한 "천 년 동안 썩고 좀먹은 것을 되돌려 이치를 바로잡았다"는 위업을 달성할 수 없었다. 그의 제자들 역시 적지 않지만, 그의 문장을 전승하는 자가 없었다. 황칸(黃侃)[12]이 그의 형식을 약간 배웠지만 "우선 학문으로 즐겁게 하는" 내용이 없었기 때문에, 결국 가짜 골동품이 되었을 따름이다. 장빙린의 문학은 그 자신에 이르러 단절되었다고 말하지 않을 수 없다.

장빙린은 운문을 논하는 데 있어서도 극단적인 복고파이다. 그는 고금의 운문의 변천을 논하는 데 자못 역사적인 안목을 보여주고 있다. 그는 다음과 같이 말하였다.

> **성정을 읊는 것은 고금이 같으나, 성률(聲律)을 조절하는 방법은 다르다. 위문후(魏文侯)[13]가 오늘날의 음악을 들으면 싫증을 모르지만, 옛 음악을 들으면 졸려 잠들게 될 것이다. 따라서 일정한 정점에 이르면 바뀐다는 것을 안다면, 비록 재주 있는 자라도 훌륭하다고 볼 수 없다.**(「변시(辨詩)」, 『국고논형』, 99쪽)

이는 매우 훌륭한 역사적인 시각이다. "정점에 이르면 변화한다(數極而遷)"는 이 관념에 근거하여, 장빙린은 『삼백편(三百篇)』을 4언시의 전성 시기였으며, 한(漢) 대 이후 "4언의 추세가 다했다"고 보았

12 황칸(黃侃, 1886-1935): 저명한 언어문자학자. 1905년 일본 도쿄(東京)로 유학을 가 장빙린을 스승으로 섬기고 그의 밑에서 전통적인 음운, 문자, 훈고학과 경학을 배웠다.

13 위문후(魏文侯, 기원전 472-기원전 396): 전국 시기 위나라의 개국 군주. 기원전 403년 위나라는 주(周) 왕실에 의해 제후국으로 승인받았다.

다. 따라서 속석(束晳)[14] 등의 4언시는 모두 잘 지은 것이 아니다. 당(唐) 대에 이르러 "5언의 추세가 또 다하여 두보(杜甫) 이하는 배회하다가 7언을 따랐다". "송 대에 이르러는 시의 세력이 이미 다하여, 성정을 읊는 것은 대부분 속악[燕樂][15]인 사(詞)의 영역에서 이루어졌다." 그가 근대의 시를 논한 부분도 훌륭하다.

> 오늘날의 사(詞)는 또 적당한 성률을 잃고, 시(詩)의 잡다함과 기이함이 갈수록 심해졌다. **고증학자가 하나의 물건을 보고 한 가지 일을 말할 때, 5언으로 기록하여 처음부터 끝까지 늘어놓는 것이 마치 수의사가 약 처방전을 노래하듯 작성하는 것과 같다.** 증국번에 이르러 스스로의 공로라고 여기며, 강서(江西) 제 파들을 암송하고 본받아 그 기이함을 뽐내게 되었다. 그 후 천하가 모두 다투어 추종하여 고시(古詩)의 대부분은 이해하거나 외우기 어렵게 되었으며, 근체시(近體詩)는 점을 치는 주술적인 예언과 같게 되었다. 강호(江湖)의 선비들은 이를 부러워하며 칭송하고 지극한 아름다움(至美)이라 여긴다. 「상송(商頌)」[16] 이래 오늘날처럼 시가가 그 법도를 상실한 것은 없었다.

이러한 주장이 자연스럽게 귀결되는 바는 응당 문학혁명을 철저

14 속석(束晳, 264-303 추정): 서진(西晋)의 문학가이자 문헌학자.

15 본래 연악(燕樂)은 수, 당부터 송 대에 이르기까지 궁정 연회에서 연주된 가무음악으로, 주로 악부음악의 성과를 계승하고 한족 속악과 외래 속악을 융합하여 이루어진 궁정의 신음악을 말한다.

16 『시경』의 풍(風), 아(雅), 송(頌) 중 송편(頌篇)의 하나이다. 선진(先秦)시대 송(宋)의 시가로, 5편이 있다.

하게 진행하는 것이어야 한다. 그러나 장빙린은 오히려 다음과 같이 정반대로 주장을 펼치고 있다.

> **만물은 정점에 달하면 변하므로, 오늘날 마땅히 근체(近體)를 취하고 모든 것을 단절해야 한다**(自注: 당(唐) 이후의 시는 역사적 사실을 참고하기 위해 보존해도 되지만, 그 말은 외울 가치가 없다)**. 고시(古詩)는 남조(南朝) 양(梁) 간문제(簡文帝) 이전에 단절되었다. 당(唐)의 진자앙(陳子昂),[17] 장구령(張九齡),[18] 이백, 두보와 같은 사람들은 다소 그 요점을 취사선택하여 풍아(風雅)를 계승하기에 족하므로, 『시경』 정변(正變)[19]의 의미에서 벗어나지 않는다.**

이러한 극단적인 복고론과 그의 문학사관은 실제로 상호 모순적이다. 만약 4언시의 추세가 이미 한 말(漢末)에 다하고 5언시의 추세가 이미 당초(唐初)에 다했으며, 만약 시의 발전추세가 이미 송 대에 다하여 그 자신이 말한 바와 같이 "비록 재주 있는 자라도 훌륭하다고 볼 수 없다"고 한다면, 설마 그들이 오늘날에 부흥할 수 있겠는가? "정점에 이르러 변화한" 문학이 설마 다시 회복할 수 있단 말인가?

그러나 그는 이러한 모순에도 불구하고, "정점에 이르러 변화함으로써, 비록 재주 있는 자라도 훌륭하다 볼 수 없는" 시체(詩體)를 회복시키고자 하였다. 그의 운문(『문록』 2, 86쪽 이하)은 전부 복고문학이다. 그 가운데서도 몇 수 읽어볼 만한 것이 있는데, 예를 들어 「동

---

17 진자앙(陳子昂, 659-700 추정): 당(唐) 대 시인. 초당의 시문을 혁신시킨 인물의 하나.

18 장구령(張九齡, 678-740): 당 현종 때의 승상이자 시인.

19 『시경』의 정풍(正風), 정아(正雅)와 변풍(變風) 및 변아(變雅)의 창작원칙에 준하는 작품을 가리킨다.

이시(東夷詩)」의 제3, 4수가 그 예이다.

손님이 해서(海西)로부터 와, 대청에 올라 비단 양말을 묶고,[20]
대나무 자리에 오랫동안 꿇어앉아, 얘기를 나누다 시간 가는 줄 모르네.
우러러보니 알리오스 별[21]은 저만큼 기울었고, 악수를 하며 작별인사를 한다.
대청에서 내려와 가죽신을 찾으니, 가죽신은 온데간데없구나.
고개 돌려 주인을 바라보니, 주인장의 대답이 걸작이구려.
손님의 장화를 바구니 상자에 정리해두었소.
바구니 상자가 어디에 있소? 사방을 두리번거리며 수다를 쏟아낸다.

과거급제하면 무엇하나? 가는 끈으로 허리를 둘렀다.
울타리에 구멍을 내니, 구멍이 작아 문이 크지 않네.
고개를 숙여 문을 나서 마음껏 자연산수를 좇는다.
세 걸음 다시 다섯 걸음, 도읍은 점점 멀어져 가고.
때때로 다시 밭 경계에 이르면 구름 저편에서 개 짖는 소리 들린다.
지팡이를 짚고 그 소리를 찾으니, 명망 높은 노인이 한창 성대한 연회를 열고 있구나.
"폐하 천만세! 대대로 종복이 되어 따르리!"

20 원문의 "結韈" 혹은 "結韈"은 "양말을 묶다"라는 뜻으로, 무릎을 꿇고 상대방을 존중한다는 의미를 지니고 있다.
21 북두칠성 가운데 다섯 번째 별.

이 시의 구성은 확실히 황준헌의 「번객편(番客篇)」 등의 시보다 월등히 뛰어나며 풍자적인 묘사의 맛까지 더해져, 비록 모방한 구석이 있기는 하지만 창조적인 부분으로 그런대로 만회하고 있다. 그 밖에 「애여장(艾如張)」, 「동도가(董逃歌)」와 같은 시는 만약 그 긴 서문이 없었다면 정말 "점을 치는 주술적 예언과 같았을" 것이다. 가장 형편없는 가짜 골동품은 그의 「단귤(丹橘)」과 「상유전(上留田)」 등이다. 「단귤」은 "7장으로, 두 장은 장마다 4구이고 다섯 장은 장마다 8구이다". 나는 5년간 생각하고 생각하다 근래에야 비로소 감히 이 시는 아마 류스페이(劉師培)[22]가 지은 것이라고 추측하게 되었다. 나는 제5, 6장을 인용하여 예로 들겠다.

천지자연의 이치는 멀지 않고, 욕심쟁이 남편은 이미 죽었지.
깨끗이 씻고 닦으면 무엇 하나? 병이 있든지 건강하든지.
멀리 해 지는 것을 바라보며, 몇 번이고 논두렁을 향하네.
광릉(廣陵)은 보이지 않고 봉래(蓬萊)가 가로막누나.

자작나무의 둥지, 까치는 깃들지 않으리.
백성의 은택은 원숭이 같구려.
내가 좋다는 것을 아는 것은 조석간에 이루어질 일이 아니라네.
그대가 비록 나를 벨지라도, 나의 마음은 오히려 기쁘오.

22 류스페이(劉師培, 1884-1919): 청 말 시기 무정부주의자로 활동했으며, 경학 등 중국 전통 학문에 밝아 많은 연구성과를 내었다. 말년에 북경대학 교수를 역임했다.

이 시는 『역림(易林)』[23]을 연상시킨다. 『역림』은 한(漢) 대의 일종의 "점을 치는 주술적 예언"이다. 사실 천수백 년 전의 "점을 치는 주술적 예언"이 반드시 천수백 년 후의 "점을 치는 주술적 예언"보다 낫다고 할 수는 없다.

장빙린의 문학상의 성과와 실패로부터 하나의 교훈을 얻을 수 있다. **그의 성과는 우리에게 고문학은 반드시 학문과 논리를 바탕으로 해야 함을 알려주고, 그의 실패는 우리에게 중국문학의 개혁은 반드시 앞으로 전진해야지 되돌아갈 수 없음을 알려준다. 그의 실패는 우리에게 문학이 "정점에 이르러 바뀌면, 비록 재주 있는 자라도 훌륭하다 볼 수 없다"는 것을 알려준다. 또한 우리에게 "천 년 동안 썩고 좀먹은 것을 돌이켜 이치를 바로잡는" 위업은 영원히 불가능함을 말해준다.**

23 현존하는 한(漢) 대의 유일한 상수학(象數學: 중국 고대 사물의 형상을 부호화·수량화하여 사물의 변화를 추측하는 학설로 역학의 한 분기) 책.

8. 장스자오와 정론문학

러일전쟁(1904-1905) 이후, 중국 혁명운동은 나날이 세력이 확장되었다. 동시에 군주입헌운동도 점차 공식적인 추진운동으로 바뀌어갔다. 이 두 운동의 주장은 자주 충돌을 일으켰다. 그때 당시 『신민총보(新民叢報)』도 이미 군주입헌운동의 기관지로 변했기 때문에, 혁명을 주장하는 『민보(民報)』와 자주 격렬한 논전을 벌였다. 이 논전은 중국 정론문학의 역사에서 매우 긍정적인 영향을 남겼다. 왜냐하면 그 이후 량치차오가 오래전에 제창했던 '정감'의 문장은 영원히 적용할 수 없게 되었고, 과거시험을 위한 팔고문식의 조리는 법률가의 논리에 자리를 내주지 않을 수 없게 되었으며, 붓끝의 정감은 지면의 학문적인 이치에 자리를 내주지 않을 수 없게 되었기 때문이다. 량치차오 자신의 문장 또한 변하지 않을 수 없었다. 『국풍(國風)』과 『용언(庸言)』에서 보여지는 량치차오는 이미 『신민총보』 초기 1-2년의 량치차오가 아니다. 1905-1915년(민국 4년), 이 10년간은 바로 정론(政論) 문장의 발달 시기였다. 이 시대의 대표 작가는 장스자오(章士釗)이다. 그는 일찍이 중국문법서를 저술하였고 또한 논리학을 연구한 적이 있다.[1] 그의 문장의 장점은 문법이 엄격하고 논리가 완결된 데 있다. 그는 동성파에서 나왔을 뿐만 아니라 옌푸의 영향도 적잖이 받았다. 또한 그는 그의 가문의 장빙린을 무척 숭배하여 그의 영향을 거의 벗어날 수 없었다. 그의 문장에는 장빙린과 같은 근엄함과 수식이 있지만, 그의 괴팍함은 없다. 문장의 조리를 보자면, 량치차오에 견줄 만하지만 그처럼 장황하게 나열하는 바는 없다. 그의 문장은 옌푸에 가장 가깝다. 하지만 그는 서양의 정론가나 법리학자의 책을 번역할 수 있기 때문에 옌푸를 모방할 필요가 없었다. 옌푸는 여전히 고문으로 책을 번역하는데, **장스자오의 고문은 약간 '유럽화'된 경향이 있다. 그렇지만 그의 유럽화는 고문을 정밀하고 복잡하게 바꾸어, 고문으로 그럭저럭 서양서를 직접 번역할 수는 있도록 하였으며 원뜻을 다시 고문으로 쓸 필요는 없었다. 고문으로 복잡한 사상을 곡절하게 전달할 수 있기에, 생경한 외국문법을 굳이 쓸 필요가 없었다.**

장스자오의 문장은 여러 신문에 산재해 있지만, 그가 『갑인(甲寅)』을 발간한 당시(1914-1915)의 문장이 가장 훌륭하므로 그 시기의 문장을 예로 들어보자. 먼저 그는 「학리상의 연방론(學理上之聯邦論)」이라는 글을 발표하였는데, 그중에서 다음과 같이 말하였다.

> 이치에는 사물의 이치가 있고 정치적인 이치가 있다. 사물의 이치는 절대적이다. 그러나 정치적인 이치는 상대적일 뿐이다. 사물의 이치는 고금을 통해 미혹되지 않으며 온 천하에 놓아도 모두 정확한 것이다. 반면에 정치적인 이치는 때와 장소에 따라 달라진다. 양자의 경계

1 장스자오는 1906년 일본에 유학한 중국 여학생에게 중국문법을 강의했던 내용을 『초등국문전(初等國文典)』으로 출판했다가, 1907년에 다시 상무인서관에서 『중등국문전(中等國文典)』으로 제목을 바꾸어 재출간하였다. 또 신해혁명 직후 「논리집(論邏輯)」(1912. 4. 18), 「석리집(釋邏輯)」(1912. 4. 21) 등 논리학에 관한 여러 편의 글을 발표하기도 하였다.

가 매우 달라서 나란히 함께 논하기 쉽지 않다. 예컨대 여기에 열 마리 까마귀가 있다. 그중 아홉 마리 까마귀가 모두 검은 것을 보고 나머지 한 마리도 검을 것이라고 간주하고, 만약 검지 않으면 사물의 이치에 맞지 않다고 말할 수 있다. 그런데 여기에 열 개의 나라가 있다고 치자. 그 가운데 아홉 국가가 군주국인 것을 보고 나머지 한 국가도 군주국이라고 여기며, 군주국이 아니면 정치적인 이치에 어긋난다고 말하는 것은 불가하다. 왜 그런가? 군주국가가 설사 아홉 국가에 적합하다 하더라도, 반드시 나머지 한 국가에도 적합한 것은 아니다. 혹자는 "베이컨 이래 학자들 가운데 경험론을 채택하지 않은 자가 없다"고 말한다. 이는 사물의 이치에 관한 것으로 보인다. 이를 정치적인 이치에 적용한다면 나는 감히 동의할 수 없다…… 과학실험은 무릇 진리의 일반적인 현상을 발견하는 데 있다. 이에 비해 정치실험은 무릇 정치체제의 변모과정을 개량하는 데 있다. 따라서 **전자는 이미 그러한 것 가운데 당연한 것을 정할 수 있지만, 후자는 심지어 이미 그러한 것을 배제하고 별도로 당연한 사례를 창조해낸다**. 그렇지 않으면 15-16세기에 군주전제의 위력이 한 시대를 풍미하였으니 모든 정치제도는 그렇지 않은 것이 없었을 것이다. 논자가 말한 대로라면 17세기 이후의 입헌정치는 싹틀 수 없어야 한다. 이러한 이치가 있는가?(『갑인』 제1권, 제5호)

장스자오의 뜻은 "연방의 이치가 참으로 충분하다면, 처음부터 이전 사례를 부적으로 삼아 의거할 필요가 없다"는 것이다. 후에 어떤 이가 그를 반박하면서 그의 방법은 극단적인 연역법이라고 말하였다. 장스자오는 이에 답하는 글을 썼는데(「연방론·반역산군에 답하다

(聯邦論·答潘君力山)」), 그 가운데 다음과 같은 구절이 있다.

> 사물의 이치가 절대적이라 칭함은 궁극을 탐구한다는 말이지, 진실로 절대적일 수 있다는 것은 아니다. 왜인가? **어떤 사물이든 간에, 현재의 양과 수를 모두 들어 일일이 실험을 다하고 나서야 비로소 그 이치에 오류가 없다고 정할 수는 없다. 분명 그러하다면 그 귀납의 방식은 종종 이루어질 수 없을 뿐만 아니라, 연역 역시 영원히 불가능하게 된다.**…… 이 때문에 정해진 이치는 'Hypothesis(가설)'에 의존하지 않을 수 없다. 가설이란 가정을 말하는 것과 같다. **무릇 사물에 대한 실험이 많은 사람을 거치고 오랜 시간이 지나서도 그 이치가 믿을 만한 것이라면 가정으로서 설정할 수 있다. 이러한 가정의 이치에 근거한 연역이 많은 사람과 오랜 시간을 거쳐서도 그것과 상반되는 용례가 없다면 절대적이라고 칭할 수 있다. 따라서 '절대' 운운하는 것도 가정이 아직 깨지지 않았다는 것을 가리킬 뿐이다.**(『갑인』 제1권, 제7호)

두 번째 답변(『갑인』 제1권, 제9호)에서 또 말하기를,

> "중국에 연방의 사례가 없어서 연방의 법칙에 근거가 없다"고 한다면, 우리가 응당 법칙이라 말한 것 가운데 사례가 없는 경우는 도처에 깔려 있다. 어떤 것도 논할 수 없다면, 정치는 또 무슨 도(道)로써 운용할 것인가? 하물며 중국에는 사례가 없지만, 다른 나라에는 물론 있다. 다른 나라의 예를 미루어 보아 우리 중국에서도 행할 수 있음을 알 수 있다. 이 때문에 과학이 비교를 중시하며 법률 또한 그 사례를 벗어나지 못하는 것이다. 어찌 자국의 유무만으로 스스로 제한할 수

있는가? **대개 성립한 사례가 진실로 타당하다면, 이미 그 전에 법칙은 성립되어 있는 것이다. 다만 법칙이 논리적인 차원에 머물러 있어 사람들이 바로 깨닫지 못하다가, 사후에 비로소 그것을 설명할 수 있게 되었을 뿐이다. 이제 우리는 정치적인 사례를 충분히 살피고 이해관계를 잘 살핀 이후에야 다른 사람들에 의해 법칙으로 수립될 것을, 논리적 차원에서 미리 최대한 탐구하여 드러낼 수 있다. 이제 편안히 그것을 둘러볼 수 있어 다행이거늘 또 무슨 의심을 한단 말인가?**

뤄자룬(羅家倫)[2]은 그의 「근대 중국 문학사상의 변천(近代中國文學思想之變遷)」(『신조(新潮)』 제2권, 제5호)에서 일찍이 장스자오의 문장을 "'논리문학'의 집대성이라고 말할 수 있다"고 지적하였다. 그는 또한 "정론문장은 그의 시기에 이르러 가장 완숙하게 발전했다. 즉 문체를 논하자면 '화이문학(華夷文學)'의 자만심 같은 논조가 없을 뿐만 아니라 '책사문학(策士文學)'과 같은 공허한 기미도 없다. 그리고 문자의 구성에 있어서 암암리에 서양문법의 영향을 받았기 때문에 유달리 정밀하게 느껴진다"(873쪽)고 하였다. 이는 매우 정확하고 훌륭한 지적이다. 내가 앞서 인용한 몇 구절은 이러한 '논리문학'의 성질을 잘 설명해 준다.

장스자오와 동시대의 정론가들, 즉 황위안융(黃遠庸),[3] 장둥쑨(張

2 뤄자룬(羅家倫: 1897-1969): 근대의 저명한 교육가이자 사상가이자 사회활동가. '5·4 운동'을 처음 명명한 사람으로, 북경대학 재학 당시 푸스녠(傅斯年)과 함께 『신조(新潮)』 월간을 출판하고 5·4 신문화운동을 적극 지지하였다.

3 황위안융(黃遠庸, 1884-1915): 상해 『시보(時報)』, 『신보』의 특약 신문기자로 활동하였다. 필명은 위안성(遠生).

東蓀),[4] 리다자오(李大釗), 리젠눙(李劍農), 가오이한(高一涵) 등은 이러한 추세를 따라 부지불식간에 수사적이고 근엄하고 논리적이며, 때로는 어려운 말을 써서 지식을 과시하는 정론문학을 창작하였다. 그러나 당시 이러한 문장은 실제로 큰 효과는 없었다. 쓰는 사람도 매우 힘을 들였지만, 읽는 사람도 애써 힘을 들여야 겨우 이해할 수 있었다. 따라서 이러한 문장의 독자는 여전히 극소수의 사람들에 한정되었을 뿐이다. 그들이 앨버트 다이시(Albert Venn Dicey, 1835-1922, 戴雪), 월터 배젓(Walter Bagehot, 1826-1877, 白芝浩), 레너드 홉하우스(Leonard Trelawny Hobhouse, 1864-1929, 哈蒲浩), 제임스 브라이스(James Bryce, 1838-1922, 蒲徠士)를 인용하면서 중국의 정치법률 문제를 토론할 때, 량스이(梁士詒),[5] 양두(楊度),[6] 쑨위쥔(孫毓筠)[7] 등은 이미 헌법을 짓밟고 사람들을 손아귀에 쥐고 흔들며 중화민국의 국체를 완전히 뒤바꾸어 놓았다! 홍헌(洪憲)[8] 제제(帝制)는 비록 길지 않았지만, 홍헌의 여독은 지금까지도 남아 있으며 당시 많은 정론지들은 모두 사라졌다. 민국 5년(1916) 이후 중국에는 정론지가 하나도 없고 정론가도 하나 없다. 일간지의 시평(時評)조차도 지면 귀퉁이로 밀려나거

---

4 장둥쑨(張東蓀, 1886-1973): 현대 철학가, 정치활동가, 정론가, 저널리스트. 『시사신보(時事新報)』 주편, 『재생(再生)』지 출판, 『자유평론(自由評論)』 편집 등의 활동을 하였다.

5 량스이(梁士詒, 1869-1933): 청 말 민 초 중요 정치인. 위안스카이 정부 비서장, 재정부 차장과 북양정부 재정, 교통 고급관원, 국무총리 등을 역임하였다.

6 양두(楊度, 1875-1932): 정치활동가이자 국학자. 1914년 위안스카이가 국회를 해산한 후에 참정원 참정을 역임하였고 쑨위쥔 등과 함께 주안회(籌安會)를 조직하였다.

7 쑨위쥔(孫毓筠, 1869-1924): 청 말 민 초 주요 정치인. 1913년 정치회의 의원 등 역임. 1915년 양두 등과 함께 주안회를 조직하여 위안스카이 제정을 고취시키고자 하였다.

8 위안스카이가 만든 중화제국(中華帝國)의 연호(年號).

나 완전히 없어졌다. 이처럼 정론문학이 홀연히 사라진 까닭을 난 지금도 말할 수 없다. 그러나 『갑인』의 마지막 호에 실린 황위안융이 장스자오에게 쓴 두 통의 서신은 적어도 정론대가가 보여준 최후의 참회를 대표할 수 있을 것이다.

> 본래 학식이 없는데 지식인[士流]을 사칭하였습니다. 비록 스스로 생각해도 평생 드러낸 재주라곤 없지만, 사대부[士夫]를 뒤쫓아 부화뇌동하여 온갖 정론을 썼는데, 이는 모두 지금 참회해야 할 것들입니다. 사리판단이 분명하지 못하고 성찰이 부족하여 큰일을 가벼이 말하고 스스로 대단하게 여겼습니다. 망국의 죄인으로서 또한 그 일말의 책임을 지지 않을 수 없습니다. 이후 학문에만 진력하고 오로지 자립하여 사람의 도를 구하여, 만약 귀하께서 나에게 있다고 한 그것을 얻을 수만 있다면 설사 꼴찌라 하더라도 오늘날의 1등 배역보다 낫습니다.
>
> **제 소견으로는 오늘날 정론은 사실 어디서부터 말을 꺼내야 할지 모르겠습니다.** 『홍범(洪範)』 9주(九疇)[9] 역시 단지 환난 속의 현인의 주장을 훗날 현군[明君]이 취하여 실행할 수 있도록 쓰였을 뿐입니다…… **근본적인 구제를 위해서는 신문학 제창에서부터 착수해야 한다고 생각합니다. 종합하자면 우리 사조(思潮)를 현대사조와 접촉케 하여 깊은 반성을 촉진시킬 수 있는 방법이 중요합니다. 그렇지만 그 핵심은 반드시 일반 사람들과도 소통할 수 있어야 한다는 것입니다. 방법은 반드시 평이한 문예로 사방에 널리 확산시키는 것입니다. 역사가는 문예부흥을 중세 시기 개혁의**

---

9 『상서·홍범(尙書·洪範)』에서 9주(九疇)는 곧 하나라(夏) 우왕(禹王)이 제기한 국가를 다스림에 반드시 준수해야 할 아홉 가지 법을 가리킨다.

근본으로 간주하는데, 귀하께서는 당연히 그 성쇠변화의 이치를 아실 것입니다.……(『갑인』 제1권, 제10호)

이 서신의 전반부는 참회이고 후반부는 각오이다. 당시 정론가의 고심하는 간곡한 말에 확실히 감복하지 않을 수 없다. **그러나 그들의 큰 결점은 "일반 사람들과 소통할" 수 없다는 데 있다.** 이 점은 그들의 "다이시, 배젓, 홉하우스, 브라이스"에 관한 내용에 해당할 뿐만 아니라 그들이 심혈을 쏟아 구성한 정론 고문에도 마찬가지로 적용된다. 황위안융은 총명하게도 이미 이러한 점을 간파하였기 때문에, 그가 상상하는 장래의 근본적인 구제는 반드시 신문학 제창부터 착수하여 평이한 문예를 이용하여 사방에 전파하고 일반 사람들과 교류해야 한다고 했던 것이다. 하지만 장스자오는 답신에서 이 말에 찬성하지 않고, "그 나라 정치의 발전 정도가 일정한 수준 이하가 아닐 때 비로소 사회의 여러 문제를 논할 수 있으며, 문예 역시 그 중요한 것 가운데 하나입니다"라고 말하였다. 황위안융은 그해 미국으로 갔다가 불행히도 암살당하고 그의 포부는 아무런 성과를 거두지 못했다. 그러나 그의 이 서신은 중국 문학혁명에 대한 일종의 예언이라고 볼 수 있다. 만약 생존했다면 그는 분명 신문학운동의 한 동지였을 것이다. 그 동시대의 많은 정론가들 가운데 몇 명이 이미 신문학운동의 동지가 된 것처럼 말이다.

9. 50년간 백화소설

이상 7절[1]에서 말한 것은 이 50년간의 중국 고문학(古文學)이다. 고문학의 공통적인 결점은 일반적인 사람과 소통할 수 없다는 점이다. 대체로 문학에는 주요한 두 가지가 있는데, 하나는 "자기 자신이 있어야 하고(要有我)", 또 하나는 "다른 사람이 있어야 한다(要有人)"는 것이다. 자기 자신이 있다는 것은 작가의 성정과 견해를 표현해야 하는 것이고, 다른 사람이 있다는 것은 일반적인 사람과 소통할 수 있어야 한다는 것이다. 그 무수한 모방파의 고문학은 자기 자신이 없고 다른 사람도 없기 때문에 거론할 가치가 없다. 7절에서 거론한 일부 고문학 대표는 비록 다른 사람은 없지만 그래도 자기 자신이 있기 때문에, 문학사에서 한 지위를 차지할 수 있었다. 하지만 그들은 결국 일반적인 사람과 소통할 수 없었으므로, 여전히 소수의 귀족문학이자 '죽은 문학(死文學)' 혹은 '다 죽어가는 문학(半死文學)'이란 비판을 면할 수 없었다.

이제 최근 50년간의 '살아 있는 문학(活文學)'에 대해 논하고자 한다. 살아 있는 문학은 물론 백화작품 중에서 찾아야 한다. 최근 50

1 제1절 총론을 제외한 나머지 일곱 개의 절을 의미한다.

년간의 백화작품은 거의 대부분이 소설이다. 최근 5년에 이르러서야 비로소 다른 종류의 백화작품이 출현하였다. 먼저 50년간의 백화소설을 살펴본 후에 최근의 신문학을 논하겠다.

이 50년 사이에 나온 백화소설은 정말 적은 수가 아니다! 논의의 편의를 위해 **그것을 북방의 평화소설(評話小說)과 남방의 풍자소설로 나누어 설명하겠다. 북방의 평화소설은 민간문학으로 간주할 수 있다. 그 성격은 독자들을 추수하는 경향을 띠고 있어서 수많은 평민들이 일단 듣거나 보게 되면 손에서 내려놓으려 하지 않는다. 그러나 저자 대부분은 심오한 견해나 깊이 있고 진지한 경험을 지니고 있지 않다. 그들은 입담이나 기교를 갖추고 있지만, 학문을 갖추고 있지는 않다. 그들의 소설은 확실히 일반적인 사람들과 소통할 수 있지만, 안타깝게도 작가 자신을 표현하지 못했기 때문에 일종의 평민들의 소일거리 문학(消閑文學)이 될 수 있을 뿐이다.** 『아녀영웅전(兒女英雄傳)』, 『칠협오의(七俠五義)』, 『소오의(小五義)』, 『속소오의(續小五義)』…… 등의 책이 이러한 부류에 속한다. **남방의 풍자소설은 다르다. 그들 저자는 대부분 사상과 경험이 있는 문인들이다. 그들의 소설은 언어 측면에서 종종 북방소설만큼 아름답거나 생동적이지 못하다. 이는 아마 남방인이 북방의 언어를 배워 저술해야 하는 어려움 때문일지도 모른다. 그렇지만 사상과 견해 측면에서 보면, 남방의 몇몇 중요한 소설들은 모두 풍자의 성격을 지니고 있으며, '사회문제 소설'로 간주할 수 있다. 그들의 작품은 독자들을 추수할 수도 있고 작가 자신을 표현할 수도 있다.** 『관장현형기(官場現形記)』, 『노잔유기(老殘游記)』, 『이십년목도지괴현상(二十年目睹之怪現狀)』, 『한해(恨海)』, 『광릉조(廣陵潮)』…… 등이 모두 이 부류에 속한다(남방에도 소일거리 소설이 있는데, 예를 들어 『구미귀(九尾龜)』 등이다).

그럼 먼저 북방의 평화소설을 살펴보자. 평화소설은 송 대 이래 7백-8백 년 동안 단절되지 않고 지속되었다. 때때로 민간의 평화(評話)가 문학대가를 만나 편집과 수식을 거쳐 일류의 소설작품으로 도약하기도 하였다(예컨대 『수호전(水滸傳)』). 그러나 대다수의 평화는—예를 들어 『양가장(楊家將)』, 『설가장(薛家將)』 같은 류—줄곧 매우 유치한 시대를 벗어나지 못했다. 명·청 대는 소설이 가장 발달한 시기로, 그 가운데 몇 편은 매우 훌륭한 일류 문학이다. 이런 좋은 소설을 모범으로 삼아 모방작을 지음으로써 민간의 평화도 점차 틀이 잡혀갔고 점차 읽을 만하게 되었다. **따라서 최근 50년간의 평화소설은 역사상 최고로 발전한 전성 시기를 대표한다고 볼 수 있다.** 동치 말년 광서 초기에 『아녀영웅전평화(兒女英雄傳評話)』가 나왔다. 책 서두에 옹정 12년과 건륭 59년의 서문(序)이 있는데 모두 가탁(假托)한 것이다. 옹정년의 서문 중에 『홍루몽』을 언급하였는데, 『홍루몽』은 건륭 연간의 작품임을 몰랐던가! 따라서 우리는 광서 무인년(1878) 마종선(馬從善)[2]의 서문에 근거하여 청 재상 늑보(勒保)[3]의 손자 문강(文康, 자는 철선(鐵仙))[4]의 작품이라고 생각한다. 문강은 말년에 빈곤하고 무료하기도 하여 이 책을 쓰면서 소일했다. 서문에서 "최근에 도성에 와서야 선생께서 이미 작고하신 것을 알았다"고 쓰고 있는 것으로 보아 문강이 동치 광서 즈음에 사망했음을 알 수 있으며, 이 소설도 대

2 마종선(馬從善): 문강(文康) 집의 문객이었다는 기록만 있고 기타는 미상이다.

3 늑보(勒保, 1739-1819): 만주족. 청 대 명장(名將)이자 대학사(大學士).

4 문강(文康, 생졸 미상): 만주족 출신. 대학사 늑보의 둘째 손자. 군수, 지부(知府) 등의 벼슬을 역임했고 주장대신(駐藏大臣)으로 발탁되었다가 병으로 수행하지 못하였다고 한다. 말년에 장편 백화소설 『아녀영웅전』을 썼다.

략 50년 전의 작품으로 추정된다. 『칠협오의』의 본래 이름은 『삼협오의(三俠五義)』였으며, 또한 『충렬협의전(忠烈俠義傳)』으로 불리기도 했다. 오늘날의 판본에 유월(俞樾)[5]의 서문이 있는데, 일찍이 반조음(潘祖蔭)[6]이 이 책을 칭찬하면서 "비록 근래 새로 나왔지만 볼 만하다"고 말했다고 적고 있다. 유 씨의 서문은 광서 15년(1889)에 쓰였기 때문에, 최근 50년의 문학에 속한다고 단정 짓는 것이다. 이 책의 원저자는 석옥곤(石玉昆)[7]이지만, 오늘날의 판본은 유월이 개작한 것으로 원본은 이미 볼 수 없게 되었다. 석옥곤의 사적(事迹)은 고증할 수 없지만, 아마 당시의 평화 대가일 것이다. 또한 『소오의』 한 부가 있는데, 광서 16년(1890)에 판각되었다. 또 다른 『속소오의』 한 부는 같은 해 겨울에 판각되었다. 이 두 책도 듣자 하니 모두 석옥곤의 원고로 그의 문하생에게서 얻은 것이다. 『속소오의』 초판본에 반조음의 서문이 있는데, 그가 여분의 30금(金)을 기부하여 판각을 도왔다고 말하고 있다. 이 또한 당시 풍조의 일단을 보여준다. 『속소오의』 이후에 근래에도 수많은 속집이 나왔다. 이 외에도 많은 '공안(公案)'파의 평화가 있지만, 가치가 더욱 낮아 여기서는 논하지 않겠다.

---

5 유월(俞樾, 1821-1907): 청 말 저명한 학자이자 문학가, 경학가, 고문자학자, 서예가. 현대시인 류핑보(俞平伯)의 증조부. 『삼협오의(三俠五義)』를 수정하여 널리 유포시키는 데도 기여하였으며, 소설연구에도 일가견이 있다.

6 반조음(潘祖蔭, 1830-1890): 청 대 관원, 서예가, 장서가.

7 석옥곤(石玉昆): 생졸 미상. 청 대 소설가이자 북방의 저명한 평화가(評話家). 그는 『충렬협의전(忠烈俠義傳)』을 즐겨 구술하였는데, 원고가 3천여 편이나 되었다. 후대 사람들이 이를 소설로 엮어 『삼협오의』 120회, 『소오의』 124회, 『속소오의전』 124회로 잇따라 출판하였다. 『삼협오의』는 다시 유월의 개편을 거쳐 『칠협오의』란 제목으로 바뀌었다.

『아녀영웅전』의 저자는 비록 팔기세가(八旗世家)로서 도대(道臺)를 지내고 주장대신(駐藏大臣)으로 파견된 적도 있지만, 그는 결국 고리타분한 학자로서 주관적 견해도 없고 학문도 없다. 이 책은 "유교화한" 팔기세가의 심리를 잘 보여준다. 유교의 예교는 본래 고대 귀족의 예교로 평민에게 시행하기에는 적합하지 않다. 만주인이 입관(入關)한 이후 어디서나 중국문화를 모방했기 때문에, 왕실 팔기 귀족들은 의외로 수많은 번잡하고 까다로운 예절을 받아들여야 했다. 『홍루몽』을 읽어보면 가(賈) 씨 집안이 비록 음란하고 부패하였지만, 표면적으로는 가정의 예의범절이 오히려 매우 엄격함을 볼 수 있다. 『홍루몽』의 한 인물인 가정(賈政)은 바로 유교의 대표적인 소산이다. 『아녀영웅전』은 더욱 진부하다. 책 속의 안(安) 씨 부자, 하옥봉(何玉鳳), 장금봉(張金鳳)은 모두 고지식 그 자체이다. 하옥봉은 능인사(能仁寺)에서 사람을 죽이고 살리는 긴박한 순간에 갑자기 "남녀 간에는 서로 직접 접촉하지 않는다"는 성현의 가르침을 떠올렸다! 안(安) 나으리는 집안에서 강도를 붙잡았을 때 갑자기 "사람이 다쳤느냐? 말에 대해서는 묻지 않았다"[8]는 성현의 가르침을 떠올렸다! 작품 가운데 가장 뛰어난 부분이라고 하는 안 나으리가 하옥봉에게 시집가라고 설득하는 단락은 더더욱 케케묵은 삼강오륜 대의에 불과하다. 우리는 『아녀영웅전』이 사상과 견해의 측면에서는 가치가 없다고 본다. **그 가치는 모두 언어의 아름다움과 유머, 해학과 재미에 있다.** 기인(旗人)

---

8 원문의 "傷人乎? 不問馬"란 글귀의 출처는 『논어·향당(論語·鄕党)』 중 "廄焚. 子退朝, 曰: 傷人乎? 不問馬"이다. "마굿간이 불탔는데, 공자가 조정에서 물러나 돌아오자 사람이 다쳤느냐고 묻고 말에 대해서는 묻지 않았다." 즉 말보다 사람이 우선이라는 뜻이다.

은 말재간이 있다. 『홍루몽』과 『아녀영웅전』은 각각 그들의 말솜씨를 보여주는 최고의 기록이다. 『아녀영웅전』은 의도적으로 평화의 어투를 모방하였는데, "설서인(說書人)이 끼어드는" 식의 말을 많이 삽입하여 때로 짜증나기도 하지만 때로는 해학적인 의미가 많다. 예를 들어 능인사의 흉악한 승려가 칼을 들고 안 공자(安公子)를 죽이려 할 때 갑자기 탄알이 날아오자 그는 몸을 숙였다.

> 그가 몸을 빨리 숙였는데도 뜻밖에 그 흰 빛이 더 빨라서 '핑' 하는 소리가 나면서 쇠 탄알이 왼쪽 눈을 정확히 맞혔다. **그 물건이 눈동자로 들어가 멈추지 않고 줄곧 뒤쪽 머리뼈까지 가서야 비로소 '탁' 하는 소리와 함께 멈춰 섰다.…… 육체를 가진 인간의 눈동자 위에 이런 물건이 박혔으니 아마 모래알이 하나 박힌 것보다 더 심할 것이다.** 그는 아파서 '아야' 하는 소리를 지르며 뒤로 넘어졌다. '퉁' 하며 손 안의 칼도 떨어뜨렸다.
>
> 그때 삼아(三兒)가 옆에서 멍하니 공자의 가슴을 바라보며 칼끝에서 피가 흐르는 것을 보려고 했다. 곧이어 '쿵쾅' 하는 소리만 들리고 그의 사부가 엎어지자, 그는 깜짝 놀라 말했다. "어르신 어떻게 된 겁니까? 이는 분명 힘을 세게 주다가 옆구리가 결린 걸 거예요. 제가 손을 뻗어 어르신을 부축할까요?" 그제서야 몸을 돌려 허리를 굽혀 구리로 만든 대야를 바닥에 내려놓고 그의 사부를 부축하려 했다. **이때 또다시 방금 전처럼 '핑' 하는 소리가 나면서 탄알이 그의 왼쪽 귓구멍 속으로 들어가 안을 관통하여 오른쪽 귓구멍으로 나와서 동쪽 대청 기둥 위에 부딪혀 '툭' 하는 소리와 함께 한 치 정도 깊이로 나무 속에 박혔다. 삼아는 "엄마야!" 하는 고함을 지르고 '탕' 하는 소리를 내면서 구리 대야를 떨어**

뜨리고 '철버덕' 주저앉았다. 대야 속의 물이 온 계단에 튀었고, 대야는 '댕그렁' 요란한 소리를 내며 계단 아래로 굴러떨어졌다.(제6회)

이러한 묘사법은 비록 사실에 부합하지 않지만, 오히려 해학적인 재미가 있다. 이러한 해학적인 재미는 북방 평화소설이 지닌 특색 가운데 하나이다.

『칠협오의』 또한 별다른 사상이나 견해가 없다. 『수호전』에서 배웠지만, 정작 『수호전』은 강도나 관리들에 대해 대담한 견해를 보여주고 있다. 『칠협오의』도 탐관오리와 강도를 미워하지만—이는 북방 중국인의 자연스런 감상이다—, 청렴한 관리가 나타나 "황제가 하사한 세 가지 작두(御鍘三刀)[9]"와 "행화우(杏花雨)"[10]라는 가혹한 형벌로 탐관오리들을 척결해주기를 바랄 뿐이다. 또 의협심 있는 영웅이 나타나 각자 청렴한 관리 밑에 들어가서 4품 호위나 5품 호위가 되어 국가를 위해 폭도들을 제거하고 백성들을 평안하게 해주기를 바랄 뿐이다. 이는 협의소설과 공안소설의 공통적인 견해이다. 그렇지만 『칠협오의』는 인물을 묘사하는 기술이 나쁘지 않다. 비록 『수호전』에 견줄 수는 없지만 다소 개성적인 묘사가 있다. 즉 백옥당(白玉堂)의 약한 기개, 장평(蔣平)의 총명함, 구양춘(歐陽春)의 침착함, 지화(智化)의 세심함, 애호(艾虎)의 활발함을 묘사할 때 모두 개성적인 차

---

9 최고의 형구(形具)인 "어찰삼도(御鍘三刀)"는 북송 때 인종(仁宗)이 포증(包拯)에게 하사했다는 세 가지 작두, 즉 용머리 작두, 호랑이머리 작두, 개머리 작두를 뜻한다.

10 북송 때 공손책(公孫策)이 설계한 형구이다. 이는 근육은 다치지 않고 살갗만 상하게 할 뿐으로 붉은 반점 같은 자국이 생기는 데서 "행화우(杏花雨: 봄에 살구꽃이 만개할 즈음 내리는 비)"로 불렸다.

이가 있다. 제32회에서 제34회까지 백옥당이 안신민(顔脊民)과 사귀는 것을 묘사한 대목도 통쾌하고 익살스러워 작품 가운데서 매우 뛰어난 문장이다. 작품에는 때로 감개무량을 표현한 부분도 있다. 예를 들어 제80회에 지화가 짐짓 기근을 피해 떠나온 체 하면서 황성(皇城)에 잠입하여 일하게 된 첫 날을 그리고 있는데 다음과 같다.

> 호명하는 대로 들어가 어하(御河)에 도착하여 모두 맡은 일을 했다. 지(智) 씨 어른은 삽을 들고 다른 이보다 많이 퍼 담고 다른 이보다 멀리 내던졌을 뿐만 아니라 빠르기도 했다. 옆에서 일하던 이가 **"당신 이런 일은 이리 하는 게 아니오"라고 말하였다. 지 씨 어른은 "어째서요?"라고 물었다. 옆에 있던 이가 "속담에 이르기를 '황상 집의 일은 천천히 꾸물거려라'고 했는데, 당신이 이렇게 일하면 오랫동안 벌어먹을 수 있겠소?"라고 대꾸하였다. 지 씨 어른은 "천천히 일하면 그들이 밥을 먹여주겠소?"라고 말하였다. 옆에 있던 이가 "모두들 똑같이 천천히 하는데, 그가 누구를 먹여주지 않을 수 있겠소?"라고 말하였다. 지씨 어른은 "기왕에 이렇다면 내가 천천히 하리다"라고 대꾸하였다.**

이처럼 좋은 문장은 안타깝게도 자주 보이지 않는다. 그렇지 않다면 『칠협오의』는 정말 제일류의 소설이 되었을 것이다.

『소오의』와 『속소오의』는 매회 제목들 중에 통하지 않는 것들이 많고 중간에 통하지 않는 시들도 많아 『칠협오의』만 못하다. 도대체 이처럼 유치한 책이 석옥곤의 원본이란 말인가? 혹시 그 간결한 『칠협오의』는 석옥곤의 원본이 맞지만, 『소오의』 이하의 작품들은 사칭한 것이 아닐까? 사실을 결정하기 쉽지 않다. 『소오의』 이하의 작품들은 뛰어난 점이 적고 오직 서양(徐良)만 재미있게 그렸을 뿐이다. 여기서는 예를 들지 않겠다.

남방의 풍자소설은 **모두『유림외사』로부터 배운 것이다**.『유림외사』는 건륭 시기에 초판본이 나왔고 후에 비록 번각본이 있었지만, 태평천국의 난 후에 유통되는 이 책의 판본들이 점차 줄어들었다. 난이 평정된 이후 소주(蘇州)에 활자본이 출현하였고,『신보』초기에는 아연활자 판본이 있었는데 김화의 발문과 장문호(張文虎)[11]의 평어(評語)를 덧붙였다. 이후로『유림외사』의 유통이 늘어났다. 그러나 이 책은 일종의 풍자소설로 자못 사실주의 수법을 지니고 있으며, 기괴한 말이 없고 남녀영웅에 관한 언급도 매우 적다. 게다가 작품 속의 인물들은 모두 '유림(儒林)'들로서 그들이 말하는 무슨 '거업(擧業)'[12]이니 무슨 '선정(選政)'[13]이니 하는 것들은 모두 일반인들이 이해할 수 있는 것이 아니었다. 그 결과 일류 소설 가운데『유림외사』의 유통이 가장 협소하였다. 그러나 이 작품이 문인사회에서 지닌 마력은 참으로 작지 않다! 첫째, 이는 일종의 독창적인 체재로서 사회를 비평하는 절호의 도구가 될 수 있다. 둘째,『유림외사』에서 사용하는 언어는 양자강 유역에서 사용하던 관화(官話)로, 가장 보편적이고 쓰기에 적합하다. 셋째,『유림외사』에는 구조가 없고 전부 한 토막 한 토막 단편소품들을 연결한 것으로, 떼어내면 매 토막마다 한 편을 이루고 합

11 장문호(張文虎, 1808-1885): 호가 천목산초(天目山樵)로, 1873년『유림외사』에 평어를 달았다.

12 과거에 응시한 시문이나 문자를 지칭하기도 하고, 과거시험에 응시하려고 준비하는 학업을 가리키기도 한다.

13 인재를 선발하는 일이나 과거시험 답안지를 선별하여 편찬하는 일을 가리킨다.

치면 끝없이 늘어난다. 이러한 체재는 가장 배우기 쉽고 편리하다. 따라서 이러한 토막으로 이루어져 전체 구조가 없는 소설체가 근대 풍자소설의 표준양식이 되었다.

먼저 이백원(상주인(常州人), 사적(事迹) 미상)의 『관장현형기』를 살펴보자. 이 작품은 모두 60권으로 구성되어 있으며 서로 연관이 없는 수많은 단편 기사(紀事)들을 이어놓은 것이다. 작품 전체의 체제와 방법은 『유림외사』에 가장 가깝다. 『유림외사』는 유생들을 욕하지만, 『관장현형기』는 관료사회를 욕한다. 『유림외사』 속에는 긍정적인 인물이 몇 명 있지만, 『관장현형기』 가운데는 도무지 좋은 관리가 한 명도 없다. 저자는 스스로 그의 작품을 관리들의 교과서라고 하였다.

> 전반부는 주로 관리들의 나쁜 점을 지적함으로써, 그들이 읽고서 과실을 알고 반드시 고치도록 하였다. 후반부는 그들이 관리가 되는 방법을 가르친다. 현재 이 후반부를 불에 태워버려 전반부만 남았다. **오직 이 전반부만 있으니 교과서 같지 않고, 오히려 『봉신방(封神榜)』, 『서유기(西遊記)』와 흡사하여 가지각색의 사악한 세력들이 없는 것이 없다.**(제60권)

사실 당시 관료사회의 부패는 이미 절정에 달하여 이러한 소재는 도처에 널려 있었다. 다만 이백원에 이르러서야 비로소 매우 생동감 있는 "대청 관료사회의 활동사진"이 출현하여 중국제도사에 수많은 최고의 자료들을 남겼다. 이 책의 초판본에 광서 계묘년(1903) 구양거원(歐陽鉅源)[14]의 서문이 있는데, 관료제도를 통렬하게 논하였다.

---

14 구양거원(歐陽鉅源, 1883-1907): 호는 무원석추생(茂苑惜秋生). 청 대 희곡작가이자 소

선출 방법이 성행하면 등용의 길도 복잡해지니, 선비는 글공부를 그만두고 농부는 경작을 그만두고 장인은 기예를 그만두고 상인은 장사를 그만두고 모두들 관(官) 자에만 주의를 기울인다. 무릇 관리란 사농공상(士農工商)의 이익은 취하되, 사농공상의 노동은 하지 않는 자이다. 천하에 그것을 깊이 사랑하는 자는 그것을 도모하는 데 반드시 잘해내야 한다. 그것을 간절히 원하는 자는 그것을 구하는 데 반드시 정교해야 한다. 따라서 아부하고 익살스러운 자가 있는가 하면, 권세에 빌붙느라 분주한 자들이 있으니, 관리의 사회적 지위가 이미 매우 문란해졌다.

일정한 재산의 유무로 관리가 될 수 있는 자격을 부여한 사례는 한 대(漢代)에 시작되었다…… 헌납[15]의 선례를 낳고, 기부의 시초가 되었다. **이른바 의식이 풍족하면서 영욕을 안다는 자는 그야말로 기만적인 말이다!**…… 게임을 하는 방법은 올인하는 것이고, 장사를 하는 방법은 진기한 물건을 쌓아두는 것이다. 그 정황은 알 수 있고 이치도 추론 가능하다. 오늘에 이르러 본래보다 더욱 심각하게 되었다. 흉년 기근이나 가뭄과 홍수가 나면 구제를 받고 장려의 은총을 받길 기대한다. **소위 관리는 날마다 나오고 그치질 않으니, 우주를 가득 채우지 않고서는 끝나지 않을 것이다!**……

관리는 황제를 보좌하는 데는 무능하면서 백성을 억압하는 데는 능숙하다…… 그들의 뒤에서 말하면 형벌을 내리고, 그 옆에서 비웃

설가. 이백원이 상해에서 『번화보(繁華報)』, 『수상소설(繡像小說)』 등의 잡지를 발간할 당시 곁에서 그를 보필하면서 소설과 희곡 창작도 겸하였다.

15 원문의 "捐納"은 재물을 헌납하여 매관매직하는 행위를 뜻한다.

으면 마음대로 구금한다.…… 따라서 관리의 기세가 클수록 관리의 위세가 맹렬하다. 일반 사람들은 흉악하고 탐욕스러운 수완을 차마 꺼내길 주저하지만 관리는 쉽게 드러낸다.…… 나라가 쇠락해도 관리는 강성해지고, 나라가 가난해도 관리는 부유하다. 효도와 우애, 충성과 신의의 옛 도는 관리에게서 찾아볼 수가 없다. 예의와 염치는 관리에 의해 망쳐졌다. 관리들이 사람들에게 비난받고 경멸당하는 까닭은 하루아침에 생긴 것이 아니라 오랜 기간 동안 의식하지 못하는 사이에 이루어진 것이다!……

『관장현형기』의 주제는 관리가 세상에서 가장 악독하고 가장 비열한 족속임을 모든 사람들이 깨닫게 하는 것이다. 예를 들어 4권에서 황(黃) 도대(道臺)의 문지기 대승(戴昇)이 '흥' 하고 코웃음 치며 다음과 같이 말하고 있다.

두고 봐야지. 나는 이미 짐을 싸놓고 기다리고 있소이다. 생각해보면 관리가 되는 것은 참으로 죄를 짓는 거라오. 보시오. 그가 관직에 오르는 것도 매한가지고 오늘 탄핵받아 관직을 잃는 것도 매한가지이지요. **남의 집 일을 해주는 우리 같은 자가 동쪽 집 일을 그만두면 서쪽 집에 가서 제기랄 밥벌이를 하는 것만 못하오. 관리에겐 오직 황제 한 분만 있을 뿐이니, 어디로 도망칠 수 없소이다!**

또 예를 들어 8권에서 도자요(陶子堯)가 기루(妓樓)의 여종에게 자신의 관운을 말하였다.

우리 관리들은 오늘 여기 있을지 내일 저기 있을지 알 수 없으며, 스스로 결정할 수도 없지.

새로운 형수가 말하였다.

그럼 대인이 관리로 일하며 몸을 맡기는 것이나 우리 기생들이 "남에게 몸을 맡기는(討人身體)" 것이나 별 차이가 없겠군요.…… 기루의 아가씨들은…… 남에게 팔려가거나 저당잡히거나 약점을 잡혀 자기 뜻대로 하지 못하니 비로소 "남에게 몸을 맡기는" 것이지요. **당신들 관리들도 자신의 뜻대로 하지는 못하니 매한가지 아니겠습니까?**

도자요가 말하였다.

당신 정말 마음대로 지껄이는군! **우리 관직은 은을 내고 사는 것이지 몸을 팔지는 않지. 너희처럼 기루 안에서 사고팔리고 하는 것과는 참으로 천양지차이거늘.**

그러나 이러한 구별은 실제로 매우 사소하다. 14권은 강산선(江山船) 위에서 기녀 용주(龍珠)가 주(周) 나으리에게 말하는 장면을 그리고 있다.

저는 15살에 어머니를 따라 상해에 간 적이 있었는데, 사람들이 모두 저를 청관인(淸倌人)[16]이라 불러 속으로 우스웠답니다. **저는 저희 청관인이나 당신들 나으리네나 별 차이가 없다고 생각해요.**……

작년 8월에 강산현(江山縣) 전(錢) 현령 어르신께서 강어귀에서 저희 배를 빌려 부인과 함께 부임해 오셨지요. 듣자 하니 전 현령 어르신은 항주(杭州)에서 공석에 임용되기를 20여 년이나 기다리는 동안 무척이나 가난하여 무엇이든지 저당잡혔다고 하네요. 가까스로 부임하러 올 때까지 견뎌냈다더군요. 그에게는 부인 한 분과 두 아들, 아홉 명의 딸이 있었어요. 큰 도련님은 벌써 30살이 넘었는데, 아직 부인을 얻지 못했답니다. 항주에서 떠나올 때 일가족의 보따리가 다섯 짐이 안 되고 궤짝도 아주 가벼웠지요. 올해 8월에 미리 서신을 보내 배를 내어 그를 마중하고 항주까지 돌아가게 해달라 우리를 불렀어요. 배에 오르던 그날, 다른 건 빼고도 붉은 가죽 옷 궤짝만 해도 50여 상자가 넘었지요. 부임하러 올 때 마님께서 하고 계셨던 것은 도금한 비녀였어요. 떠나갈 때는 어린 도련님의 유모까지도 저마다 모두 금귀고리를 달고 있었어요! 전 현령 어르신께서 떠나시던 날, **또 어떤 사람이 그분에게 몇 자루의 만민산(萬民傘)[17]을 선물하였지요. 모두들 어르신이 청렴한 관리라서 돈을 요구하지 않았기에 비로소 그에게 이런 선물을 드린 것이라고 말했지요. 저는 속으로 웃었어요. 어르신이 돈을 요구하지도 않았는데, 그럼 이 상자들은 어디서 온 것이랍니까?…… 저를 속일 수 있겠어요?** 관리된 자들은 돈을 받고도 스스로 청렴한 관리라고 말하려 하니, 저희 같은 밥벌이를 하면서도 반드시 청관인이라고 하는 것과 어찌 같지 않겠습니까?

---

16 기예만 팔지 몸은 팔지 않는 기생.

17 옛날에 백성들이 지방관의 덕정(德政)을 칭송하기 위해 선물로 증정하던 우산. 우산 위에 작은 비단 조각을 많이 붙여 보내는 이의 이름들을 수놓았기 때문에 붙여진 이름이다.

주 나으리는 그녀의 말을 듣고 화가 나서 한마디 대꾸도 하지 못하고 도리어 그녀를 향해 웃었다. 한참이나 지난 연후에 "자네 비유가 좋네"라고 겨우 한 마디 했다.

이백원은 『관장현형기』 이외에도 『문명소사(文明小史)』를 썼는데, 이 또한 '유림외사식'의 풍자소설이다.

오옥요, 자는 견인(趼人)이고 광동(廣東) 남해(南海) 불산인(佛山人)으로 '아불산인(我佛山人)'으로 자칭했다. 량치차오가 일본에서 『신소설』을 창간할 때 오옥요의 『이십년목도지괴현상』(이하 『괴현상』으로 약칭한다)의 첫 번째 부분이 『신소설』에 발표되었다. 그 당시 — 광서 계묘 갑진년(1903-1904)에 — 모두들 이미 소설의 중요성을 점차 인정하였기 때문에, 량치차오가 『신소설』 잡지를 발간하였고 상무인서관도 『수상소설(繡像小說)』 잡지를 발간하였으며 얼마 안 있어 『소설림(小說林)』도 출현하였다. 문인 창작소설도 점차적으로 늘어났다. 『괴현상』, 『문명소사』, 『노잔유기』, 『얼해화(孽海花)』…… 등도 모두 이 시대에 나온 것이다. 『괴현상』도 풍자소설의 일종으로, 내용 또한 가정·사회의 어두운 내막을 비판하는 것이다. 하지만 오옥요는 일찍이 서양소설의 영향을 받았기 때문에, 억지로 끼워 맞추는 구조가 결여된 소설을 쓰려 하지 않았다. 그의 소설에는 모두 일정한 배치와 구조가 있다. 이 점이 바로 그가 동시대의 작가들을 능가하는 점이다. 『괴현상』의 체재는 여전히 산만하고 수많은 단편 고사들을 담고 있지만, 작품 전체에 '나'라는 주인공이 있고 이 '나'의 사적(事迹)을 이용하여 배치함으로써 모든 단편 고사들이 모두 '내'가 20년 동안 보거나 들었던 괴현상으로 바뀌었다. 이러한 특징은 『관장현형기』, 『문명소사』와 다른 점이다.

그러나 『괴현상』 역시 『유림외사』의 산물이다. 많은 고사들이 여전히 억지로 꿰맞추어져 있다. 후에 오옥요의 소설 창작 능력이 향상되어, 그의 『한해(恨海)』와 『구명기원(九命奇冤)』은 모두 구조가 있고 짜임새가 있는 신체소설이 되었다. 『한해』는 혼인문제를 다루고 있다. 한 광동의 경관(京官)[18] 진극임(陳戟臨)에게는 두 아들이 있었다. 큰아들 백화(伯和)는 장(張) 씨 댁 여식 체화(棣華)와 정혼하였다. 작은 아들 중애(仲藹)는 왕(王) 씨 댁 여식 연연(娟娟)과 정혼하였다. 후에 권비(拳匪)의 난[19]으로 진극임 일가가 피살되었다. 백화는 장 씨 모녀를 호송하기 위해 도성을 나갔다가 중도에 헤어졌다. 중애는 난을 피해 도성을 빠져나갔다. 백화는 도중에 뜻밖으로 횡재하여 계집질과 도박에 미쳤고 아편에도 중독되었으며 이후 거지로 전락하였다. 장 씨 집안은 그를 찾아 집으로 데리고 돌아가 부양하였다. 그러나 백화는 아편을 끊으려 하지 않고 오히려 화를 내며 집을 나가 한 자그마한 아편관에서 병사하였다. 체화는 그를 위해 몇 년을 수절하다가 결국에는 출가하여 비구니가 되었다. 중애는 남방으로 가서 왕 씨 집을 찾았으나 행방을 알 길 없었다. 그는 장가들지 않고 연연을 기다리기로 결심하였다. 후에 연회에서 연연을 우연히 만났는데, 알고 보니 그녀는 이미 기녀가 되었다. 이러한 두 건의 비극적인 결말은 중국소설에서는 찾아보기 드물다. 그러나 이 작품의 서사는 매우 간단하고 묘사 역시 섬세하지 못하여 완미한 소설이라고 할 수는 없다.

---

18 고대에 중앙관청에서 근무하는 관리를 지칭한다.

19 의화단을 '권비(拳匪)'라고도 부르며 의화단운동(1900)을 권비의 난으로 낮춰서 부르기도 한다.

『구명기원』은 중국 근대의 완미한 소설이라고 볼 수 있다. 오옥요는 백여 년 전 광동의 큰 살인사건을 플롯으로 삼아 일관되게 그 사건을 썼는데 매우 뛰어나다. 작품 속에는 미신도 나오고 탐관오리도 서술되고 인정세태의 교활함도 묘사되어 있다. 그러나 이러한 것들은 모두 작품 전체에서 유기적인 부분을 구성하고 있으며, 결코 작품에 억지로 끼워 넣어 남을 욕하기 위한 것은 아니다. 풍자소설의 단점은 지나치게 노골적이고 경박하다는 데 있다. 오로지 남을 욕하는 재료만을 모아 제대로 구성하지 않는다면 사람들은 볼수록 싫증내게 된다. 『구명기원』은 그러한 나쁜 격식에서 완전히 벗어난 모습을 보여준다. **그는 풍자의 동기를 절제하면서 부속적인 소재로 삼았다. 그러나 그 부속적인 소재들은 전체 작품의 줄거리 속에서 유달리 진실하게 느껴지고 특별히 사람을 감동시킬 수 있었다.** 예를 들어 『관장현형기』 4권, 5권에서 번대(藩臺)의 형제 삼하포(三荷包)가 형을 대신하여 결원된 관직을 매매하는 장면은 얼마나 훌륭한 묘사인가? 그러나 독자가 읽는다면 신문의 한 토막 기사를 읽는 것처럼 우습게 여겨질 뿐 감동적으로 느껴지지 않는다. 『구명기원』 제20회에서 황(黃) 지현(知縣)의 부인과 외숙어른이 양(梁) 씨 댁의 뇌물을 받는 모습을 그리고 있는데, 똑같은 해학적인 수법이지만 여덟 명의 큰 인명사건 와중에 뇌물을 주고받는 일이 특히 생동적이고 유달리 가증스럽다.

『구명기원』이 서양소설의 영향을 받았다는 것은 의심할 수 없는 일이다. 작품을 펼치면 제1회에서 능(凌) 씨 댁 강도가 양(梁) 씨 댁에 침입하여 살인 방화하는 장면을 그리고 있다. 이 단락은 본래 제16회에 있어야 하지만, 저자는 오히려 제16회에서 제1회로 도치시켜 먼저 여덟 명의 사람을 불에 태워 죽인 사건을 보게 한 연후에 처음부터 사건의 자초지종을 서술하였다. 이러한 도치적 서술은 분명 서양소설의 영향이다. **그러나 이보다 더 중요한 영향은 구성의 엄밀함과 통일에 있다.** 중국소설은 '연의(演義)'에서 나온 것이다. 연의는 종종 역사적 사실을 구조로 삼고 한 조 대의 일을 다 '풀어내면'('演'), 그 평화(平話)[20]도 끝나게 된다. 『삼국(三國)』, 『동주(東周)』류의 작품은 가장 전형적인 연의이다. 후에 창작법이 발전하여 역사적 사실의 엄격한 제약에서 벗어나 허구적인 연의가 출현하였다. 『수호(水滸)』가 그 일례이다. 그러나 이런 류의 소설도 구성미가 없다. 대명부(大名府)[21]를 공략하는 장면이나 청주(青州)를 공략하는 장면도 삽입할 수 있다. 계패관(界牌關)을 무너뜨리는 장면을 추가하거나 주선진(誅仙陣)을 함락시키는 단락을 추가할 수도 있다. 호랑나비를 잡는 장면을 넣을 수 있고 하얀 국화를 쥐는 단락을 넣을 수도 있다…… 이것들을 삭제하더라도 작품에는 지장이 없다. 늘리고자 한다면 끝없이 할 수도 있다. 이것이 바로 연의소설의 구조적인 결함이다. 『유림외사』가 비록 신체소설을 만들어냈지만 여전히 구조미가 없다. 산동(山東) 문상현(汶上縣)에서 남경(南京)까지, 하총갑(夏總甲)에서 정언지(丁言志)까지 서술하는데, 두신경(杜愼卿)을 말할 때는 이미 누(婁) 공자는 잊혀져 버리고, 봉사(鳳四) 어르신을 말할 때는 이미 장철비(張鐵臂)를 잊어버렸다. 이후에도 이 일파의 소설 가운데 구조와 짜임새가 있는 작품은 하나도 없다. 따라서 이 1천 년간의 소설 가운데는 거의 모두 구

---

20 본래 중국 고대 민간에서 유행하던 문학형식으로, 일종의 강창(講唱)문학이다. 송 대에 가장 유행하여 설화체소설로 발전하였는데, 이를 또한 평화(平話)라고 칭하였다.

21 역사적으로 북경대명부(北京大名府)를 지칭하는데, 송 대 제2의 수도로서 『수호전』에 여러 차례 언급되었다.

성이라 할 것이 없었다고 할 수 있다. 그중에 『금병매(金瓶梅)』, 『홍루몽(紅樓夢)』과 같은 비교적 출중한 작품들도 비록 한 집안의 역사를 플롯으로 삼아 아주 산만하지는 않더라도 여전히 구성이 매우 느슨하다. 올해 반오아(潘五兒)와 사통하다가 내년에는 왕육아(王六兒)와 사통한다. 여기에서 국화시사(菊花詩社)가 열리고 저기에서 베고니아 시사(秋海棠詩社)가 열린다. 이번 회에 노부인이 생일을 맞고 다음 회에 설(薛) 아가씨가 생일을 맞는다.…… 이렇게 반복되다 보니 사실상 약간 짜증스럽다. 『괴현상』은 『홍루몽』의 구조를 이용하여 『관장현형기』의 소재를 배치하였다. 따라서 '나'라는 주인공이 돌아다니며 남경에 가서 남경의 많은 이야기들을 듣고 보고 상해로 가서 상해의 많은 이야기들을 듣고 보고 광동에 가서 광동의 많은 이야기들을 듣고 본다. 사실 이것들은 모두 매우 느슨하고, 억지로 배치하여 매우 부자연스러운 구성이다. 그러나 『구명기원』은 다르다. 오옥요는 중국 풍자소설의 기법을 사용하여 가정과 관료사회를 그렸고 중국 북방 강도(强盜)소설의 기법을 이용하여 강도와 강도의 책사(軍師)를 그렸지만, **또한 서양 탐정소설의 구성을 이용하여 전체 구조를 짰다. 번잡한 형식들을 모두 제거하고 지엽적인 부분들도 일제히 없애고 큰 살인사건의 전후 인과관계만 남겨 중심제목으로 삼았다.** 이러한 통일된 구조가 있고 억지로 삽입한 것도 없기 때문에 자연스럽게 독자들이 시종 싫증내지 않을 수 있는 것이다. 그러므로 **『구명기원』은 기술적인 측면에서 가장 완비된 소설이라고 할 수 있다**.

오옥요, 이백원과 동시대에 유악이라는 작가가 있는데, 자가 철운(鐵雲)이고 단도인(丹徒人)으로 역시 소설의 대가이다. 유악은 수학에 정통하고 치수의 방법을 연구하여 일찍이 광서 무자년(1888)에 정주(鄭州)의 치수공사를 맡은 적이 있고 또한 산동 순무(巡撫) 장요(張曜)[22]의 막부에서 치수의 일곱 가지 방책을 마련하기도 하였다. 후에 산동 순무 복윤(福潤)[23]은 그를 '뛰어난 재주를 가진 자(奇才)'로 추천하여 지부(知府)로 등용시켰다. 그는 북경에서 2년간 살았고 상서를 올려 천진-진강(津鎭)[24]선 철도를 건설하자고 제안하였지만 이루어지지 않았다. 또한 산서(山西) 순무가 되어 영국인과 산서의 광산 채굴 협약을 체결하였다. 당시 사람들은 그를 '한간(漢奸)'이라고 불렀는데, 그가 외국인과 왕래하면서 그들의 신용을 얻을 수 있었기 때문이었다. 이후에 권비의 난(1900)으로 연합군이 북경을 점거하고 경성의 주민들은 양식이 부족하여 굶어 죽는 이가 매우 많았다. 그는 돈을 갖고 경성으로 들어가 구제할 방법을 찾았다. 러시아 군대가 태창(太倉)을 불법으로 점유하고 있었는데, 태창에는 쌀이 많았지만 유럽인들은 쌀을 먹지 않았다. 그는 러시아인과 상의하여 태창의 쌀을 염가로 북경의 주민들에게 내다 팔아 무수한 사람들을 구제하였다. 몇 년 후에 어느 대신이 "창고의 곡식을 밀매했다"고 그를 탄핵하여 군무노역을 시키려고 신강(新疆)으로 유배보냈고, 이후 그곳에서 사망하였다. 20여 년 전에 하남(河南) 팽덕부(彭德府) 부근에서 고문자가 새겨진 갑골(甲骨)들이 많이 발견되었는데, 유악은 이러한 문자를 연

22 장요(張曜, 1832-1891): 청 말 대신. 1886년 산동 순무로 발령받았는데, 당시 산동에 하천이 범람하는 폐해가 갈수록 심해지자 치수(治水)사업에 주력하여 일 년이면 거의 3백 일을 황하 유역에서 지냈다고 전해진다. 또한 지방관으로서 수재민을 위해 적극적인 구휼정책을 펴나갔다.

23 복윤(福潤): 1891년 산동 순무로 부임하였다.

24 1895년 유악은 직예(直隸) 총독 왕문소(王文韶)에게 상서를 올려 외자(外資)를 빌려 천진에서 진강(鎭江)에 이르는 철도를 부설할 것을 건의한 바 있다.

구한 최초의 인물로 일찍이 『철운장귀(鐵雲藏龜)』라는 책을 발간하였다(이상 유악의 사적을 기록한 것은 전부 나진옥(羅振玉)의 『50일몽흔록(五十日夢痕錄)』에 근거하였다. 나는 세간에 그를 아는 사람이 많지 않았기 때문에 여기서 대강 베꼈다).

유악이 저술한 『노잔유기』는 이백원의 『문명소사』와 동시에 『수상소설』에 발표되었다. 이 작품의 주인공 노잔은 성은 철(鐵)이고 이름은 영(英)으로, 작가의 이름을 기탁한 것이다. 책 속의 풍경이나 경력도 모두 자전적인 성질을 띤다. 작품 속의 장무대(莊撫臺)는 곧 장요(張曜)이고 옥현(玉賢)은 곧 육현(毓賢)[25]이다. 치수를 논하는 단락도 나진옥이 쓴 기록과 서로 일치한다. 책 속에서 신자평(申子平)이 산 속에서 황용자(黃龍子), 여고(璵姑)를 만나는 장면을 그리고 있는데 황당하고 가소롭다. 첸쉬안퉁(錢玄同)은 그를 "노신당(老新黨)의 두뇌가 명석하지 않은 견해"라고 말하였는데, 맞는 말이다. 작품 말미에 가(賈) 씨 집의 억울하게 죽은 13명이 모두 관 속에서 살아 돌아오는 것도 아무런 의미없음의 극치이다. 그러나 이 두 가지를 제외하면 이 책은 확실히 매우 좋은 소설이다. 그는 옥현의 학정(虐政)과 강필(剛弼)[26]의 지나친 자신감으로 다른 이의 의견을 듣지 않는 고집스러움을 그렸는데, 모두 매우 깊이가 있다. 아마 그의 관료사회의 경험이 깊기 때문일 것이며, 따라서 이백원, 오옥요처럼 소문에만 근거한

25 육현(毓賢, 1842-1901): 청 말 가혹한 관리로 유명하다. 『노잔유기』에도 등장하는 그의 악행은 역사 속에 기록되어 있다.

26 강필(剛弼)은 청 말 대신 강의(剛毅, 1837-1900)를 형상화한 인물로, 『노잔유기』 속에서 청렴한 관리가 탐관오리보다 더 가증스럽다는 것을 나타내는 대표적인 인물로 그려진다.

것과는 물론 완전히 다르다. 그가 창기(娼妓)의 문제를 묘사하면서 이는 생계의 문제이지 도덕의 문제가 아니라고 지적한 안목은 매우 탄복할 만하다. 그는 사관찰(상해 시선창(施善昌))의 치수 결과를 매우 구체적인 방법으로 그려냄으로써 사람들이 고서(古書)를 잘못 믿는 폐해를 알게 하였다.(제13-14회) 이는 그가 평생 가장 관심을 갖는 일이었기 때문에, 이렇게 진실되게 그려낸 것이다.

그러나 『노잔유기』의 최대의 장점은 묘사 기술에 있다. 제2회에서 백뉴(白妞)[27]가 설고서(說鼓書)[28]를 하는 장면을 그리고 있는데, 독자 가운데 이를 싫어하는 자가 없을 것이다. 여기서 작은 단락을 인용하여 예로 들겠다.

> 왕소옥(王小玉)은…… 몇 마디 노래를 부르는데, 그 소리가 처음에 별로 울리지 않았다.…… 십여 구절 노래를 부르고 나자 점차 노랫소리가 높아져가더니 갑자기 목청을 날카롭게 높여 마치 철사 하나가 하늘가로 던져지듯 하자, 저절로 듣는 이가 음절마다 훌륭하다고 극찬하였다. **그녀가 더 높은 곳에서 휘감아 돌리고 꺾을 수 있을 줄 어찌 알았으랴. 몇 번을 휘감아 돌리더니 또 한층 높였다. 연달아 서너 번 반복하더니 점차 높아져갔다. 그것은 마치 오래봉(傲來峰) 서쪽에서 태산(泰山)에 오르는 듯한 모습과 같았다. 오래봉의 깍아지른 듯한 천 길이나 되는 절벽을 처음 보면, 꼭대기가 하늘에 닿아 있을 것처럼 여긴다. 오래봉을 넘어가야**

27 『노잔유기』에서 백뉴(白妞)의 본래 이름이 왕소옥(王小玉)이다. 유명한 설서인(說書人)으로 등장한다.

28 설고서(說鼓書) 혹은 설대고서(說大鼓書)라고 하는데 이야기를 들려주면서 북을 치는 고대의 민간 기예이다.

비로소 선자애(扇子崖)가 오래봉보다 더 위에 있음을 보게 된다. 선자애를 넘어가니 또 남천문(南天門)이 선자애보다 더 위에 있음을 본다. 넘어가면 갈수록 더욱 험준해지고 험준할수록 더욱 기이하다. 왕소옥은 가장 높은 음으로 서너 번 반복하다가 갑자기 뚝 떨어뜨려 다시 힘껏 천 굽이를 돌고 백 굽이를 꺾으니, 마치 한 마리 날아가는 뱀이 황산(黃山) 서른 여섯 봉우리의 반허리를 휘감아 돌고 누비며 순식간에 몇 바퀴를 도는 듯하였다.……

이 단락은 비록 잘 썼지만, 비유를 많이 사용하여 아주 뛰어난 묘사 솜씨라고 할 수는 없다. 제12회에 노잔이 제하현(齊河縣)에서 황하의 얼음을 깨는 광경을 보는 것을 그린 장면이 가장 훌륭하다. 가장 뛰어난 곳은 얼음을 깨는 광경을 본 그날 밤에 노잔이 제방으로 산책하는 부분이다.

고개를 들어 바라보니 남쪽 산 위의 흰 빛이 달빛에 비쳐 더욱 아름다웠다. 층층으로 늘어선 높은 산봉우리들은 분간하기 힘들었다. 또 몇 조각 흰 구름이 그곳에 걸려 있어 구름인지 산인지 분간하기 어려웠다. 눈여겨보아야 비로소 그것이 산인지 구름인지 구별할 수 있다. 비록 구름은 하얗고 산도 하얗고 구름이 빛나고 산도 빛나지만, 단지 달은 구름 위에 있고 구름은 달 아래 있으므로 구름의 빛은 뒤에서 투사되어 나오는 것이다. 산은 그렇지 않다. 산에서는 달빛이 비쳐 산 위의 눈들이 반사되므로 빛이 다르다. 그러나 조금 가까운 곳은 이와 같지만, 그 산들은 동쪽으로 바라보면 바라볼수록 멀리 있어 하늘도 희고 산도 희고 구름도 희어서 도저히 분간할 수 없다.

오직 백화문학 속에서만 이처럼 절묘한 '백묘(白描)'의 미문이 가능하다.

이상에서 최근 50년간의 백화소설을 약술하였다. 민국성립 시기에 남방의 소설가 몇 명은 이미 죽었고 소설계는 갑자기 적막해졌다. 이 시대의 소설은 오직 리한츄(李涵秋)[29]의 『광릉조(廣陵潮)』만이 읽어볼 만하다. 그러나 그 체재는 여전히 구조가 없는 '유림외사식'이다. 민국 5년에 나온 '흑막(黑幕)'소설은 구조가 없는 풍자소설 부류의 최하작품으로, 더욱 토론할 가치가 없다. 북경 평화소설은 근래 『아녀영웅전』 혹은 『칠협오의』에 견줄 만한 좋은 작품이 없다.

29 리한츄(李涵秋, 1873-1923): 이름은 잉장(應漳), 자가 한츄(涵秋). 청 말 민 초 문학가. 1910년부터 고등소학이나 사범학교에서 교편을 잡다가 1921년 상해로 건너와 『소시보(小時報)』, 『소설시보』 등의 주편을 맡으면서 동시에 다량의 소설을 창작하여 게재하였다. 총 장편소설 36편, 단편소설 20편, 시집 5권, 필기 20편 등의 다작을 남겼다. 그의 대표작 『광릉조(廣陵潮)』는 아편전쟁부터 5·4 운동까지를 시대배경으로 하여 70여 년간의 야사를 그리고 있다.

10. 문학혁명운동

이제 최근 5, 6년간의 문학혁명운동에 대해 논하고자 한다.

중국의 고문(古文)은 2천 년 전에 이미 죽은 문자가 되었다. 따라서 한나라 무제(武帝) 시기 승상 공손홍(公孫弘)[1]이 상주(上奏)하여 말하기를, "조서(詔書), 율령을 내리면,…… 문장이 고아하고 훈화가 심오하며 은혜를 베푸심이 무척 훌륭합니다. **그러나 하급 관리들은 견문이 얕아 이해할 수 없으므로, 아래에 널리 알릴 수가 없습니다**." 그 시대의 하급 관리들은 문장이 고아한 조서, 율령을 이해할 수 없었다. 그러나 정치상의 필요 때문에 정부는 이미 죽은 고문을 제창하지 않을 수 없었다. 따라서 그들은 한 가지 방법을 생각해내어 고문을 연구하도록 민간을 격려하였다. 즉 "한 가지 기예 이상 정통할" 수 있는 사람은 모두 관리가 되는데, "우선 많이 외운 사람을 등용한다"는 것이다. 이 방법은 한 대에서 기원하여 후에 점차 수정되면서 '과거'제도로 바뀌어갔다. 이 과거제도는 이미 죽은 고문의 수명을 족히 2천 년이나 연장시켰다.

그러나 민간의 백화문학은 억누를 수 없었다. 이 2천 년 동안 귀

1 공손홍(公孫弘, 기원전 200-기원전 121): 서한(西漢)의 승상으로 제후에 봉해진 인물.

족문학이 비록 득세했지만, 평민문학도 소리 없이 계속 발전하였다. 한(漢)·위(魏)·육조(六朝)의 '악부(樂府)'가 **제1시기의 백화문학을 대표한다**. 악부의 진정한 아름다움은 가릴 수 없었으며, 당(唐) 대의 시 또한 백화가 많은 것은 아마 악부의 영향을 받은 것 같다. 중당(中唐)의 원진(元稹), 백거이(白居易)는 더욱이 백화시인이다. 만당(晩唐)의 시인 작품은 거의 전부 백화이거나 백화에 가깝다. 중당·만당의 선종(禪宗) 대사들은 백화로 강론하고 설교하였는데, 그 결과 백화산문이 성립되었다. 당 대의 백화시와 선종의 백화산문은 **제2시기의 백화문학을 대표한다**. 그러나 싯구의 길이가 정해져 있고, 오언율 혹은 칠언율의 구문은 어쨌든 백화에 적합하지 않다. 따라서 시가 변하여 사(詞)가 되고 사의 구(句) 길이가 일정치 않게 되면서 말하는 자연스러움에 더욱 가까워졌다. 오대(五代)의 백화사(白話詞), 북송의 유영(柳永), 구양수(歐陽修), 황정견(黃庭堅)의 백화사, 남송의 신기질(辛棄疾) 일파의 백화사는 **제3시기의 백화문학을 대표한다**. 당 말(唐末)에 이르러 이상은(李商隱) 일파의 요사스러운 시가 출현하였는데, 북송의 양억(楊億) 등이 뒤이어 '서곤체(西崑體)'를 만들었다. 북송의 대시인들은 최대한 해방을 지향하였지만, 결국 이러한 악영향을 완전히 벗어날 수는 없었다. 그러므로 강서시파(江西詩派)는 한편으로 백화시에 아주 가깝지만, 또 한편으로 매우 나쁜 고전시이다. 남송에 이르러 양만리(楊萬里), 육유(陸游), 범성대(范成大) 3인이 나타나 백화시는 비로소 흥성하기 시작했다. **이 백화시인들도 제3시기의 백화문학을 대표한다.** 남송 말년, 시에는 엄우(嚴羽)의 복고파, 사(詞)에는 오문영(吳文英)의 고전파가 있었는데, 모두 시대에 뒤떨어진 반동이다. 그러나 북방은 거란, 여진, 몽고 3대 정복의 영향을 받아 고문학의 권위가 약화되고 민간문학이 점차 흥기하였다. 금(金)·원(元) 시대의 백화소곡(小曲)—예를 들어 『양춘백설(陽春白雪)』과 『태평악부(太平樂府)』 두 선집—과 백화잡극은 이 **제4시기의 백화문학을 대표한다**. 명 대의 문학도 복고파가 승리하였다. 팔고(八股) 외에 시, 사와 산문은 모두 복고 색채를 띠고 있으며, 희곡 또한 길고 서글픈 전기(傳奇)로 바뀌었다. 그러나 백화소설은 진보하였다. 백화소설은 송 대에 시작되어 원 대에 전해져 내려오기까지 일찍이 유치한 시기를 벗어나지 못했다. 명 대에 이르러 소설은 비로소 성인 시기가 되었다. 『수호전(水滸傳)』, 『금병매(金瓶梅)』, 『서유기(西遊記)』는 모두 이 시대에 나왔다. 명 말의 김성탄(金聖嘆)[2]은 공공연하게 선언하기를 "천하의 문장은 『수호전』보다 뛰어난 것이 없다"고 하였는데, 청 초의 『수호후전(水滸後傳)』, 건륭 시기의 『유림외사』와 『홍루몽』은 모두 매우 좋은 작품이다. 최근 50년에 이를 때까지 소설의 발전은 줄곧 중단되지 않았다. 명·청 5백여 년의 백화소설은 **제5시기의 백화문학을 대표한다**.

이 다섯 시기의 백화문학 가운데 가장 중요한 것은 이 5백 년간의 백화소설이다. 이 5백 년 동안 가장 폭넓게 유통되고 가장 세력이 크며 영향력이 가장 깊은 책은 사서오경이나 성리학 어록이 아니라 "문장에 꾸밈이 없어도 가장 멀리 전해진" 『수호』, 『삼국』, 『서유』, 『홍루』이다. 이들 소설의 유행은 바로 백화의 전파이다. **소설 한 권을 많이 팔면 백화선생 한 명을 더 보탠 것이다.** 따라서 이 몇 백 년간 백화의 지식과 기술은 매우 멀리 전파되어 이른바 '관화영역(官話疆域)'

2 김성탄(金聖嘆, 1608-1661): 명 말 청 초 저명한 문학가이자 문학비평가. 명이 멸망한 후 인서(人瑞)로 개명하였고 자가 성탄이다.

의 경계를 넘어섰다. 청 말 남방에 백화소설을 쓴 사람을 보면, 예컨대 이백원(李伯元)은 상주(常州) 사람이고 오견인(吳趼人)은 광동 사람으로 백화가 멀리까지 전파되었음을 볼 수 있다. 단테(A. Dante), 보카치오(G. Boccaccio)의 문학은 규범적인 이탈리아의 국어를 수립하였다. 초서(G. Chaucer), 위클리프(J. Wycliff)의 문학은 규범적인 영국의 국어를 수립하였다. 14-15세기의 프랑스 문학은 프랑스의 국어의 규범을 제공하였다. **중국 국어의 글쓰기와 전파라는 두 측면에서의 대공신을 들라면, 이 몇 편의 위대한 백화소설임을 추천하지 않을 수 없다.**

중국의 국어는 이미 쓰였고 또한 아주 멀리 전파되었으며, 이미 많은 일류의 살아 있는 문학을 낳았다. 그러나 국어는 일찍이 전국의 공인을 얻지 못했고, 국어의 문학 또한 모두의 공인을 얻지 못했다. 이는 무슨 까닭인가? 여기에는 아주 큰 두 가지 원인이 있다. **하나는 과거가 폐지되지 않았다는 것, 하나는 적극적인 국어 주장이 없었다는 것이다.**

과거가 폐지되지 않으면 고문의 존엄은 무너지지 않는다. 그런데 과거제도하에서 뜻밖에 그 무수한 백화작품들이 출현할 수 있었다. 부귀공명의 유혹으로도 시내암(施耐庵), 조설근(曹雪芹), 오경재(吳敬梓)를 흔들어놓지 못했으며, 정부의 권위로도 『수호』, 『서유』, 『홍루』의 출현과 전파를 제압하지 못했다. 이는 중국문학사에서 가장 다행스럽고 영광스러운 일이다. 과거제도는 결국 일반 문인들이 시험 답안지와 고문더미 속에 파묻혀 지내면서 시문, 고문 외에 다른 살아 있는 문학이 있다는 것을 영원히 알지 못하게 만들었다. 만약 과거제도가 오늘날 아직도 존재한다면, 백화문학운동은 결코 이처럼 쉽게 승리하지 못했을 것이다.

1904년 이후 과거가 폐지되었다. 그러나 백화문학을 명백하게 주장하고 나선 사람은 아무도 없었다. 20여 년 이래 백화보(白話報)를 제창하고 백화서적을 제창하고 관화자모(官話字母)를 제창하고 간자자모(簡字字母)를 제창하는 사람들이 있었다. 이들은 "적극적인 주장"으로 일컬어질 수 없단 말인가? **이들은 "적극적으로 백화를 주장한다"고 말할 수는 있지만, "적극적으로 백화문학을 주장한다"고 말할 수는 없다. 그들의 최대 결점은 사회를 양분하는 것이다. 한편은 '그들(他們)', 한편은 '우리(我們)'. 한편은 마땅히 백화를 사용해야 한다는 '그들', 한편은 마땅히 고문(古文), 고시(古詩)를 지어야 한다는 '우리'.** 우리는 여전히 고기를 먹어도 되지만 그들 하등사회는 고기를 먹을 자격이 없으니, 할 수 없이 뼈다귀를 던져주어 그들에게 먹으라고 한다. 이러한 태도는 안 된다.

1916년 이래의 문학혁명운동이야말로 비로소 적극적인 **백화문학 주장**이다. 이 운동은 이전의 백화보 혹은 자모운동들과 확연히 다른 두 가지 요점이 있다. **첫째, 이 운동은 '그들', '우리'라는 구분이 없다. 백화는 단순히 "민지(民智)를 일깨우는" 도구만이 아니라, 백화는 중국문학을 창조하는 유일한 도구이다.** 백화는 단지 개에게 먹으라고 던져주는 뼈다귀가 아니라, 우리 전국의 사람들이 모두 소중하게 여겨야 할 하나의 좋은 보배이다. **둘째, 이 운동은 오로지 고문의 권위를 공격하고 그것을 "죽은 문학"으로 여긴다.** 이전의 백화보운동과 자모운동은 비록 고문이 이해하기 힘들다는 점을 인정했지만, 그들은 아무래도 "우리 상등사회 사람들은 어려움을 두려워하지 않는다. 온갖 고초를 겪어봐야 비로소 사람 위의 사람이 된다"고 느낀다. 이러한 "사람 위의 사람(人上人)"이 자비심을 크게 베풀어 백성들의 무지와 무식을 가엾게 여겨서 격을 낮추어 그들에게 보여줄 통속문장을 쓴다. 그러나 이러한 "사람 위의 사람"들은 응당 여전히 한(漢)·위(魏)·당·송의 문장을 모방하고자 노력해야 한다. 이번 문학혁명은 다르다. 그들은 말한다, **고문이 죽은 지 2천 년이 되었다고. 그들의 불효 자손들은 모두를 속이고 그를 위해 장례를 치르고 애도하려 들지 않는다.** 이제 우리가 그를 대신하여 정식으로 부고를 내고 "고문은 죽었다! 죽은 지 2천 년이다! 당신들이 애도하고 싶다면 애도하라! 경축하고 싶다면 경축하라!"라고 천하에 알리겠다.

"고문이 죽은 지 2천 년이 되었다"는 이 부고문이 나간 후, 처음에 사람들은 믿지 못했다. 얼마 지나지 않아 사람들이 곧 분분히 논의하였다. 얼마 지나지 않자 크게 소리 내어 통곡하는 사람이 생겼다. 크게 소리 내어 통곡하는 사람들 중에 어떤 이들은 한두 차례 울더니 곧 그쳤다. 어떤 이들은 울면서 부고문을 낸 사람들을 욕하고 "효자의 마음을 크게 상하게 만든" 이런 악행을 마땅히 하지 말았어야 한다고 그들을 꾸짖었다. 어떤 이들은 외국에서 돌아와 분상(奔喪)하는데, 비록 평소에 죽은 이와 그다지 큰 교분은 없었지만 그들은 울음소리를 듣고 따라 울지 않을 수 없었으며, 욕하는 소리를 듣고 따라 욕하지 않을 수 없었다. 따라서 이런 울음소리, 욕설은 지금까지도 아직 완전히 멈추지 않았다. 그러나 사망 소식은 더 이상 숨길 수 없으니 차라리 속 시원히 밝히는 게 낫다. 모두들 한바탕 울게 하면 오래지 않아 그들은 곧 "슬픔을 자제하고 예의를 다할" 것이다. 설사 "평생 부모를 그리워하는" 효자가 있어도 어차피 극소수이니 고려할 겨를이 없다.

문학혁명 주장은 처음에 단지 몇 명의 사적인 토론이었는데, 민국 6년(1917) 1월에 비로소 정식으로 잡지에 발표되었다. 첫 번째 문장인 후스(胡適)의 「문학개량에 관한 소견(文學改良芻議)」은 그래도 부드러운 토론이었다. 문학에 대한 후스의 태도는 시종일관 역사진화적 태도였다. 그의 이 문장의 요점은 다음과 같다.

> 문학이란 시대에 따라 변천하는 것으로, 한 시대에는 한 시대의 문학이 있다.…… 시대에 따라 진화하며 스스로 그칠 수 없다. 당나라 사람이 상(商)·주(周)의 시를 지을 수 없고, 송나라 사람이 사마상여나 양웅과 같은 부(賦)를 지을 수 없다. 설령 쓴다 하더라도 분명 훌륭하지는 못할 것이다. 이는 시대의 흐름을 역행하여 진화의 순리를 위배하는 것이기 때문에 뛰어날 수 없다.……
>
> 오늘날 역사의 진화라는 시각에서 바라보자면, 백화문학이 중국문학의 정통이 될 것이며, 장래 문학이 반드시 써야 할 이기(利器)가 될 것이라고 단언할 수 있다.……

후에 「역사적 문학관념론(歷史的文學觀念論)」에서 후스는 더욱 상세하게 말하였다.

> 오늘날 문학개량을 논한다면 당연히 '역사적 문학관념'을 중시해야 한다. 한마디로 말해서 **한 시대에는 한 시대의 문학이 있다**. 이 시대와 저 시대 사이에 비록 계승·발전 관계가 있지만, 결코 완전히 모방해서는 안 된다. 완전히 모방한 것은 진정한 문학이 될 수 없다. 나는 오직 이 이치를 굳게 믿기 때문에, **옛사람들이 이미 옛사람들의 문학을 만들었으니 오늘날의 사람들은 오늘날 사람들의 문학을 만들어야 한다고 생각한다.**…… 고금 문학의 변천 추세를 역사적으로 살펴보면,…… **백**

화문학은 송 대 이래 비록 고문가(古文家)들로 인해 벽에 부딪혔지만, 결국 한 줄기 연면하여 오늘까지 단절되지 않고 지속되고 있다.…… 어찌 이것이 우리 중국문학의 추세가 아니겠는가? 자연히 이러하기 때문에 저지하려 해도 할 수 없으며 날로 창성하지 않겠는가?…… 우리가 고문가를 공격하는 것은 그들이 문학의 추세를 알지 못하고 1천 년, 2천 년 이전의 문장을 억지로 만들려고 하기 때문이다. 이런 견해를 타파하지 않는다면, 백화문학이 문학의 정통에 들어가는 날은 없을 것이다. 세상 문인들은 여전히 그것을 지엽적이고 그릇된 것으로 경시하여 전력을 다해 창작하려 하지 않을 것이다.…… 무릇 심혈을 기울여 문학을 창작하지 않으면서 문학이 나오기를 바란다면, 이는 경작하지 않고 수확을 바라고, 먹지 않고 배부르기를 바라는 것과 같으니, 결국 그 바람이 성취될 수 없을 것이다. 시내암, 조설근 같은 사람이 성공할 수 있었던 것은 특별한 담력을 지니고 전력을 다할 수 있었기 때문이다.……

후스는 스스로 그의 역사벽(歷史癖)이 너무 심해서 혁명사업을 할 자격이 없다고 종종 말하곤 하였다. 문학혁명의 진행에 있어서 가장 중요한 최선봉은 그의 벗 천두슈이다. 천두슈는 「문학개량에 관한 소견」을 접한 후에, 「문학혁명론(文學革命論)」(민국 6년 2월)을 발표하여 정식으로 '문학혁명'의 깃발을 치켜들었다. 그는 다음과 같이 말하였다.

나는 전국의 고리타분한 학자들의 적이 될 것을 무릅쓰고 '문학혁명군'의 큰 깃발을 높이 치켜들어 내 친구를 지원하고자 한다. 그 깃발

위에는 우리 혁명군의 3대 주의를 대서특필할 것이다.

첫째, 지나치게 수식하고 아첨하는 귀족문학을 타도하고 평이하고 서정적인 국민문학을 건설하자. 둘째, 진부하고 과장적인 고전문학을 타도하고 신선하고 진실한 사실문학을 건설하자. 셋째, 모호하고 난해한 산림문학을 타도하고 명료하고 통속적인 사회문학을 건설하자.

천두슈의 특별한 성질은 **줄곧 앞으로 나아가는 그의 굳건한 신념이다**. 그 당시 후스는 아직 미국에 있었고 일찍이 두슈에게 서신을 보내 말하기를,

> 이 일의 시비는 하루아침에 정할 수 없고 한두 사람이 정할 수 없으니, 국내 인사들이 공평하게 우리와 힘을 합쳐 이 문제를 연구할 수 있기를 바랍니다. **토론이 무르익으면 시비가 판명날 것입니다.** 우린 이미 혁명의 깃발을 들어 비록 후퇴할 수 없지만, **우리의 주장이 반드시 옳다고 여기고 다른 이의 교정을 수용하지 않아서는 결코 안 됩니다.**(민국 6년 4월 9일)[3]

후스는 당시 문학혁명이 아직 토론 시기라는 점을 인정하고 있음을 알 수 있다. 그는 그 당시 백화로 시와 사를 쓰면서 실제 실험으로 백화가 운문의 이기(利器)가 될 수 있음을 증명하고 싶었기 때문에 스스로 『상시집(嘗試集)』이란 제목을 달았다. 그의 이러한 태도는

---

3 『新青年』 제3권 3호 통신란, 1917년 4월 9일.

매우 온화하였다. **만약 그의 이런 태도로 해나갔다면, 문학혁명은 반드시 적어도 10년의 토론과 실험을 거쳐야만 했을 것이다.** 그러나 천두슈의 용기는 마침 이러한 진중한 결점을 보완해주었다. 천두슈는 답신에서 말하기를,

> 제 생각에 다른 의견에 대한 용납과 자유로운 토론이 물론 학술발전의 원칙이지만, **중국문학 개량에 대해서만큼은 백화(白話)가 문학의 정종임이 분명하므로, 반드시 반대자를 용납해서도 토론의 여지도 주어서는 안 됩니다. 우리가 주장하는 것이 절대적으로 옳으며, 다른 이의 비판을 수용해서는 안 됩니다.**

이러한 태도는 당시 일반인들의 반대를 상당히 불러일으켰지만, 당시 만약 천두슈의 "반드시 반대자를 용납해서도 토론의 여지도 주어서는 안 된다"는 정신이 없었다면, 문학혁명운동은 결코 그렇게 큰 관심을 불러일으킬 수 없었을 것이다. **반대는 곧 관심의 표시이다.**

민국 6년의 『신청년(新青年)』에는 문학에 관해 토론하는 많은 통신문들이 실렸고, 그중에 첸쉬안퉁의 토론은 후스의 주장을 많이 보완하고 교정해줄 수 있었다. 민국 7년 1월 『신청년』이 다시 출판되었는데 북경대학 교수인 천두슈, 첸쉬안퉁, 선인모(沈尹默), 리다자오(李大釗), 류반눙, 후스 6인이 돌아가며 편집했다. 그해 『신청년』(제4권, 제5권)은 완전히 백화로 문장을 실었다. 민국 7년 4월 후스의 「건설적 문학혁명론」이 실렸는데, 그 요지는 다음과 같다.

> 나의 '신문학 건설론'의 유일한 취지는 단지 열 글자로, **'국어의 문학,**

문학의 국어'이다. 우리가 제창하는 문학혁명은 단지 중국을 위해 국어의 문학을 창조하고자 하는 것일 뿐이다. 국어의 문학이 있어야 비로소 문학의 국어가 있을 수 있다. 문학의 국어가 있어야 우리의 국어는 비로소 진정한 국어라 할 수 있다.

이 문장은 "건설적"이란 제목을 붙였지만, 사실 파괴적 측면이 가장 크다. 후스는 말하기를,

> 2천 년 동안 문인들이 지은 문학은 모두 죽은 것으로, **이미 죽은 언어 문자를 사용했다. 죽은 문자는 결코 살아 있는 문학을 낳을 수 없다.…… 간단히 말해 『시경』에서부터 오늘에 이르기까지 중국의 문학에 일부 가치가 있고 생명이 있는 것은 모두 백화이거나 백화에 가까운 것들이다.…… 만약 중국에 살아 있는 문학이 있기를 바란다면, 반드시 백화를 사용해야 하고, 반드시 국어를 사용해야 하며, 반드시 국어의 문학을 만들어야 한다.**

이는 상술한 고문을 위해 장례를 치르고 애도를 표하는 것이다. "건설적" 측면에서 이 문장 또한 약간의 공헌이 있다. 그는 말하기를,

> **만약 국어를 만들고자 한다면 먼저 국어의 문학을 만들어야 한다.** 국어의 문학이 있으면 자연스럽게 국어가 생기기 마련이다.…… 진정 효과가 있고 영향력이 있는 국어 교과서는 바로 국어로 된 문학이며, 국어의 소설, 시문, 극본이다. 국어의 소설, 시문, 극본이 유통되는 날이 바로 중국의 국어가 성립되는 때이다.…… **장래 중국의 신문학에 사용할 백화는 바로 장래 중국의 표준국어이다. 중국의 장래의 백화문학을 만드는 사**

람이야말로 표준국어를 제정하는 사람이다.

이 문장은 이전의 후스, 천두슈의 여러 주장들을 열 자로 귀납시켰는데, 사실 오직 "국어의 문학" 다섯 자가 있을 뿐이다. 기치는 더욱 명백해졌고, 진행도 더욱 순조로웠다.

이 해의 문학혁명은 건설적 측면에서 기록할 만한 두 가지 일이 있었는데, **첫째, 백화시의 실험이다**. 후스가 미국에서 쓴 백화시는 단지 세척한 문언시에 불과하다. 이는 그가 오언 칠언 격식을 버릴 수 없었기 때문에 백화의 장점을 마음껏 발휘할 수 없었던 것이다. 첸쉬안퉁이 이러한 결점을 지적하자 후스는 비로소 대담하게 길이가 일정치 않은 백화시를 지었다. 동시에 선인모, 저우쭤런(周作人), 류반눙 등도 백화시 실험에 참여하였다. 이 해의 작품들이 비록 좋지는 않았지만, 기술상의 훈련은 매우 중요하다. **둘째, 유럽 신문학의 제창이다.** 이 해에 북유럽의 입센(H. J. Ibsen), 스트린드베리(J. A. Strindberg), 안데르센(H. C. Andersen),[4] 동유럽의 도스토옙스키(F. M. Dostojevski), 쿠프린(A. I. Kuprin), 톨스토이(L. M. Tolstoi), 그리스의 에프탈리오티스(A. Ephtaliotis), 폴란드의 시엔키에비치(H. Sienkiewicz) 등의 문학을 소개하였다. 이 방면에 저우쭤런의 성과가 가장 좋다. 그는 직역 방법을 사용했는데, 엄격하게 가능한 한 원문의 문법과 어조를 보전하고자 하였다. 이러한 번역법은 근래 많은 이들이 본받고 있으

---

4 원문의 "Anderson"은 오타로 보인다. 그 근거로는 1918-1919년 사이 『신청년(新青年)』에 유럽작가들의 작품이 잇따라 번역되어 소개되었는데 입센, 스트린드베리에 연이어 제6권 제1호에 안데르센의 작품이 실렸기 때문이다.

며, **국어의 유럽화에 있어 하나의 기점이 되었다**.

민국 7년 겨울 천두슈는 또 『매주평론(每週評論)』을 발간하였는데, 역시 백화이다. 동시에 북경대학 학생 푸스넨(傅斯年), 뤄자룬(羅家倫), 왕징시(汪敬熙) 등은 『신조(新潮)』라는 백화 월간을 발간하였는데, 영문명이 "The Renaissance"로 본래 의미는 유럽사에 있어서의 '문예부흥시대'이다. 이때 문학혁명운동은 이미 일부 젊은이들의 상상력을 북돋아주었기 때문에, 대학생들이 이렇게 호응하였다. 『신조』가 처음 나왔을 때 활력으로 충만하여 확실히 힘 있는 신예부대였다. 민국 8년이 시작되었을 때 『신청년』, 『신조』, 『매주평론』 외에, 북경의 『국민공보(國民公報)』도 호응하는 몇 편의 백화문장을 실었다. 이후 호응이 점차 더욱 많아졌다.

그러나 호응이 많아졌지만, 반대도 더욱 맹렬했다. 대학 내부의 반대자들도 『국고(國故)』, 『국민(國民)』을 발간하였는데, 모두 고문학을 옹호하였다. 학교 밖의 반대당은 안복부(安福部)[5]의 무인정객(武人政客)을 이용하여 이 새로운 운동을 억압하려 했다. 민국 8년 2-3월 사이에 세간에 소문이 무성하였는데, 교육부가 나서서 간섭한다고 말하기도 하였고 천두슈, 후스, 첸쉬안퉁 등이 이미 북경에서 축출되었다고 말하기도 하였다. 이러한 소문들은 비록 대부분 부정확하지만, 반대당의 심리적인 바람을 대표할 수 있다. 당시 고문가 린수는

5 안복구락부(安福俱樂部), 일명 안복클럽은 민국 초기 정치조직으로 1918년 3월 8일에 성립되었는데, 클럽 장소가 북경 안복골목(安福胡同)에 위치하고 있기 때문에 안복클럽이라 호칭했다. 환계(皖系) 군벌 단기서(段祺瑞) 휘하 인물들이 주축이 되어 조직하여 이를 기반으로 국회를 조정하고 장악하고자 기도하였다. 1920년 단기서가 사직하면서 이 클럽도 해산하였다.

『신신보(新申報)』에 북경대학 사람들을 욕하는 소설 몇 편을 썼다. 그 중에 「요몽(妖夢)」은 위안쉬(元緖)로 북경대학 교장 차이위안페이(蔡元培)를 투영했고 천헝(陳恒)으로 천두슈를 투영했으며 후하이(胡亥)로 후스를 투영했다. 이 소설은 너무 졸렬하여 인용하고 싶지 않다. 또한 「징성(荊生)」은 톈비메이(田必美, 천두슈), 진신이(金心異, 첸쉬안퉁), 디모(狄莫, 후스) 세 명이 도연정(陶然亭)에 모여 이야기 나누는 것을 그렸는데, 톈 선생이 공자를 크게 욕하고 디 선생이 백화를 주장하자 갑자기 옆집의 한 '건장한 사나이(偉丈夫)'가,

> 잽싸게 허물어진 벽을 넘어와 세 사람을 가리키며 말하였다. "너희들 방금 뭐라고 했느냐?…… 감히 금수 같은 말로 나의 귀를 더럽히다니!" 톈 선생은 항변하려고 했지만, **건장한 사나이가 두 손가락으로 그의 머리를 누르자 머리가 송곳으로 찌르는 듯 아팠다. 그리고 발로 디모를 밟으니, 디모는 허리가 끊어질 듯 아팠다. 진 선생이 근시였는데, 사나이가 그 안경을 벗겨 던져버리니 죽을까 두려워 고슴도치처럼 머리를 땅에 움츠렸다. 사나이가 웃으며 말했다.** "너희들은 마치 이지(李贄)처럼 미쳐 날뛰는 것이 그야말로 인간세상의 괴물 같다. 이제 나는 향수로 나의 손과 발을 씻고 **더 이상 너희들의 반인륜적이고 금수 같은 몸뚱아리를 건들지 않겠다.** 이제 빨리 산 아래로 꺼져 나를 더럽히지 마라…… **너희를 귀신이 주살하도록 남겨두겠다.**

이 말은 당시 수구주의자들의 심리를 있는 대로 다 털어놓았다고 할 수 있다. 이 소설의 말미에 린수가 덧붙인 말이 있는데, 다음과 같다.

이처럼 혼탁한 세상에 오직 텐 선생, 디 선생만이 스스로 잘났다고 느끼기에 족하다! 어찌 징성(荊生)이 있겠는가?

이런 말을 하는 것이 참으로 불쌍하다. 당시 고문가들은 누군가 나와 징성이 되어주기를 매우 바랐지만, 징성은 필경 매우 드물다. 그들은 또한 안복부의 국회가 나서서 교육총장과 북경대학 교장을 탄핵하는 운동을 벌이고 싶어 했지만, 이후 실패하였다.

민국 8년 3월에 린수는 차이위안페이에게 서신을 보내 신문학운동을 공격하였다. 차이위안페이도 린수에게 장문의 답신을 썼다. 이 두 서신은 당시 '신구논쟁'의 양측을 대표한다고 할 수 있기 때문에, 몇 구절을 발췌하였다. 린수가 서신에서 말하기를,

> ……대학은 전국의 사표(師表)이고 오륜의 토대입니다. 최근 소문이 분분한 것을 공(公)도 들은 적이 있을 것입니다.…… 나는 나이가 70이 되었고, 지난 20년 동안 부귀공명을 전혀 바라지 않았습니다. 오늘날 늙어서도 여전히 그 도리를 지키고 있으며 목숨을 걸면서까지 절개를 바꾸지 않았습니다. 재작년에 량치차오가 사마천, 반고의 혁명설을 제창하는 것을 듣고 실소를 금치 못했습니다. 임 공(任公)은 수준이 낮지 않음에도 어찌 이와 같이 세속에 아부하는 말을 할 수 있단 말입니까? 사마천, 반고의 책을 읽는 독자들은 몇 명이나 되겠습니까? 장차 바꾸지 않아도 자연히 바뀔 일을, 임 공은 어찌 이를 위해 정신력을 낭비한단 말입니까?
>
> 또 죽은 문자가 학술에 장애가 된다면, 과학에서 고문을 사용하지 않으면 고문은 과학에 장애가 되지 않을 것입니다. 영국의 디킨스

는 누차 그리스와 라틴, 로마의 문장을 죽은 것이라고 비판하였지만 지금까지도 여전히 존재하고 있습니다. 디킨스가 비록 저명한 사람이지만, 사심으로 옛것을 멸시하지는 않았습니다. 하물며 우리 중국인들 중 어느 누가 디킨스 같은 사람이 있습니까?

천하에 진정한 학술, 진정한 도덕이 있어야 비로소 독창적일 수 있으며 많은 사람들이 추수할 수 있습니다. 만약 고서(古書)를 폐하고 방언을 문자로 사용한다면, 수레를 끌고 다니며 간장을 파는 무리들이 사용하는 말에도 모두 문법이 있으니,…… 무릇 북경, 천진의 장사치들도 모두 교수가 될 수 있을 것입니다. 만약 『수호』, 『홍루』가 모두 백화의 성스러운 작품으로 교과서가 될 수 있다면, 『수호』 중의 말들은 대부분 악가(岳珂)[6]의 『금타췌편(金陀萃編)』에서 채택하였고 『홍루』는 한 사람의 손으로 쓴 것이 아닐 뿐 아니라 작자가 여러 책들에 박식한 사람임을 모르는 것입니다. 요컨대 만 권을 독파(讀破)하지 않으면 고문을 쓸 수 없고 백화도 쓸 수 없습니다. 고대 제자(諸子)의 말을 백화로 풀어 서술하는 것도 안 될 것이 없습니다. 『설문』에 의하면 "연(演)이란 길게 흐른다"는 뜻으로, 늘이고 넓힌다는 의미도 지니고 있습니다. 이치에 따르자면 짧은 것을 길게 늘이는 것이지, 긴 고대 제자의 문장을 짧은 백화로 늘일 수는 없습니다……(이하 신도덕을 논한 절은 생략한다).

오늘날 전국의 부모들은 자식들을 귀하에게 의탁하고 있습니다. 저는 귀하께서 이 점에 유념하길 바라며, 규범을 잘 지키는 것이 옳다

6 악가(岳珂, 1183-1243): 남송 문학가. 악비(岳飛)의 손주. 『금타췌편』(28권)은 조부 악비의 억울함을 분명히 가리기 위해 쓴 전기자료휘편으로 1218년에 출판되었다.

고 생각합니다.…… 저의 서신에 답신을 해주실 필요는 없습니다. **저는 다만 조용히 좋은 소식을 기다리면서 국민을 위해 시대적 조류의 방향을 바로잡아 주시길 바랄 뿐입니다.**……

린수가 삼가 올립니다.

차이위안페이는 답신에서 "가능한 고서(古書)를 폐하고 방언을 문자로 써도 된다"는 점에 대해 세 가지 답안을 제시하였다. 그러나 차이위안페이 답신의 가장 중요한 점은 반박에 있지 않고—원래의 서신이 반박할 가치가 없기 때문에—말미의 선언에 있다. 그는 말하기를,

소생은 대학에 관하여 두 가지 입장을 가지고 있습니다.

(一) 학설에 대해서는 세계 각 대학의 통례(通例)를 본받아 사상의 자유 원칙에 따라 모든 것을 포용하는 주의를 취합니다.…… 어떤 학파든지 말에 이치가 있고 주장에 근거가 있으며 아직 자연도태될 운명에 이르지 않은 것이라면, 피차 상반되더라도 자유롭게 발전할 수 있도록 합니다.

(二) 교원(教員)에 대해서는 학문적 조예를 위주로 합니다.…… 그 교외(校外)에서의 활동은 자유에 따르고 본교는 줄곧 따져 묻지 않으며 또한 책임을 대신 질 수도 없습니다.……

차이위안페이 자신도 백화를 주장하였는데, 그는 일찍이 다음과 같이 말하였다.

우리 중국 문언은 라틴어와 마찬가지기 때문에, 우리는 백화로 바꿔 쓰지 않을 수 없습니다.…… 비록 현재 백화의 조직이 불완전하지만, 우리는 결코 이 추세를 놓칠 수 없습니다.(북경고등사범 국문부에서 연설)

차이위안페이는 또 말하기를,

나는 감히 백화파가 분명 승리를 차지할 것이라고 단정합니다.…… 장차 응용문은 분명 모두 백화를 사용할 것입니다. 그러나 미문(美術文)은 어쩌면 여전히 문언을 일부 사용할지도 모릅니다.(북경여자고등사범에서 연설)

린수, 차이위안페이의 논쟁은 민국 8년 3월 사이의 일이다. 한 달이 조금 넘자 파리평화회의 소식이 전해졌는데, 중국의 외교가 완전히 실패했다는 것이었다. 그리하여 '5·4' 학생운동이 발발하고 '6·3' 사건이 발생하여, 이에 대해 전국에서 크게 호응하자 정부는 결국 압박을 받아 차오루린(曹汝霖), 루쭝위(陸宗輿), 장쭝상(章宗祥) 세 사람을 파면했다. 이 시기에 각지의 학생단체들은 갑자기 작은 신문들을 무수히 발간하였는데, 형식은 대체로 『매주평론』을 모방하였고 **내용은 전부 백화를 사용하였다**. 이 외에도 많은 백화 잡지들이 새로이 출현하였다. 어떤 이의 통계에 의하면 이 한 해(1919)에 적어도 4백-5백 종의 백화보가 출간되었다. 그중에 상해의 『성기평론(星期評論)』, 『건설(建設)』, 『해방과 개조(解放與改造)』(현재는 『개조』), 『소년중국(少年中國)』 등은 모두 중요한 공헌을 했다. 1년이 지나자 일보(日報)도 점차 양식을 바꾸어나갔다. 이전에 일보의 부간(附刊)에는 종종 경극배우,

기녀 관련 뉴스를 실었지만, 지금은 대부분 백화 논문, 역저, 소설, 신시(新詩)로 바꿔 실었다. 북경의 『신보(晨報)』 부간, 상해의 『민국일보(民國日報)』의 「각오(覺悟)」, 『시사신보』의 「학등(學燈)」은 이 3년 사이에 가장 중요한 3대 백화보 기관지이다. 시세의 추이에 따라 정객 군인이 만드는 신문들도 몇몇 학생들을 찾아 백화란을 맡기지 않을 수 없었다. 민국 9년 이후 국내 몇몇 진중한 대잡지, 예를 들어 『동방잡지(東方雜誌)』, 『소설월보(小說月報)』……도 점차 백화화되었다.

민국 8년의 학생운동과 신문학운동은 비록 별개의 일이지만, 학생운동의 영향으로 백화를 전국에 전파시킬 수 있었으니 이는 중요한 관계이다. 게다가 5·4 운동 이후 국내의 사리를 아는 이들은 '사상혁신'의 중요성을 점차 깨달았기 때문에, 그들은 새로운 조류에 대해 환영하거나 연구하고 용인하는 태도를 취하면서 점차 이전의 적대시하는 태도가 줄어들었다. 문학혁명운동은 이로 인해 자유롭게 발전하였으니, 이 또한 중요한 관계이다. 따라서 민국 8년 이후 백화문의 전파는 참으로 "하루에 천 리를 가는(一日千里)" 기세를 갖게 되었다. 백화시의 작자도 점차 많아지기 시작하였다. 민국 9년 교육부는 교육부령(部令)을 반포하여 국민학교 1, 2학년 국문은 9년 가을부터 일률적으로 국어로 바꿔 쓸 것을 요구하였다. 교육부령은 또한 다음과 같이 밝혔다.

> 구학제에 따라 편집한 국민학교 국문 교과서 1, 2학년용은 일률적으로 폐기한다. 3학년용은 민국 10년까지만 사용하도록 허용한다. 4학년용은 민국 11년까지만 사용하도록 허용한다.

이 절차에 따르면 올해(1922)에 이르러서야 비로소 국민학교 국문을 전부 국어로 바꾸게 된다. 그러나 교육제도는 상하 연결된 것으로, 일부의 움직임으로도 전체를 추동할 수 있다. 1, 2학년이 국어로 바꾸자 초급사범이 바꾸지 않을 수 없었고 고등소학(高等小學)도 대부분 따라서 바꾸었다. 초급사범이 바꾸자, 고등사범도 바꾸지 않을 수 없었다. 중학교도 자원해서 국어를 채택하는 곳이 많았다. 교육부의 이번 초지는 비록 민국 8년 전국교육회 결의에 근거하였지만, 내부적으로 국어연구회 회원의 역량에 의거한 것이다. 국어연구회는 민국 5년에 성립되었는데, 내부적으로 힘을 쓴 회원은 대부분 교육부와 관계가 있었다. 국어문학운동이 성숙된 이후 국어 교과서 주장도 그리 큰 저항세력이 없었기 때문에, 국어연구회는 푸위에펀(傅岳芬)[7]이 교육차장이 되어 부서업무를 대신 처리하던 시기에 교육부가 이처럼 중요한 개혁을 단행할 수 있게 했다.

또 한 가지는 비록 문학혁명운동과 그리 큰 관련은 없지만 응당 언급해야 한다. 민국 원년에 교육부는 독음통일회(讀音統一會)를 소집하고 독음통일 문제를 토론하였다. 독음통일회는 39개의 '주음자모(注音字母)'를 정하였다. 이 자모는 본래 발음을 표시하는 데 사용함으로써 "반절(反切)을 대신하는 용도"에 불과하다. 당초의 취지는 모든 한문(漢文)의 독음을 통일하는 데 있었지, 일찍이 백화까지 생각이 미치지 못했으며 그리 큰 바람도 없었다. 민국 7년 11월 교육부는

---

7 푸위에펀(傅岳芬, 1878-1951): 1904년 산서대학당(山西大學堂)의 교무장이자 대리감독, 1912년 북경정부 교육부 차장을 역임하였다. 이후 국립 북평대학(北平大學), 사립 중국학원(中國學院), 하북대학(河北大學), 북경대학(北京大學), 북경사범대학(北京師範大學) 교수를 역임하였다.

이 자모를 정식으로 반포하였다. 민국 8년 4월 교육부는 다시 주음자모의 새로운 순서를 반포하였다(우징헝(吳敬恒)[8]이 정한 것이다). 민국 8년 9월 『국음자전(國音字典)』이 출판되었다. 이때 이미 국어운동도 급속히 성숙되어 국어교육의 수요도 이미 공인되었다. 따라서 당시 "반절을 대신하는 용도"였던 주음자모가 이때에 이르러 어느새 국어운동의 일부분으로 바뀌었고 중화민국의 국어자모로 바뀌었다.

민국 9-10년(1920-1921) 백화는 공공연하게 국어로 불리었다. 비록 반대의 함성이 완전히 소멸되지 않았지만, "주장에 근거가 있고 말에 이치가 있는" 반대론은 줄곧 없었다. 올해(1922) 남경(南京)에서 『학형(學衡)』 잡지가 출판되어 몇몇 유학생의 반대론을 게재하였는데, 단지 한바탕 욕만 하고 있을 뿐 별다른 이유를 제시하지 못했다. 메이광디(梅光迪)는 다음과 같이 말하였다.

> 저들은 사상가가 아니라 궤변가이다.…… 고문이 팔고(八股)와 무슨 상관이 있는가? 반드시 똑같이 여겨 말한다. 우리 중국문학은 한·위·육조 시기에 변려체가 성행하였고 당·송에 이르러 고문이 크게 번성하였으며 송·원 이래 또 백화체 소설, 희곡이 있었다. 저들은 문학이 시대에 따라 변천한다고 말하며, 오늘날의 사람들은 마땅히 문학혁명을 일으켜 문언을 폐지하고 백화를 사용해야 한다고 여긴다. 무릇 혁

---

8 우징헝(吳敬恒, 1865-1953): 자는 쯔후이(稚暉). 반청(反淸) 혁명가이자 교육자. 1903년 영국 유학 중에 쑨원을 알게 되어 동맹회에 가입하였다. 1907년 파리에서 『신세기(新世紀)』를 발간하면서 혁명당을 지지하는 글을 발표하고 무정부주의 사상을 선전하였다. 1911년 이후 주로 문화운동에 참여하여 국어운동을 적극 제창하고 주음부호 사용을 주장하였는데, 그의 글들 다수는 『신청년』에 게재되었다.

명이란 새로운 것으로 옛것을 대체하고 이것으로 저것을 바꿈을 말한다. 고문이 점차적으로 흥성하는 것은 문학 체재의 증가로서, 이는 사실상 완전한 변천이 아니며 혁명은 더더욱 아니다. 만약 저들이 말한 것처럼 고문 이후에 응당 변려체가 없어야 하고 백화 이후에 응당 고문이 없어야 한다면, 왜 당·송 이래 문학의 정종과 전문적인 대가들은 모두 고문을 쓰거나 변려체를 쓴 사람들인가? 어찌 우리 중국문학사에 있는 사실을 부인함으로써 사적인 주장을 합리화하려 드는가? ……

이러한 논의는 참으로 과녁 없이 활을 쏘는 격이다. 고문 이후에 또 시대에 뒤떨어진 변려문이 있고 백화가 이미 흥성한 이후에 여전히 시대에 뒤진 변려문 고문이 있기에 혁명이 필요한 것이다. 만약 "고문 이후에 변려체가 없고 백화 이후에 고문이 없으면" 누가 나서서 의식적으로 혁명을 제창할 필요가 있겠는가? 또한 후셴쑤(胡先驌)는 다음과 같이 말하였다.

후 군(후스)……은 과거의 문자를 죽은 문자라 하고, 현재 백화 중에 사용하는 자(字)를 살아 있는 문자라고 하였다.…… 그리스·라틴어로 중국 고문과 비교하고 영국·독일·프랑스어로 중국 백화와 비교하였다(比 자 앞의 두 개의 以 자는 모두 원문에 근거한다).…… 서로 다른 것을 한데 섞어 논함으로써 세상을 미혹시키고 사람들을 속이려 드니, 난 진실로 후 군의 과실을 용서해줄 수 없다. 그리스·라틴어는 영국·독일·프랑스에게는 외국어이다. 만약 국가가 완전히 다른 나라 사람들에게 정복당하고도 사람들이 완전히 다른 나라 사람들과 동화되지

(與 자와 所 자는 모두 원문에 근거한다) 않는다면, 자연히 본국의 문자로 문학을 쓰지 않을 이치가 없다. **이탈리아의 토스카나 방언이 국어인 까닭은 로마가 붕괴된 지 오래되고 정치중심이 이미 옮겨가 토스카나 방언이 중요한 지위를 차지하고 국어가 될 필요가 있었기 때문이다.** 그리스·라틴어와 영국·독일·프랑스어는 마치 한문과 일본문자의 관계와 같다. **오늘날 일본 사람들이 일본문자로 문학을 하자고 제창한다면, 누가 그 그릇됨을 지적할 수 있겠는가? 후 군이 고문을 폐지하고 백화문을 사용하자고 말하는 것은 일본인이 한문을 버리고 일본문자를 쓰는 것과 같은가?** 난 그렇지 않다는 것을 안다.……

사실 후스의 대답은 마땅히 "바로 그렇다"는 것이다. 중국인이 고문으로 문학을 하는 것과 4백 년 전 유럽인이 라틴어로 저서를 쓰고 작문하는 것과 일본인이 한문을 쓰는 것은 모두 잘못된 것이고 **똑같이 살아 있는 사람이 죽은 문자로 문학을 하는 것이다**. 외국어와 비외국어란 주장은 결코 문제가 되지 않는다. 스위스인, 벨기에인, 미국인은 모두 외국문자로 본국의 문학을 한다고 말할 수 있다. 그러나 그들이 사용하는 것은 살아 있는 문자이기 때문에, 라틴어와 다르고 일본인이 한문을 사용하는 것과도 다르다.

『학형』의 주장은 아마 문학혁명을 반대하는 마지막 단계일 것이다. 나는 대담하게 말할 수 있다. **문학혁명은 이미 토론의 시기가 지났고 반대당은 이미 파산했다고. 이후는 완전히 신문학의 창조 시기이다.**

최근 5년 이래 백화문학의 성과에 대해서는 시간상 너무 가깝기 때문에 일일이 평가하기는 어렵다. 그러나 대세로 보자면 몇 가지 요점을 지적할 수 있다. 첫째, **백화시**는 성공의 길에 올랐다고 할 수 있다. 시체(詩體)가 처음에 해방되었을 때 도구가 아직 손에 익지 않고 기술이 아직 정련되지 않아 과도 시기의 결점을 면할 수 없었다. 그러나 최근 2년간 신시는 운(韻)이 있는 시든 운이 없는 시든 혹은 새로 성행한 '짧은 시(短詩)'든 간에 모두 성숙한 작품들이 많다. 나는 10년 안에 중국 시계(詩界)에 분명히 광명이 비칠 시기가 있을 것이라고 예상한다. 둘째, **단편소설**도 점차 확립되었다. 최근 1년 사이에 (1921년 이후) 『소설월보』는 이미 '창작'소설을 제창하는 중요한 기관이 되었고, 그 가운데 일찍이 몇 편의 좋은 창작이 발표되었다. 그중에서 성과가 가장 두드러진 것은 필경 '루쉰(魯迅)'의 작품이다. 그의 단편소설은 4년 전의 「광인일기(狂人日記)」에서부터 최근의 「아큐정전(阿Q正傳)」에 이르기까지 비록 많지는 않지만, 좋지 않은 작품이 거의 없다. 셋째, **백화산문**은 매우 진보하였다. 장편 의론문의 진보는 현저히 눈에 띄기에 논하지 않아도 된다. 이 몇 년 사이에 산문 방면에 가장 주목할 만한 발전은 저우쭤런 등이 제창한 '소품산문'이다. 이 부류의 소품은 평이한 말로 깊은 의미를 담고 있다. 어떤 때는 아주 아둔한 것 같지만, 사실 익살스럽다. 이런 류의 작품의 성공은 "미문은 백화를 사용할 수 없다"는 미신을 철저히 타파할 수 있다. 넷째, **희곡과 장편소설**의 성과가 가장 미흡하다. 희곡은 시도하는 사람이 있지만, 장편소설은 쓰는 사람이 없을 뿐더러 번역본도 거의 없다! 이 또한 아주 자연스러운 현상이다. 현재 신문학을 시도하는 사람들은 원고료로 간신히 입에 풀칠하거나 매일 분필, 칠판과 친구로 보낸다. 그들의 시간은 겨우 몇 편의 자잘한 작은 작품, 예를 들어 시, 단편소설을 쓸 수 있을 뿐이다. 그들의 시간은 그들이 장편을 창작하도록 허용하지 않는다. 이것이 하나의 원인이다. 게다가 근래 우리는 구조도 없고 구성도 없는 이전의 소설체—『유림외사』식이거나 혹은 『수호』식이거나—는 이미 사람들을 만족시킬 수 없다는 것을 깨달았다. 따라서 부지불식간에 각별히 신중해지기 시작했다. 이러한 신중한 현상은 일시적인 것으로 어쩌면 아주 좋은 일일 것이다. 솔직히 말해서 『관장현형기』 같은 류의 소설을 수없이 더 내느니, 차라리 지금처럼 이렇게 작품이 완전히 없는 편이 더 낫다.

이상 문학혁명의 역사와 신문학의 대강을 약술하였다. 보다 상세한 예와 평가에 대해서는 우리는 어쩔 수 없이 『신보』 60주년 기념을 기다려 다시 보충할 수밖에 없다.

민국 11년 3월 3일

부록

學衡

民國十二年六月

第十八期

THE CRITICAL REVIEW

No.18 June 1923

후스의 『중국문학 50년』을 평함[1]

■ 부록 1

후셴쑤(胡先驌)[2]

한 운동의 가치는 처음부터 그 성패에 달려 있는 것이 아니며, 일시 유행 또한 성공의 표징이 되기에는 부족하다. 문화사 가운데 가장 가치 있는 것은 바로 유럽 르네상스 운동이다. 루소 이후의 낭만주의를 보면 이미 수백 년 동안 유럽사상을 좌우했지만, 오늘날까지도 아직

---

1 「후스의 『중국문학 50년』을 평함(評胡適『五十年來中國之文學』)」은 후스의 글이 발표된 지 몇 개월 지나지 않아 곧바로 그의 관점을 조목조목 비판한 문장으로 『학형(學衡)』 제18기(1923. 6)에 실렸다.

2 후셴쑤(胡先驌, 1894-1968): 호는 부쩡(步曾). 1912년 미국에서 유학하여 농업과 식물학을 배웠으며, 1923년 재차 미국으로 건너가 하버드 대학에서 1925년 식물학으로 박사학위를 받았다. 그는 미국 유학 기간에 『유미학생계보(留美學生季報)』지의 통신원으로 많은 시를 발표하기도 하였으며, 이후 식물학자이자 교육가로 활동하였다.

후스는 1917년 「문학개량에 관한 소견(文學改良芻議)」(『신청년』 제2권 제5호)에서 『유미학생계보』에 발표한 후셴쑤의 사(詞) 「齊天樂·聽臨室彈曼陀鈴」의 일부를 인용하면서 미국에서 썼는데, 등불이 "콩알처럼 반짝일"리 없고 거실에 "기둥이 있을"리 없을 텐데도 한 무더기의 진부한 상투어만을 늘어놓는다고 비판한 바 있다. 그에 대한 반박문 성격인 후셴쑤의 「중국문학개량론(中國文學改良論)」이 1919년 『동방잡지(東方雜誌)』(제16권 제3호)에 실렸다. 여기서 후셴쑤는 신문학을 창조하려면 반드시 고서(古書)에 파묻혀 그 정수를 얻고 찌꺼기를 버려 그 유산을 잘 활용할 수 있어야 한다고 주장한다. 그의 절충적이고 문화보수적인 입장은 이후에 동남대학(東南大學)을 거점으로 창간된 『학형(學衡)』파의 관점을 대변한다.

수그러들지 않고 있다. 그러나 식견 있는 인사들은 모두 그 문제점을 알고 있고 문학에 부정적인 영향을 끼쳤을 뿐만 아니라 최근 수년 동안 유럽 문화의 각종 폐단들은 모두 이 운동에서 비롯되었다고 보고 있다. 중국 당 대(唐代)에도 진자앙(陳子昂)의 시, 한유(韓愈)의 산문, 송 대의 우칭(禹偁), 매성유(梅聖俞)의 시, 윤수(尹洙), 구양수(歐陽修)의 산문은 가치가 있으면서도 성공적인 운동이었다. 명 대 전후칠자의 복고운동을 말하자면, 비록 일시 유행하기는 했지만 요행으로 성공한 것으로 그것이 무가치함은 명확하다. 근래 유럽 문화는 점차 쇠퇴하는 징후를 보이고 있으며, 잘못된 주장과 편파적인 말들이 급속도로 확산되고 있다. 자연주의는 추악한 것을 과장하여 묘사하는 것을 능사로 삼고 있고, 퇴폐주의는 또 음란퇴폐를 서로 추구하고 있으며, 입체파, 미래파, 인상파니 하는 것들은 황당무계한 것으로 세상을 놀라게 하며 스스로 고상하다고 자처한다. 한 이론이 등장하면 그를 따르는 추종자들이 무리를 짓는다. 그 괴팍한 예술과 인생의 요지는 분별 있는 사람이라면 모두 식별할 수 있건만, 어찌 그 일시적인 유행에 현혹되어 그것을 맹목적으로 숭배하는가?

더 나아가 천하에는 절대적인 옳고 그름이 없으며, 이론적으로 설명할 수 있는 사실이 항상 존재한다. 유럽의 신교와 구교의 논쟁이 가장 좋은 예이다. 루터가 신교를 창립한 것은 교황의 가혹, 성직자들의 횡포, 교의의 허위와 더불어 국가관념의 발달 때문이다. 루터는 강인하고 과감한 자세로 공평하고 통달한 교의를 창조하였으며, 사람들이 하고 싶어 하는 말을 하고, 사람들이 감히 하지 못하는 행동을 하였다. 그 결과 높은 곳에 올라 한번 외치자 수많은 사람들이 호응한 것도 당연하다. 순식간에 잉글랜드, 스코틀랜드, 덴마크, 스웨

덴, 프러시아, 색슨, 스위스와 네덜란드의 일부 지역이 모두 그 조류를 환영하며 신교를 추종하였다. 공정하게 말하자면 신교는 이지를 숭상하고 인정에 부합하는 면에서는 구교보다 훨씬 뛰어나 전체 유럽이 그 교의를 받아들였어야 할 것이다. 그러나 실제는 완전히 다름을 누가 알았겠는가? 북유럽의 여러 국가들이 구교에 저항하는 것이 거세면 거셀수록 남유럽의 여러 국가들이 구교를 애호하는 것도 더 심화되었다. 비록 구교가 폐단이 쌓여 그것을 씻어내지 않을 수 없었지만, 그 근본은 결코 동요하지 않았다. 후에 로욜라(Ignatius Loyola)가 등장하여 예수회(Order of Jesus)를 조직하였는데, 그 종교적 열광과 간고한 정신은 그야말로 신교의 루터와 서로 비견할 만하였다. 그들이 신교의 국가들과 야만민족에 그 교의를 전파하여 결국 이탈리아와 스페인을 구교의 근거지로 삼는 것 이외에도, 프랑스, 벨기에, 바바리아(Bavaria), 보헤미아, 오스트리아, 폴란드, 헝가리가 구교로 복귀하여 지금에까지 이르고 있다. 지역은 비록 다소 변경이 있었지만, 구교의 세력은 끝내 쇠락하지 않고 신교와 유럽을 양분하였다. 신교가 틀렸기 때문인가? 그렇다면 그것이 출현하고 전 유럽의 절반을 풍미한 것을 어떻게 설명할 것인가? 그럼 구교가 틀린 것인가? 그렇다면 그것이 다시 중흥하고, 이미 신교에게 빼앗긴 영토를 교황의 통치권하에 복원할 수 있었겠는가? 따라서 사상과 감정이란 일종의 주장이자 운동으로서 결코 통일의 가능성이 없으며, 또 이렇다 할 절대적 시비도 없다.

본고의 주제를 본격적으로 논하기 전에 각종 운동의 부침과 우열을 논하는 것도 무방할 것이다. 왜냐하면 후스 군의 『중국문학 50년』(원문은 『신보(申報)』 50주년 기념 특집호를 보라)의 요지는 동성파 문장의 쇠락과 구어체문의 성공에 있기 때문이다. 구어체문 운동은 이제 진행된 지 수년에 불과하고 일시적인 유행으로, 이미 성공에 이르렀다고 할 수 있는지 여부에 대해서는 잠시 논하지 않겠다. 설사 성공했다고 하더라도 이 운동이 가치가 있는지 여부는 또 다른 문제이다. 후스 군의 이 글은 50년 동안 중국문학의 연혁을 논함에 있어서 독창적인 면을 지니고 있다(그러나 그가 시를 논할 때 김화(金和)를 높이 평가하면서 50년간의 사(詞)에 대해서는 완전히 무시한 것을 보면 그가 운문을 감별하는 능력이 박약함을 증명해준다). 그가 고문을 강하게 비판하고 구어체를 과장하는 것은 사람들의 환심을 사기 위한 진부한 기교이자 '고심'에 불과하다.

이제 문언문과 구어체문의 논쟁은 잠시 보류하고, 먼저 동성파의 문을 보도록 하겠다. 동성파의 문장이 명성을 얻게 된 것은 시랑 방포(方苞)에 와서이다. 요내(姚鼐)가 그 뒤를 이어 문장은 더욱 공교로워졌고, 그 결과 "천하의 문장은 동성에 있다"는 칭송을 듣게 되었다. 방포가 말하는 이른바 고문의법설은 문장의 의의와 체재를 가리킨다. 방포가 사람들에게 문장을 짓는 것을 가르친 요지는 간단히 "말에 물(物)이 있고 말에 서(序)가 있다"는 것이었다. 여기서 물이란 의(義)이고, 서란 법(法)을 가리킨다. "물"과 "의"는 사람의 학문과 식견에 달려 있는 것으로, 억지로 구할 수 있는 것이 아니다. "서"와 "법"은 탐구하여 알 수 있으며, 훈련을 통해 숙달할 수 있다. 여기서 의미에 관한 주장은 잠시 제쳐두면 그가 탐구한 것은 바로 문장을 짓는 법이다. "그 이합(離合)을 비교하고 그 경중과 다과(多寡)를 헤아려 처방하는" 것은 문장을 짓는 자 누구에게나 해당하는 것이 아닌가! 문정 증국번(曾國藩)이 희포 귀유광(歸有光)의 문장에 대해 "당시 회삽하고 기이한 습관을 숭상하고, 제(齊)·양(梁)의 조탁을 모방하며 주(周)·진(秦)을 힘써 추구할 것을 외치는 사람이 종종 있었다. 귀유광은 이 모든 것을 버리고 수식만을 일삼지 않으며 의미를 선택하고 법을 갖추었다. 세밀하게 묘사하지 않고도 그 대상의 성질을 잘 드러내어 옛 작품들에 잘 부합하니, 후대 사람들이 그를 따르는 것은 지혜롭지 못하다고 할 수 없다"고 하였다. 동성파 방법의 우수함은 바로 이 점에 있다. 매증량(梅曾亮)은 관이지(管異之)[3]의 말을 언급하기를 "선생(매증량을 가리킴-역주)의 문장의 병폐는 잡다함에 있다. 한 편의 문장 가운데 여러 가지 문체가 함께 있어 그 관은 무인(武人) 같고, 그 의상은 유자(儒子)같이 온전한 인간의 형상이 아니다"라고 하였다. 이로부터 동성파의 문장이 중요하게 여기는 바가 의의 이외에도 체재의 순결함임을 알 수 있다. 즉 "말의 도(道)를 세우면 의미는 각각 제자리를 찾게 되며", "진실한 것을 보고 엄격히 지키고 사람마다 각자의 마음을 가지고 있는 바를 서술하면 기준은 벗어나지 않게 된다"는 것이다. 무릇 이와 같은 것이 문장의 지극한 법칙인데, 어찌 이를 동성파의 병폐라고 할 수 있겠는가?

나는 항상 동성파의 문장이 프랑스 문학과 비슷하다고 여겼다. 프랑스인의 문학은 허황되거나 과장된 말이 없고 지나치게 좋게 평가하거나 비난하는 경우도 없으며, 한 글자 한 구절은 그 무게가 균형을 이루어 정도를 넘어서지 않는다. 널리 알려진 바와 같이 플로베르(Gustave Flaubert)가 모파상에게 가르친 문장 쓰는 법은 일찍이 그

3 관동(管同, 1780-1831): 자(字)가 이지(異之). 동성파 산문가.

에게 빵이나 물건을 구입해 돌아가게 하고 그 본 바를 서술토록 하는 것이었는데, 만약 마음에 흡족하지 않으면 다시 가서 다른 물건을 살펴보도록 하였다. 이렇게 하여 결국에는 처음 쓴 글자 수의 절반만으로도 자신이 보고 들은 것을 서술하게 되었다. 따라서 그 문장이 간결하고 정밀한 것은 그야말로 나라의 문에 걸어놓고 천금의 상금을 주어도 한 글자를 바꿀 수 없을 정도에 이르게 되었다. 아놀드(Matthew Arnold, 1822-1888)는 말하기를, 일찍이 영국문학이 아시아인처럼 야만적이고 화려하여 가장 저명한 산문작가인 버크(Edmund Burke)조차도 그러한 폐단에서 벗어날 수 없었다. 심지어 버크는 추악한 말마저 문장 속에 그대로 사용하고 있는데, 예를 들어 루소가 "자신과 증오하는 애인 사이에 태어난 자녀를 버리다", "부패하여 냄새나는 시체" 혹은 "오줌을 누다" 등의 표현이 그러하다. 그러나 프랑스인의 문장은 아테네의 문장을 모방했다고 지적한 바 있다. 그는 또 말하기를, 영국의 비평가와 신문은 당파적인 정신으로 극단적인 논조를 구사하여 차등을 구분할 여지가 전혀 없다. 이치로서 사람들을 설득하려 하지 않고 무리한 비난만을 일삼고 있어 프랑스인들이 "영국 신문이 야만적이다"라는 조롱까지 하고 있다고 하였다. 무릇 이러한 점들이 영국인의 단점인데 동성파에게는 이러한 점이 없으며, 프랑스인의 장점은 또한 동성파만이 지니고 있다. 그런즉 어떻게 동성파의 문장을 가볍게 헐뜯을 수 있는가?

이와는 반대로 후스 군의 문학혁명 주장을 보면, 「건설적 문학혁명론」 중에 다음과 같이 주장하고 있다. 즉 "할 말이 있으면 말하고, 말하고 싶은 대로 말하라". 언뜻 보면 "수사로써 참된 의미를 세운다(修辭立其誠)"는 뜻으로 보이지만, 자세히 따져보면 이와는 달리 거리

낌 없고 절제가 전혀 없는 것을 가리킨다. "할 말이 있으면 말하라"는 그러한 말을 꼭 해야만 하는지, 지금 이곳에서 말하지 않으면 안 되는지 여부를 따지지 말라는 것이다. "말하고 싶은 대로 말하라" 역시 이러한 말이 합리적인지, 주제에 적합하지, 완곡하고 곡절하여 사람을 감동시킬 수 있는지, 명확한 판별력으로 대중을 설복할 수 있는지 여부에 대해서는 고려치 말라는 의미이다. 의미만 전달되면 "부패하여 냄새나는 시체" 혹은 "오줌을 누다" 등과 같은 말이나 늙은 할머니들이 거리에서 내뱉는 비속한 욕설, 심지어는 미친한 사람들의 농담과 건방진 조롱을 담아도 무방하니, 어찌 아시아인의 야만과 화려함에 견줄 뿐이겠는가? 이것이 바로 후스 군과 그 집단이 자신과 의견을 달리하는 사람들을 공격할 때 말투가 매우 경박하고 악랄한 까닭이다. 심지어 이자웨(易家鉞)가 천두슈를 비난하듯 같은 집단 내에서도 서로 비판을 받아들이지 않고 논쟁을 하는 데도 독설을 여지없이 드러내고 있다. 이러한 혁신운동은 비록 성공할지라도 이렇다 할 가치가 있을 리 없다. 또 중국의 풍조를 보면 영국인에 가까우니, 의(義)와 법(法)을 숭상하는 동성파의 문장은 더욱더 오늘날 사회가 필요로 하는 처방이라 할 수 있다.

문장의 의의는 한 시대의 학술사상에 달려 있다. 학술사상이 발달하지 못하면 문장 또한 의지할 바가 없게 된다. 아놀드는 영국 19세기 초의 시를 비평하면서 비록 워즈워스, 콜리지, 키츠, 스콧 같은 천재가 있음에도 그다지 성과가 크지 않은 것은 실질이 충분하지 못하기 때문이라고 보았다. 동성파의 문장은 "매끄럽고 담백하며", "아주 훌륭한 부분은 없는데", 이는 사상이 결핍되었기 때문이다. 방포와 요내의 시대는 개명전제(開明專制)의 통치시대여서 문장에 대한 검열이 심하여 훈고학이 성행하였고, 그 학문을 하는 자들 중에 사상과 사고의 깊이가 부족한 자는 모두 장구와 훈고 또는 지엽적인 학문에 종사하였다. 게다가 승평세(升平世)가 오랫동안 지속되면서 자연히 비분강개하거나 마음과 정신을 격동시키는 일도 드물어 문장의 제재나 소재로 제공되지도 않았다. 당시는 아직 대외적인 개방이 이루어지지 않고 동서문화의 접촉이 이루어지기 전이어서 외부세계로부터 자극을 받거나 참관할 만한 바가 없었다. 따라서 비록 문체는 매우 청결하지만 여전히 공소한 병폐를 면하기 어려웠다. 문정 증국번이 동성파의 중흥자가 될 수 있었던 까닭은 비록 "크고 강직한 기개, 박통한 식견을 문장으로 표현하여 고금의 최고의 경지에 도달했기" 때문이기도 하지만, 당시는 태평천국의 난이 10여 년간 지속되면서 동남 지역의 절반이 도적의 무리에 의해 함락되었던 시기였기 때문이다. 그로 인해 상향(湘鄕)의 의용군이 조직되어 호남(湖南)에서 궐기하여 충의를 위한 수천 리 전투가 전개되었는데, 풍운이 연이어 일고 수많은 희비가 교차하는 일들이 문장의 더없이 좋은 재료로 제공되었고 그 결과 증국번의 문장은 자연스럽게 다른 사람들보다 더 출중할 수 있었다. 그러므로 오늘날의 고문은 방포나 요내보다 훨씬 더 정밀하고 뛰어나니, 옌푸와 장스자오가 어찌 힘써 고문을 응용하려 하지 않을 수 있었겠는가! 훌륭한 수단인 고문을 새로운 학술과 신사상을 전파하는 데 이용했기에 불후의 가치를 지니게 되었다.

또 동성파의 문장은 비록 그 의의는 풍부하고 새롭지는 않지만 그 종지는 매우 바르고 훌륭하다. 요내는 왕휘조(汪輝祖)[4]에게 보낸

4 왕휘조(汪輝祖, 1730-1807): 청 대 학자이자 장서가.

답신에서 다음과 같이 말하였다. "옛사람들(古人)의 문장이란 어찌 형식적인 문(文)만을 가리키는 것이겠습니까? 도의(道義)를 밝히고 풍속을 유지하여 세상을 훈계하는 것은 군자의 뜻이며, 문장이 그 뜻을 충분히 발휘한 것이야말로 군자의 문장입니다." 오남병(吳南屛)[5]이 양성농(楊性農)[6]에게 보내는 서신에서도 "제가 보기에 고문이라는 것에 문체의 차이는 없습니다. 문장을 짓는 것은 옛사람들에게 있어서 도(道)를 말하기 위해서일 뿐입니다. 하지만 단지 그 말하는 바가 옛사람들과 비슷해서는 안 되며, 그 실천과 행동도 마땅히 부합하지 않으면 안 됩니다"라고 하였다. 문장을 짓는 것의 종지가 이와 같거늘 어찌 비난할 수 있겠는가? 또 매증량이 주단목(朱丹木)에게 보내는 답신에서 "문장의 내용은 시대에 따르는 것보다 중요한 것이 없습니다. 이 시대에 나의 말을 하면, 비록 그 내용이 미세하고 심히 작은 것이라 하더라도 한 시대의 조정과 민간의 풍속과 습관을 모두 나의 말을 통해 살필 수가 있습니다. 당(唐)의 정원(貞元)이나 원화(元和) 시기에 쓰인 문장은 그 독자가 정원이나 원화 시기의 사람이었음을 알아야 하며, 송의 가우(嘉祐)나 원우(元祐) 시기에 쓰인 문장은 그 독자가 가우나 원우 시기의 사람이었음을 알지 않으면 안 됩니다. 한유는 '진부한 말은 힘써 없애야 한다'고 말하였는데, 이는 어찌 그 낱말을 베끼지 말아야 한다는 것만을 말한 것이겠습니까? 고금의 이치와 추세는 서로 다릅니다. 시세에 따라 변화하여 끝없이 나날이 다르고

5 오민수(吳敏樹, 1805-1873): 청 대 반호문파(柈湖文派)의 창시자. 그의 서재가 남병산(南屛山)에 있어서 호를 남병으로 자처하여 학자들이 그를 남병선생으로 불렀다.

6 양이진(楊彝珍, 1805-1898): 자가 성농(性農). 고문에 능했던 그는 관리 생활을 하다 말년에 저술과 강학(講學)에 힘썼다.

새로워집니다. 이미 변화한 다른 시대의 것을 이전 시대의 것과 같도록 획일화한다면, 비록 낱말은 옛것에서 빌린 것이 없더라도 그 문장은 이미 진부한 것이 됩니다"라고 말하였다. 이로부터 동성파의 지향하는 바가 단지 협의의 "문이재도(文以載道)" 관념에 있지 않음을 알 수 있다. 무릇 한 시대의 정법(政法)과 풍속, 제도와 문물들이 모두 나의 문장의 내용을 위해 제재나 소재로 쓰인다는 것이 그들의 주요 취지로서, 이는 곧 "도의를 밝히고 풍속을 유지하며 세상을 훈계하기" 위함일 뿐이다. 문장을 짓는 도(道)는 대략 이로써 설명되었다 할 수 있다. 진실로 동성파의 문장이 중국의 사상계를 위해 큰 공헌이 없었다고 한다면, 이는 그 시대의 학술사상이 결핍되어 진부했기 때문이지 문체와는 상관없다.

혹자는 동성파의 문장 규범이 지나치게 엄격하여 젊고 호방한 기운이 적은 것도 동성파 문장의 병폐 때문이라고 말한다. 예를 들어 후스 군이 "매끄럽고 담백한 문장만을 지으려고 한다"고 말한 것은 바로 이 점을 지적한 것이다. 그렇지만 이는 식견이 좁은 주장이다. 배우지 않은 자들은 매번 공허한 호기에 놀라거나 현혹되기 쉽다. 그중 상급자는 한유나 소식의 시문을 좋아하고, 하급자는 곧 공자진(龔自珍), 김화와 같이 풍부하게 넘쳐나는 겉모습을 흠모한다. 그러나 단지 그 문필의 막힘없이 질주하는 면만을 보고 그것이 함축한 내용이 무엇인지는 주의하지 않는다. 량치차오, 황준헌의 명성이 자자한 것도 바로 이들의 "필리스틴(Philistine)", 즉 속물근성 때문이었다. 한적하고 고요한 작품은 오히려 평이하여 볼 가치가 없는 것으로 간주되었다. 이는 문장에 강유(剛柔)의 구분이 있으며, 매콜리(Elizabeth Wright Macauley)의 날카롭고 통쾌함도 참으로 훌륭하지만, 찰스 램

(Charles Lamb)의 곡절 있음과 완곡함도 훌륭하다는 점을 모르는 소치일 뿐이다. 요내는 「노혈비(魯絜非)[7]에게 보내는 서신」에서 "제자(諸子) 이후로 문장을 짓는 데에 편향성이 없는 자가 없습니다. 양강(陽剛)의 미를 갖춘 자는 그 문장이 우뢰와 번개 같고, 계곡에서 큰 바람이 부는 것 같고 험준한 높은 산과 같으며, 큰 강이 갈라지는 듯 천리마가 치달리는 듯합니다. 그 빛은 밝은 태양 같고 불 같으며, 황금 장식품 같습니다. 그 사람으로 말하면 높은 곳에서 먼 곳을 보는 듯하고, 군주가 수많은 대중을 대하는 듯하며, 북을 울려 수많은 병사의 전의를 북돋는 듯합니다. 음유(陰柔)의 미를 얻은 자는 그 문장이 막 떠오르는 아침 해나 맑은 바람, 노을 진 구름, 안개 같고 깊은 숲속의 구불구불 흐르는 시냇물 같으며, 바다 같고 주옥 같으며, 백조가 우는데 사람은 광활한 들판에 서 있는 듯합니다. 그 사람으로 보자면 그 탄식은 맑고 깊고, 그 생각은 심원하며, 그 기쁨은 온화하고, 그 슬픔은 처량합니다"라고 말하였다. 이는 그야말로 각각의 장점을 잘 파악한 것이라 할 수 있다. 구양수(歐陽修)와 증공(曾鞏)의 문장은 유약한 편향이 있지만, 도잠(陶潛)과 위응물(韋應物)의 시에 없는 것이 바로 유약한 경향이다. 강건한 편향을 지닌 자는 쉽게 볼 수 있지만, 유약한 편향을 지닌 자는 알기가 어렵다. 한유 시의 훌륭함은 「남산(南山)」에 있는 것이 아니라 「추회(秋懷)」에 있고, 소식 시의 훌륭함은 소년이 질주하는 듯한 '칠고(七古)' 시에 있지 않고 『동파(東坡)』 전후집(前後集)과 「화도시(和陶詩)」에 있다. 대개 세상 경험이 깊고 도(道)를

7 노구고(魯九皋, 1732-1794): 자가 혈비(絜非). 동성파 대표인물 요내와 가깝게 지내며 서신으로 고문의법이나 고문운동의 각종 문제에 대한 의견을 나눈 바 있다.

돈독하게 살피고 정기가 내적으로 쌓이면 창조적인 상상력이 뜻대로 이루지 못해도 자연히 뛰어나게 된다. 동성파는 3-4명을 제외하면 문장이 대부분 유약함에 편중되어 있다. 그리하여 외모는 소박하고 예스러우며 고상하여 사람들의 이목을 현란시키기 쉽지 않다. 또한 "선택한 말에는 조리가 있고 묘사를 통해 물리와 인정을 밝히기에 족하다". 이는 그들의 장점이지 병폐라고 할 수 없다. 이것이 바로 아놀드가 말한 아테네의 문장이다.

내가 반복해서 동성파의 우열을 논한 까닭은 후스 군이 동성파의 문장을 전제로 고문학이 가치가 없다고 간주하고 구어체의 문장이 뛰어나다고 자부했기 때문이다. 이제 잠시 문언문과 구어체문의 우열을 떠나 동성파 문장 자체에 대해 논하자면, 그 고유한 특징을 알 수 있다. 옌푸, 린수의 번역과 장스자오의 정론문이 가치가 있는 까닭은 고문을 운용하여 다른 종류의 저술에 적용할 수 있었기 때문이다. 옌푸 문장의 훌륭한 점은 심사숙고하여 한 글자도 소홀히 다루지 않고, "하나의 명사를 선택하는 데 수십 일을 고민하였다"는 점에 있다. 그 결과 그 번역은 원문에 충실하고 의미를 전달하며 문장규범에 부합해야 하는 세 가지 측면[8]을 모두 구비할 수 있었던 것이다. 나는 일찍이 그의 『군기권계론(群己權界論)』, 『사회통석(社會通詮)』을 원문과 대조해보았는데, 그 의미가 전달되지 않은 바가 없었으며, 매 구마다 원문의 의미를 벗어난 바도 없었다. 번역과정에서 그가 겪은 마음의

8 옌푸는 『천연론』에서 번역의 세 가지 어려움을 말하며 원문에 충실해야 하고(信), 의미를 전달해야 하며(達), 문장의 규범에 맞아야 한다(雅)고 지적한 바 있다. 이 책의 본문 번역 4절 "옌푸와 린수" 참고 바람.

고충은 옛 육조와 당 시기에 불경을 번역하던 대사(大師)와 견줄 만하다. 일찍이 훌륭한 문장으로 뛰어난 서적을 번역한 것은 그 한 개인의 대단히 뛰어난 능력일 뿐만 아니라 번역에 종사하는 자들이 영원히 본받아야 할 모범이다.

린수의 소설번역을 보자면, 비록 서구의 언어를 이해하지 못하는 고충이 있었고 그 번역을 도운 자들의 문학적인 소질이 낮아 매번 심혈을 기울여 2, 3류의 저작들만 번역하였지만, 고문으로 장편소설을 번역한 것은 실로 린수가 최초로 시도하였다. 이는 중국문학계에서 새로운 장르(genre)를 창조한 것으로, 그 공로의 위대함은 현재 글을 쓰는 사람들에게서 기대할 바가 아니다. 비록 "원서를 읽을 수 있는 사람들은 자연히 이러한 번역방식이 만족스럽지 못할 것"이지만, 이는 어떤 명저라도 번역을 거치면서 그 맛이 감소하지 않는 경우가 없음을 모르는 소치이다. 그러나 번역의 아름다움은 창조와 다를 바 없는데, 존 플로리오(John Florio)가 번역한 몽테뉴(Michel Eyquem de Montaigne)의 에세이집이 그 선례이다. "린수가 번역한 소설은 종종 그 자신의 독특한 풍격을 가지고 있어" 창작이라 할 수 있으며, "문학적 천재성이 있어야"만 창조하는 것은 아니다. 따라서 그의 책이 널리 유행하여 차와 술을 마시고 난 뒤의 여흥을 제공했을 뿐만 아니라 문학의 모범이 되기도 하였으니, 후스 군 등이 "각성"의 선례로서 간주하는 "10년 동안 단지 21책만이 팔린 저우(周) 씨 형제가 힘들게 번역한 책"과는 비교할 바가 아니다.

장스자오 역시 고문에 능통하고 논리학[名學]에 정통하였기에 "고문으로 복잡한 사상을 곡진하게 표현할 수 있었으며, 생경한 외국 문법을 구사할 필요가 없었다". 그 결과 그의 정론은 의리(義理)가 정밀하고 문장이 매끄러워 량치차오의 신문체(新聞體)보다 훨씬 뛰어났고, 나아가 하나의 장르를 창조하여 후대 사람들이 본받게 되었다. 후스 군은 장스자오의 이러한 점을 비판하였지만, 문장을 짓는 데 수사에 신중하지 않고도 논리에 부합할 수 있는가? 이러한 문장의 효과가 있는가 여부는 또 다른 문제로 문체와는 무관하다. 장스자오, 황위안융(黃遠庸)의 정론문은 "일반인의 삶과 교류할 수" 없다. "그들이 다이시(A. V. Dicey), 배젓(W. Bagehot), 홉하우스(L. T. Hobhouse), 브라이스(J. V. Bryce)를 인용하여 중국의 정치, 법률의 문제를 토론할 때, 량스이(梁士詒), 양두(楊度), 쑨위쥔(孫毓筠) 등은 이미 헌법을 짓밟고 인민을 손아귀에서 가지고 놀고 있었다." 오늘날 후스 군과 그 집단이 주장하는 사회개혁, 백화문은 또 어찌 "일반인의 삶과 교류를 하고" 있는가? 후스 군 등이 마르크스, 프루동, 크로포트킨, 톨스토이, 입센을 인용하여 중국 사회문제를 토론할 때 저 군벌정객들이 "헌법을 짓밟고 인민을 손아귀에서 가지고 놀지 않았던가"! 후스 군 등이 극단적인 개혁론을 한껏 펼치고 있을 때, 85퍼센트에 달하는 정치적 상식이 없는 문맹의 농민들은 여전히 밤낮으로 참된 군주가 세상에 나오기를 고대하고 있었다. "반드시 그 나라 정치의 발전 정도가 일정한 수준 이하가 아닐 때 비로소 사회의 여러 문제를 논할 수 있다"는 장스자오의 말은 정말로 정곡을 잘 찌르고 있다. 그의 정론이 효과가 없는 이유는 실로 인민(심지어 지식인)의 정치사상이 결핍했기 때문이지 그 문체와는 상관이 없다.

장빙린처럼 스스로 옳다고 여기는 학자의 문장은 위·진(魏晋) 문장을 목표로 삼고 있지만, 지나치게 조탁을 하여 사람들이 이해하기 어렵다. 전하는 말에 의하면 어느 날 그가 어떤 사람을 위해 제사를 지내는데, 장빙린이 제문을 쓰고 란궁우(藍公武)[9]가 읽다가 어디서 끊어 읽어야 할지 모를 정도였다. 이는 일시 웃음거리가 되었지만, 학식을 과시하는 것이 지나친 정도가 이와 같았다. 그가 당과 송을 비판하고 위와 진을 숭상하였다는 것이 반드시 확실한 것은 아니지만, "반드시 학문으로써 즐겁게 해야 한다"라는 말은 학문이 미천한 문인들을 위한 따끔한 경고라고 할 수 있다. 장빙린의 시에 대한 주장은 타당성 없는 말이 적지 않다. 예를 들어 당에 이르러 "오언의 추세가 다하고 두보 이후의 사람들은 칠언을 중심으로 배회하였다"라는 말은 크게 잘못된 주장이다. 칠언과 율시는 진실로 당의 시기에 크게 발전하였지만, 오언의 세력은 아직 쇠하지 않았다. 송 이후로 지금까지 오언 고체시는 여전히 가장 좋은 격식이며 오언 고시에 능하지 못하면서 저명한 시인이 된 경우는 거의 없었다. 또 장빙린이 송 대에 이르러 "시의 추세는 이미 다하고 성정을 읊는 것은 대부분 속악[燕樂]이었다"는 주장도 정확한 것이 아니다. 송 이후에 원·명·청 6백년 동안 시는 하루라도 없어진 적이 없었으며, 저명한 시인들도 배출되었고, 성정을 읊는 것도 대부분 속악에서나 찾아볼 수 있었던 적은 없었다. 사(詞)는 비록 남·북송 시기에 성행하였지만, 그렇다고 이로써 시를 대체한 것은 아니었다. 위로는 북송 시기 매요신(梅堯臣), 구양수에서 아래로는 남송 및 그 말기의 강호 4령(江湖四靈)[10]에 이르기

9 란궁우(藍公武, 1887-1957): 오강(吳江) 출신. 1911년 일본 도쿄 제국대학 철학과를 졸업하였으며, 1917년 이후 『국민공보(國民公報)』 사장, 『신보(晨報)』 이사, 북양정부국회의원을 역임하였다.

10 절강(浙江) 영가(永嘉, 오늘날의 온주(溫州))의 시인 서조(徐照, 자는 영휘(靈暉)), 서기(徐璣, 호는 영연(靈淵)), 옹권(翁卷, 자는 영서(靈舒)), 조사수(趙師秀, 호는 영수(靈秀)) 등은

까지 주로 그 성정을 읊게 된 것은 바로 시가를 통해서였다. 이와 같이 시가는 시종일관 그 정통을 유지해왔다. 또 장빙린이 근대시를 논한 부분도 모두 타당하다고 보기 어렵다. 그는 "한 기물을 보면 한 가지 사물을 말하듯 수미일관 오언으로 나열하여 마치 수의사가 노래로 만든 처방전 같다"고 하였는데, 이러한 비판은 단지 "고증학자"에 대해서만 적용될 수 있다. 근래 시인들은 비록 송체(宋體)를 좋아하지만, 두세 사람을 제외하면 고시(古詩)가 어찌 모두 "이해하기 어려워 읽을 수 없고", 근체시는 어찌 모두 "술 마시며 남을 헐뜯는 말에 비교할 수" 있는 것이라 하겠는가? 장 씨의 학문은 순전히 장구(章句)와 훈고의 학문으로 문학에 대한 조예는 매우 낮다. 근래 강소(江蘇) 교육회 강연에서 원진의 시가 두보보다 뛰어나다고 말하는 것을 보면 그의 문학적 판단력의 수준을 알 수 있다. 요약하면 장 씨는 근대 50년 기간 중 대학자임은 분명하지만, 문학가는 아니다. 따라서 그의 작품도 훌륭하지 않을 뿐만 아니라 문장에 대한 그의 주장도 신뢰하기 어렵다. 후스 군은 장 씨의 "고문학이 50년 기간 중에 최고"라고 했지만, 이는 외양과 내용을 구분하지 않고 그 학문에 대한 비평과 문장에 대한 평가를 혼동한 것이라고 할 수 있다.

량치차오의 문장을 논하자면 대부분 신문체(新聞體)로, 거의 문학이라고 말할 수 없다. "붓끝에 항상 정감이 묻어나는" 것이 그의 문장이 가진 매력이지만, 바로 그 문장의 근본적인 폐단이기도 하다. 아놀드는 일찍이 영국 비평가의 문장에 대해 "목적은 혈기와 감각을

시풍이 일치하고 각자 자나 호에 '영(靈)' 자가 들어 있어 '영가사령(永嘉四靈)'으로 불렸다.

감동시키는 데 있지 정신과 지혜를 감동시키는 데 있지 않다"고 평하면서, 과장되고 공허하면 격앙된 말은 사람들의 이목을 현혹시켜 배우지 못한 "속물근성"들의 취향에 맞추는 것이라고 보았다. 이러한 특징으로 인해 그의 문장이 한때 유행하기도 했지만, 또 바로 그 점 때문에 문학상 영원한 가치를 지니지 못하기도 한다. 그의 문학적인 천재성은 양강(陽剛)의 류에 가깝다. 그리하여 법도와 구성을 좋아하지 않았는데, 그가 어려서부터 동성파의 문장을 좋아하지 않고 "거리의 속어와 노래, 외국어법을 혼합하여 펜이 가는 대로 막힘없이 구사"한 것도 당연하다. 이는 실로 관이지가 말한 "그 관은 무인 같고, 그 의상은 유자같이 온전한 인간의 형상이 아니다". 따라서 문학에서 량치차오의 지위는 단지 신문체를 이끌었다는 점에 있을 뿐이며, 장구하게 전해질 그의 업적은 학술을 연구한 저작에 있지 그 문장에 있지 않다.

후스 군이 50여 년 동안의 고문의 변천을 논한 것을 보면, 문언과 백화문의 논쟁 이외에도 또 장단점이 있다. 시를 논한 부분을 보면 그의 문학적 조예가 미천함이 더욱 잘 드러난다. 최근 50년 가운데 시로써 저명한 사람은 10명 이상이다. 그런데 후스 군은 오직 김화와 황준헌만을 높이 평가하였는데, 두 사람의 시가 평이하여 이해하기 쉬운 것이 그의 주장과 잘 부합하였기 때문이다. 그렇지만 사실은 청 말 시인들 가운데 황준헌보다 더 우수한 사람은 매우 많다. 단지 후스 군이 모르거나 심지어는 들어본 적이 없을 뿐이다. 예를 들어 태평천국의 난 시기 대시인이 어찌 왕카이윈과 김화뿐이겠는가? 왕카이윈의 시는 모방을 목적으로 하고 있어 후스 군이 비판한 것도 틀린 것은 아니다. 근래 리쉬안궁(李宣龔)[11]이 청 대 시인을 평가하면서 그를 말단에 자리매김한 것은 사람의 마음이 서로 상통함을 말해 준다. 그러나 왕카이윈의 시 중에도 적잖이 훌륭한 작품이 존재하는데 「원명원사(圓明園詞)」가 그 예이다. 그와 동시에 또 가장 가깝게 교류한 자로 호구(湖口)의 고심기(高心夔)[12]가 있다. 그의 시는 비록 한(漢)·위(魏)의 시풍을 따르고 있지만 왕카이윈 등과 같이 모방을 위주로 하지 않았으며, 그의 매우 독창적인 면은 왕카이윈을 훨씬 능가한다. 후스 군은 그에 대해 언급하지 않았고, 천하에 『도당지미(陶堂志微)』라는 저작이 있음을 알지 못한다. 고심기는 강서(江西) 호구 사람이며, 왕카이윈과 숙순(肅順)[13]의 문객으로 있었고, 숙순이 패하자 곧 모두 파직되었다. 태평천국의 난이 발발하자 집안의 불행에도 병사를 일으켜 도적을 토벌하였다. 후에 진사가 되어 섭오현(攝吳縣)의 현령이 되었지만 강직하여 벼슬을 그만두고 집에서 일생을 마쳤다. 그는 고대시인 가운데 도연명을 좋아하여 스스로 도당(陶堂)이라 호를 불렀다. 그러나 그의 사람 됨됨이가 기이한 기질을 지니고 있어 도연명과는 다른 부류의 사람이다. 그의 시 창작법도 도연명과 크게 달라 "한 글자라도 마음에 들지 않으면 10여 차례를 거듭해서 바꾸기도 하였다". 그의 시는 기이한 재기가 넘쳐나고 조탁으로 그 기운

---

11 리쉬안궁(李宣龔, 1876-1953): 근대 시인.

12 고심기(高心夔, 1835-1883): 청 대 강서(江西) 호구(湖口) 사람으로, 자는 도당(陶堂)이다. 근대의 의고시(拟古詩)를 표방하는 한위육조시파의 일원으로, 대표작으로 『도당지미록(陶堂志微录)』이 있다.

13 애신각라·숙순(愛新覺羅·肅順, 1816-1861): 청 말 만주족 상남기인(鑲藍旗人), 왕족(宗室) 출신이자 권신(權臣). 함풍제의 신임을 받았고 주요 관직을 역임하였다.

을 해치지 않는다. 예를 들어 「파양옹(鄱陽翁)」을 보면,

> 오늘 배를 저어 강랑곡(康郎曲)을 떠나는데,
> 뱃머리의 한 노인 울면서 가는구나.
> 얼굴 가리고 맨발에 검을 찬 소년,
> 말을 걸어 물어보니 함께 눈물이 절로 난다.
> 주(州)의 성 남쪽을 에워싼 옛 성씨들,
> 화려한 복장을 하고 가마를 타고 출입을 하다가.
> 어찌 알았으리 실컷 취하고 배부른 시절도 다하고,
> 느즈막에 난을 당해 매일 같이 허기가 질 줄이야.
> 지난날 현령 심 모와 이 모,
> 갑자기 백성더러 활과 창을 잡으라 한다.
> 장성한 스무 명의 남자들 도적떼를 가볍게 보더니만,
> 두 관리는 모두 죽었고, 죽어도 족하오.
> 작년에 비로소 동쪽 방위군을 보았고,
> 3월에 성을 쌓느라 농경과 목축을 망쳤지.
> 군인 막사는 밤낮으로 소란스럽고,
> 종종 몰래 점산촌(占山村)에 들어가 잠을 잤지.
> 나중에 온 장군 필금과(畢金科)[14]
> 사슴을 좇듯이 적군을 향해 나아갔소.
> 도망친 병사를 용서하여 다시 훈련을 시키고,

---

14 필금과(畢金科, ?-1857): 청 대 장수. 그의 재능을 아꼈던 증국번이 그의 전사 후에 묘비에 그의 용맹함을 칭송하는 글을 새겼다고 한다.

청년 장정 가운데 하얗고 깨끗한 사람은 열 가운데 여섯이지.
장군의 말을 연전총(連錢驄)[15]이라 부르고,
아들에게 말에게 먹일 꼴을 베게 시켰네.
이 말이 진지로 나아가는데 호랑이처럼 건장하고,
장군의 뇌성 같은 고함에 말은 번개처럼 좇는다.
어제 거세게 추적하여 경덕진(景德鎮)에 이르렀는데,
팔을 걷어붙인 천 명의 사람들이 가서 돌아오지 않았구려.
장군은 시신 없이 제사를 올리고,
말 뒤편의 나의 아들은 까마귀가 살을 쪼아 먹으니.
전쟁에서 싸우다 죽을 운명이라면 어찌 살기를 바라겠는가?
이와 같은 용맹한 군대가 패전한 것이 애석하도다.
그렇지 않으면 벽성(壁城)의 동쪽을 막았을 것을,
이 급한 상황에 그 누가 오악(五岳)을 점령할 수 있겠는가?
사천과 귀주의 기병들 맹렬한 기세 끊기고,
방어를 독촉하는 지시 문서가 난무한다.
그 지방 사람은 이미 근육과 피부가 상하였고,
더 이상 계곡(雞穀)산에 떨어져도 놀라지 않거늘.
이때에 노인은 하늘을 우러러 소리를 삼키고,
혀를 목구멍에 말아 넣고 핏발 선 눈을 부릅뜬다.
옷이 낡아 질질 끌려도 아랑곳하지 않고,
객들도 품속의 어린아이 더욱 그리워하기를 바란다오.

15 돈을 늘어놓은 것처럼 둥근 무늬가 얼룩덜룩한 말. 털빛은 검푸른 색을 띤다.

오호, 누가 이 노인의 고통을 알리,
수척하고 늙어 더 이상 군인이 될 수 없다오.
구름이 자욱한 산에 도깨비불이 사방에서 출몰하고,
호숫가 검은 물결은 흰 깃발만 환히 비추고 있구나.
대장군 한 어깨에 수많은 성(城)이 달려 있고,
기둥 같던 장군이 꺾이니 동남지방이 기운다.
나는 돌아갈 집도 없고 떠도느니 나라 걱정뿐인데,
노인을 혼미케 한 상심을 위로할 길 없구려.
광주리 밥 드시고 지친 노인네 눈물 흘리며 통곡하지 마시오,
힘겨운 시기 여하튼 우리 모두 살아가야 하지 않겠소.

이 시는 글자마다 눈물이 그득하며, 기세와 구조가 두보의 「팔애(八哀)」에 비견할 만하니, 어찌 "애상적인 혹은 강개한 좋은 문학"이라 말하지 않을 수 있겠는가? 그럼에도 경솔하게 "동남 각 성이 가장 피해가 심했는데도 위대하고 깊이 있는 문학이 나오지 않았다"라고 단정할 수 있는가? 고심기의 시는 「광려산(匡廬山)」과 같이 경치묘사에 특히 능하다. 이제 그의 시 「냉천정(冷泉亭)」을 한 예로 살펴보고, 그 밖의 작품에 대해서는 별도의 문장을 통해 논하도록 하겠다.

피곤한 여행길 벽주(辟州)성 외곽,
가는 곳마다 편안하다.
동틀 무렵 출발하여 점심 무렵 석간(石澗)에 도착하니,
아름다운 흰 구름이 마음에 그윽하구나.
소나무 꽃가루가 나의 두건에 흩날리고,

차가운 연못에 절반쯤 담근다.
그늘진 계곡의 천 개의 계단을 오르는데,
가랑비에 공연한 연기만 피어오르네.
나무꾼이 새를 어깨에 메고서 밖에서 돌아오고,
어린아이가 나무 아래서 밥을 먹는다.
종소리 풍경소리 사방의 산에서 울리며,
푸른 산속을 떠나지 않누나.
외로운 스님이 자리를 뜨지 않다가,
높이 뜬 달빛 받으며 원숭이 밥 주러 나서는구려.

이와 같이 훌륭한 시를 무시하고 언급조차 하지 않은 것은 자신의 선호 때문에 인간의 성정마저 저버린 것이다. 만약 그가 몰랐다면 또 어떻게 감히 50년의 문학을 논하는 글을 집필할 수 있단 말인가!

태평천국의 난 시기에 또 한 명의 시인이 있었는데, 그의 시의 품격 역시 김화보다 뛰어나다. 정샤오쉬(鄭孝胥)가 정진(鄭珍)의 「소경소시(巢經巢詩)」와 유사하다고 보았던 것은 바로 장주(長洲) 강식(江湜)[16]이라는 시인이었다. 비록 강식의 시 창작은 단지 동치(同治) 2년에 끝나 최근 50년의 시기 이전이기는 하지만, 그 정신은 정진의 「소경소시」와 함께 동광 이후의 시대에 가깝고 오히려 가경제와 도광제 시기의 시와는 다르기 때문에 근대의 시를 논하면서 빼놓을 수 없다. 그의 시는 초기에는 한유와 황정견을 배웠지만, 그 이후에는 스스로

16 강식(江湜, 1818-1866): 청 대 시인으로, 『복어당시록(伏敔堂詩錄)』 15권, 『복어당시속록(伏敔堂詩續錄)』 4권, 『집도당외집시(集道堂外集詩)』 2권 등의 작품이 있다.

시의 오묘한 이치를 터득했다고 자부하였다. 그의 시는 거침없고 남김없이 토로하는 것이 자못 양만리(楊萬里)와 흡사하다. 후스 군이 만약 그의 시를 알았다면 아마 같은 부류의 시로 인용했을 것이다. 태평천국의 난 시기에 생활이 어려워 정처 없이 떠돌며 절강과 복건을 전전하였는데, 이는 김화의 상황과 유사하다. 그러나 그 인품과 시의 품격은 모두 김화보다 훌륭하며, 그의 기골은 속되지 않다. 그가 슬픔을 읊은 각 시편들은 김화의 「통정편(痛定篇)」과 유사하지만, 신랄하고 거짓으로 나약한 척하는 병폐는 없다. 그의 「정수시(靜修詩)」, 「감억시(感憶詩)」는 진실하고 슬프면서 괴로우며 천성이 돈독하고 완전히 백묘 수법으로 창작되었다. 그리하여 정샤오쉬의 찬사를 받아 정진에 비견할 만하다는 평을 들었다. 여기서 「정수시」를 통해 그의 시의 특징을 보도록 하자.

> 일선에 항수성이 함락되었을 때,
> 생사가 매우 위급하였으니.
> 비 내리는 길에 발이 터지도록 걸었으나
> 도적을 피해 숨을 곳이 없었다.
> 횡하교(横河桥)가 기억이 나서,
> 옛 사당의 붉은 두 문을,
> 반쯤 열고 들어가니,
> 스님 한 분이 추운 듯 쭈그리고 앉아 있네.
> 급한 행색을 보이고,
> 절박하게 사정을 하니,
> 스님은 측은한 듯 눈물을 흘리고,

조그만 밥상을 차려주었지.
절간은 도색한 서까래 이외에,
황량한 뜰은 적막하기만 하구나.
이날 밤은 특히 어두워,
창문 아래 두 개의 등도 어둡고,
뜰에서는 낯선 귀신이 우는데,
수십, 수백의 억울한 원혼이 하소연하는 듯하다.
그중 특히 큰 소리는,
충렬(忠烈)의 혼임을 알겠구려.
어제 존경하던 노인의 시신을 수습하였는데,
온몸이 칼자국이었지.
관에서 그의 능력을 인정받고,
때때로 전투에 참여하였건만.
슬픔이 가슴을 저려,
홀로 살아남은 것이 괴롭소.
불상 뒤편에 숨겨진 기둥이 있어
7척의 몸을 매달 수 있으니.
나의 목숨을 끝낼 곳이라고,
성과 이름을 땅에 썼는데,
예기치 않게 스님이 사전에 알아채고,
나의 정신 나간 모습을 책망하였다네.
마지막에 나의 행위를 들켜,
크게 성나 소리치며.
부모가 있냐고 묻고,

어찌하여 가족을 잊어버렸는가?
죽지 말고 기다려,
도망칠 기회를 기다리게.
벗어날 수도 있는데 죽는다면,
헛된 죽음에 하소연할 곳도 없소.
백방으로 나의 마음을 열고,
아침 해가 뜰 때까지 함께 밤을 지새웠지.
마침내 사흘간 함께 숨어 있다,
다행히 성을 빠져 나올 기회가 왔으니.
스님이 앞에 서고, 나는 그의 뒤를 따라,
함께 힘들게 걸었다.
거리에서 항주가 회복되었단 소식 듣고,
슬픔이 가시고 다소 기뻤다오.
스님은 돌아가고 나 혼자 가는데,
원앙(鴛鴦) 호숫가에서 헤어진 후에,
나는 돌아가 가족을 만나,
전에 겪었던 일을 얘기했소.
나의 부모는 곧 망배(望拜)를 올리며,
그 스님의 인자함에 감사해 했다오.
이후 너는 매일같이,
평생토록 그 스님에게 감사해 하거라.
은혜 갚는 것을 잊지 말라,
누차 간곡히 말씀하셨지.
어찌 알았으리 몇 달도 안 되어,

소주가 함락될 것을.
도망치다 참담한 부고에 통곡하고,
오랫동안 막혀 있다 무덤을 만들었소.
부모의 은혜도 갚지 못해 침통한데,
다른 사람 은혜는 말해 무엇 하리.
어느덧 2년의 시간이 흘러,
전전하다 이제 복건에 이르렀건만.
또 들리는 소문에 항주가 함락되고,
수만 명이 굶어죽었다 한다.
수많은 사람들 가운데,
그 스님이 걱정스럽구려.
전에 그에게서 얻어먹은 밥을 떠올리면,
매우 가난한 상황이었거늘.
어찌 포위된 성내에서,
아침저녁 끼니나 이을 수 있을런지.
아침에 밥을 싸서 가려고 했지만,
천 리 길 달려가는 병사들로 먼지만 자욱하고.
어젯밤 갑자기 꿈에서 보니,
해진 승려복이 너무 낡아 한숨이 절로 나오는구나.
그대는 아직 죽지 않았을지라도,
가시덤불 속에 몸을 숨기고 있는 듯하니.
고인들은 한 끼니 식사에도 감사하고,
의(義)를 천근만근처럼 중시하였다오.
하물며 전쟁 시기에,

죽음의 위험에서 구해준 것은 말해 무엇 하리.
어느 날에나 멀리 그대를 찾아가,
함께 손잡고 밤새워 이야기할 수 있으려나.
평생토록 함께 공양하리라,
마치 그대가 부처님 모시듯.
오월(吳越) 지방의 하늘은 참담하고,
도적떼로 인해 혼란스럽도다.
이 생각을 어떻게 실현할 수 있을런지,
공연히 가슴만 두드리는데.
어찌 그대의 은덕을 저버리고,
부모님의 말씀을 어기겠는가.
시를 쓰는 마음은 비통하기 그지없어,
글자마다 한 자 한 자 마음을 파고드니.
그대의 이름은 정수(静修),
항주 사람으로 속세의 성은 진(秦).
이 시를 쓰고 나서 훗날을 기약하며,
자식과 손자들에게 두고두고 말해주리라.

그 밖에 「후애(後哀)」 6수(首)는 더욱 침통한데, 맹교(孟郊) 이후 이러한 작품은 거의 보기 드물 정도로 그야말로 비애문학의 극치라고 할 수 있다. 그러나 강식은 생활이 이토록 어려움에도 여전히 그 기개와 의지를 잃지 않고, 김화처럼 "가난이 극에 달하자 돈을 각별하게 중시하는 것을 부끄러워하지 않는다", "사람들을 두려워하여 항상 측간의 생쥐꼴이 된다"와 같은 비속한 말을 짓지는 않았다. 이

것이 그의 인격과 시의 품격이 김화보다 더 높은 점이다. 그 밖에도 우수한 시는 많다. 특히 오고가는 길에 보고 겪은 경치나 사건을 읊은 절구가 뛰어나다. 아쉽게도 그의 중년의 시는 지나치게 직설적이어서 「소경소시」와 같은 변화무쌍한 묘미가 없을 뿐만 아니라 참신한 의미도 적다. 비록 가경제와 도광제 시기 시인들의 비속함에서 벗어나려고 했지만, 여전히 그 시대 시인들의 상투적인 틀에 종종 얽매이기도 하였다. 그럼에도 불구하고 그의 지위는 김화보다 훨씬 더 높다.

후스 군이 높이 평가한 청 대 후기 시인은 바로 정진과 김화이며, 량치차오 또한 두 사람을 병칭하면서 김화를 호머, 단테, 셰익스피어, 밀턴, 괴테에 견주었다. 나는 두 사람이 서로 상대방의 의견을 따르고 있기 때문인지 아니면 "영웅이 보는 바는 대체로 비슷하기" 때문인지 잘 모르겠다. 그러나 실제로 정진과 김화 두 시인의 시는 큰 차이가 있다. 게다가 정진은 소식과 한유를 골격으로 삼고 원진과 백거이를 기본 입장으로 삼아 약동하는 기상이 이루 형용할 수 없으니, 이는 김화의 넘쳐흐르고 재단하지 않는 것과는 다른 취향이다. 가짜를 진짜라고 속일 수 있는 것은 단지 지식이 미천한 자들에게나 통할 뿐이다. 량치차오와 후스 군은 시에 대한 조예가 얕아서 이를 정확히 분별할 수 없었다. 심지어 원진과 백거이를 주장하는 뤄잉궁(羅癭公)[17] 도 정진을 같은 취지로 이해하고 그의 시집을 번각하기도 하였다. 심하구나! 시를 이해하기란 쉽지 않다. 정진과 김화의 우열에 대해서는 나는 「소경소시」, 「추혜관시(秋蟪館詩)」를 평한 두 논문(본 잡지 제7

17 뤄잉궁(羅癭公, 1872-1924): 청 말 민 초 시인이자 경극 작가. 캉유웨이의 제자.

기와 제8기)에서 자세히 논하였기에, 여기서는 더 이상 설명하지 않겠다. 다만 지적하고 싶은 것은 후스 군이 찬사한 부분을 나는 정반대로 비판적으로 보고 있다는 점이다. 후스 군은 김화의 시가 "『유림외사』에서 도움을 받은 것 같다"고 말하였다. 무릇 온유돈후한 교화를 중심으로 해야 할 시가가 『유림외사』에서 도움을 받았다면, 그 품격이 얼마나 비속한 것인지를 가히 상상할 수 있다. 후스 군은 "뜻 있는 사람의 풍자는 비웃고 욕하는 것이 아니라 통곡이다. 경박한 것이 아니라 한(恨)이 극에 달하여 어찌 할 수 없어 부득이하게 그러한 것이다"라고 말하였다. 나는 김화의 시가 경박할 뿐 아니라 그야말로 악의에 차 있다고 본다. 소아(小雅)의 풍자는 이와 같지 않고, 두보의 신악부도 이와 같지 않으며, 백거이의 풍자시도 이렇지 않고, 정진의 신악부 역시 이와 같지 않다. 무슨 까닭인가? 이는 불쌍히 여기며 슬프고 괴로워하는 마음이 없고, 온유돈후한 가르침에 어긋나기 때문이다.

광서, 선통 시기 저명한 시인이었지만 후스 군의 찬사를 받지 못한 시인은 적지 않다. 장지동(張之洞), 천바오천(陳寶琛),[18] 천싼리(陳三立), 정샤오쉬, 원창(袁昶),[19] 량딩펀(梁鼎芬),[20] 유광제(劉光第),[21] 류밍전(兪明震),[22] 자오시(趙熙),[23] 천쩡서우(陳曾壽)는 모두 불후의 작가

---

18 천바오천(陈宝琛, 1848-1935): 청 말 대신, 학자. 송 시를 숭상하는 동광체 시파의 대표로, 『창취루시집(滄趣樓楼詩集)』, 『창취루문존(沧趣楼文存)』 등의 저작이 있다.

19 원창(袁昶, 1846-1900): 청 말 대신, 학자. 동광체 시파의 대표.

20 량딩펀(梁鼎芬, 1859-1919): 청 말 학자이자 장서가. 시작(詩作)에도 능하여 비분강개한 시를 많이 지었다.

21 유광제(劉光第, 1859-1898): 청 말 유신파의 저명한 애국시인.

22 류밍전(兪明震, 1860-1918): 시작에 능하며 동 시기 동광체 시파와 비슷한 시풍을 지녔다.

23 자오시(趙熙, 1867-1948): 청 말 민 초 학자이자 시인이자 서화가.

들이다. 나는 별도의 논문에서 장지동의 『광아당시(廣雅堂詩)』, 류밍전의 『고암시(觚庵詩)』를 분석하고 비평한 적이 있다. 또 『산원정사시(散原精舍詩)』,[24] 『회장루시(誨藏樓詩)』[25]의 훌륭함은 이미 널리 공인되고 있어 달리 변호할 필요가 없을 것이다. 유독 후스 군은 정진 시의 애처로움은 천싼리가 미치지 못하는 것으로 보았는데, 이는 단지 겉모습만을 본 것이 아니라면 정진의 시를 원진, 백거이와 같은 부류로 간주한 것처럼 잘못된 인식이다. 정진의 시는 유종원, 왕안석에서 나온 것으로, 비록 겉모습은 애처로워 보이지만 골격은 실로 강건하다. 비록 백묘수법을 즐겨 사용하긴 했어도, 그렇다고 그러한 특징이 전혀 바뀌지는 않는다. 천싼리의 시는 골격이 있고 살이 있어 아직 정진이 미치지 못하는 것 같다. 일찍이 정진의 시를 장강의 상류에 비유한 적이 있는데, 그의 시는 비록 괴석을 힘찬 물살로 돌아 흘러가게 하고, 그 힘은 산을 옮길 만하지만 종종 물이 맑아 바닥이 다 들여다보이는 폐단이 있다. 한편 천싼리의 시는 장강의 하류와 같이 안개 낀 수면이 아득하여 끝을 볼 수 없으니, 좁은 소견으로 그 끝을 헤아릴 수 없다. 후스 군이 불만을 토로한 것을 보면, 그가 단지 시의 겉모습만을 알 뿐 시의 골격은 알지 못함을 알 수 있다.

위에서 거론한 여러 시인들 중에 나는 특별히 유광제에 대해서 논하고자 한다. 근래 모두 송 시(宋詩)를 숭상하여 다른 시체(詩體)는 거론할 만한 것이 없다. 오직 유광제의 시의 훌륭한 점은 사령운(謝靈運)과 유종원(柳宗元)에서 비롯되었는데, 초탈하고 뛰어난 부분은 이

24 천싼리의 시집.

25 정샤오쉬의 시집.

태백과 유사하며, 유행 조류를 따르지 않고 독자적인 기풍을 수립하였다는 것이다. 그 높은 경계는 재덕을 갖춘 사람들도 미칠 바가 아니지만, 그를 칭찬하는 사람은 드물다. 이로부터 세상 사람들의 이목은 좋고 나쁨을 분별하지 못함을 알 수 있다. 유광제의 시는 경치묘사를 으뜸으로 하며, 그 「유아미(游峨眉)」 등의 시편은 참으로 지금까지 일찍이 없었던 특징을 보여주고 있다. 그 시편들에서 묘사된 경치는 장엄하고 쓸쓸한 것이 확실히 아미(峨眉)산을 그린 것으로서, 동남의 여러 산들과 비교할 바가 아니다. 여기서는 단지 한두 가지 예만을 들고, 상세한 것은 다른 기회에 논하도록 하겠다. 그의 시 「대평(大坪)」의 다음과 같은 구절을 보자.

오악(五岳)은 면류관처럼,
그 정상은 항상 기울어져 있지 않구나.
이 봉우리 역시 그러하니,
겉모양은 기이하고 장엄하게 우뚝 솟아 있노라.
절벽에 의지해 바라보노라니,
푸른 산들이 성벽을 둘렀구려.
위로는 옥녀(玉女)봉을 어루만지고,
아래로는 금강(金剛)봉을 누르고 있네.
한낮의 불볕은 그늘의 기세를 누르고,
잘려진 줄기 양지 쪽으로 가지를 뻗는다.
몸체는 반듯하지만 실제로는 험준하거늘,
오르고 막히고 얼마나 많이 탄식했던가?
길가에 버려진 옷,

아마도 호랑이가 지나간 흔적인 듯.
숲속에는 우거진 나뭇잎 사이로 바람이 부니,
애절하기가 이를 가는 듯하구나.
험준한 곳을 벗어나니 기력은 이미 다했지만,
아름다운 풍광에 기운이 다시 북돋워지네.
산 계곡은 하얗게 눈 속으로 연이어 있고,
소나무 정수리 부분을 푸른 비가 어루만지고 있누나.
초승달이 서쪽 고개에 걸리고,
하늘 위로는 나방들이 어지러이 날고 있구려.
구태여 가야금을 연주할 필요 있는가?
연못 위에 선녀가 비치는 것을.
산속에 혹여 사람이 있거든,
어디서 은자를 찾아볼거나.
구름 아래서 손짓을 할 때면,
내 우렁찬 노래 한 곡 들어보소.

이러한 정경을 묘사하는 능력은 완대성(阮大鋮)[26]이라도 상대가 되지 못한다. 또 「화엄정(華嚴頂)」에서는 다음과 같이 묘사한다.

듣자니 금강대(金剛臺) 밖에서 보면,
저녁 등불이 오직 이 산봉우리 위로만 떠오른다 한다.

26 완대성(阮大鋮, 1587-1646): 명 말 정치가이자 저명한 희곡작가.

늙은 원숭이가 어린 원숭이를 안고 스님에게 음식을 구걸하고,
객이 한가로이 누군가 사찰의 종을 치는 것을 바라본다.
아래를 굽어보니 노을 진 구름들이 노닐고,
석양의 붉은 비취빛이 푸른 소나무, 삼나무 위로 비추네.
바람결에 전해오는 풍경 소리는 하늘에서 들려오는 듯,
속세의 먼지가 짙은 흥을 깨는 것 같아 아쉽구려.

아미산의 기이하고 빼어나며 신비한 모습이 완연히 눈앞에 펼쳐지고 어떤 수식도 필요 없이 몇 구절만으로 독자들을 서천(西川)의 큰 산의 정상에 서 있는 듯 그리는 것을 보면 작가의 상상력이 얼마나 뛰어난지 가히 상상할 수 있다. 유광제의 잡시(雜詩)의 경우는 또 이백의 「고풍(古風)」과 부류로서 충애(忠愛)의 성의가 자연스럽게 드러나 있으며, 이로부터 훗날 살신성인의 장대한 뜻을 엿볼 수 있다. 이러한 점들은 평범한 시인들과 동일선상에서 비교할 수 없다.

천쩡서우(陳曾壽)[27] 또한 후대 시인으로서 천싼리, 정샤오쉬보다 어리지만, 시에 있어서 특출난 대가로 천싼리와 정샤오쉬의 뒤를 잇는 시인이라 할 수 있다. 천옌(陳衍)[28]은 그를 위해 서문을 쓰면서 "한유의 호방함, 이백의 완약함, 왕안석의 강건함, 황정견의 엄격함을 갖추고 있다"고 평하였다. 천싼리는 심지어 "이 세상에 인선(仁先)이 있기에, 나와 정샤오쉬의 시는 모두 촌스럽고 비루하게 되었다"고 말

27 천쩡서우(陳曾壽, 1878-1949): 청 말 민 초 시인. 동광체 시파의 중요 일원. 자는 인선(仁先).

28 천옌(陳衍, 1856-1937): 근대문학가. 동광체 시파의 일원.

하기도 하였다. 그에 대한 평가가 이와 같다. 그 시의 훌륭한 점은 몇 마디로 다 설명할 수 있는 것이 아니다. 독자들은 직접 『창규각시집(蒼虯閣詩集)』을 구해 보아도 좋다.

이 외에도 연산(鉛山) 후차오량(胡朝梁)[29]이 있는데 천싼리의 제자이다. 본래 해군이었다가 중년이 되어 비로소 시를 배웠지만, 지금 그의 시는 자못 모범이 될 만하다. 특히 그의 만년의 시가 뛰어나다. 그는 비록 대가는 아니지만 저명한 시인 가운데 한 사람이라고 할 수 있다. 그의 「세모잡시(歲暮雜詩)」 몇 수는 그의 시의 일단을 잘 보여준다. 이 시는 특히 그의 유유자적하고 담백한 정취가 잘 나타나 있다.

누런 개야 너는 어디서 왔니?
또 굶주려서 쫓겨나지 마라.
뼈는 앙상하고 걸신들린 듯하며,
머리부터 꼬리까지 1척이 채 안 되거늘.
부엌의 노파가 채찍질하며 쫓아내니,
아픔을 참으며 깽깽거리고.
어쩔 수 없이 굶게 내버려 둘 수밖에,
배고파 부엌에서 나오지 않는구나.
이웃집 작은 애완견은,
코가 작고 성격이 거칠지.

29 후차오량(胡朝梁, 1879-1921): 영문에 정통하여 일찍이 린수를 도와 서구소설을 번역한 적이 있고, 일생 시작(詩作)에 몰두하여 천싼리의 문하에서 동광체 시파의 일원으로 활약하였다.

유복자가 안고 오니,
온 집에서 서로 멍멍거린다.
새로운 것을 좋아할수록 옛것에 대한 마음은 옅어지고,
먹을 것이 있어도 얻지 못하니.
누런 개는 문 앞에 누워,
종일토록 공허함을 채운다.
애완견은 배불리 먹고 가고도,
적잖은 미련이 남는 듯.
세상 물정(物情)은 가늠하기 어려우니,
공연히 애증으로 산란하기만 하다.

바야흐로 봄이라 병아리를 샀는데,
1천 전(錢)에 십 수 마리.
조르르 땅 위로 몰려가니,
암탉과 수탉이 서로 다투듯 달려간다.
수탉의 낮은 울음 소리,
이미 호방한 기상을 갖추었지.
가끔 요리감이 되기도 하건만,
의지할 곳 없는 것들이 두려워하지도 않누나.
남은 것은 암탉 네 마리,
방에 들어가 귀찮게 하는 아이놈을 내쫓는다.
손님이 와서 닭 요리를 준비하는데,
갑자기 집오리로 대신하도록 했거늘.
밥상을 마주하고 나서야 속은 것을 알고,

늙은 할멈 하녀를 꾸짖는다.

"알 낳았나 살펴보게.

닭 우리는 매일 두 차례는 살펴봐야 하네."

"주인 양반이 이 일에 어찌 은총을 베풀지 않는가?"

소문을 듣고 스스로 자책하지만,

세상사란 정말 모르겠노라.

기러기가 인생을 노래할 수 있으니,

장생(莊生)도 그 즐거움을 얻었으리.

부친에게 사실대로 고하지 못했네,

아들이 건강하고 무탈하기만을 고대할 뿐.

우리 집의 장남,

하늘이 내려주셨네.

채 돌도 안 되어 아홉 번 죽을 고비를 넘기고,

5세가 되자 어엿하게 자랐다고 칭찬했지.

처음 걸음마를 하고,

약간의 사물 이름도 익히게 되었고.

새 이를 갈 무렵 책 수 편을 암송하고,

열에 아홉은 잊지 않았지.

직접 구술 교육을 받으며 불량한 책은 배척하고,

맑고 그윽한 새 같은 소리를 낸다오.

매번 서당의 아이를 흉내 내다,

간간이 노래를 부르네.

손님이 오면 작은 손을 내리고 있다가,

돌아가면 은근슬쩍 반대로 행동하지.
상황이 좋지 않으면 눈앞에서 위로하고,
때때로 다시 무릎에 앉힌다.
공경(公卿)도 등한시한다는데,
나 같은 어리석은 자는 더욱 무방하다.
아이는 내 말을 기록해 두려 하지만,
난 아들이 잘못한다 생각하지 않소.

"장부가 어린 자식 사랑하는 것이
어찌 부인보다 더 심한가?"
"인간사 무엇이 중요하단 말인가?
가족의 천륜이 없으면."
예쁜 우리 딸아이,
태어난 지 이제 갓 3년.
짓궂기가 제 오빠의 열 배이지만,
총명하기도 오빠의 두 배다.
기세 등등 소를 풀 먹이고,
신나게 토끼를 쫓지.
북방 사람의 습관을 타고나서,
말소리도 빠르고 맑다오.
미음을 파는 노인에게서 배워,
이웃을 큰 소리로 흉내내 부르네.
아침 내내 새 울음소리가 잦아들면,
때로 간간히 성을 내기도 하지.

남 뒤에서 몰래 책을 암송하고,
종종 묶인 책을 뜯어 놓기도 한다.
또 연묵을 쏟아서,
옷으로 닦기도 하고.
일년 내내 이렇게 하길 수없이 하니,
규율은 아무 소용이 없다오.
어머니는 또 재미나게 말을 둘러대며,
푸른 양탄자를 물려줄까 한다.
우리 집은 변변한 물건이 없이,
오직 가난하게 살아왔지.
가난하게 사는 법은 청빈을 지키는 것,
자식이 어려서부터 총명하기보다 현명하길 기대하오.

모두 풍속에 따라 제사 한납(漢臘)을 올리는데,
대충 갑자(甲子) 모(某)라고 적는다.
남쪽 거리에서는 과일과 밤을 팔고,
북쪽 저잣거리에서는 물고기와 술을 팔지.
동쪽 집에서 먼저 인사를 하면,
서쪽 집에서 후하게 답례한다.
살림의 형편을 살펴서,
적당히 주고받는다.
이렇게 처리하기 쉽지 않은 일,
다행히 부인들에게 맡기네.
나는 다만 책을 끌어안고 앉아,

창문을 마주보고 꼼짝 않고 있다.
차가운 눈으로 하녀 계집을 쳐다보면,
당황해 하면서 분주히 오간다.
하하하 한바탕 크게 웃고 나서,
술과 안주를 맘껏 즐기지.
진실로 산다는 것은 나에게 이와 같은 것,
입이란 본래 시끌벅적한 것이 아니던가.

가정의 번잡하고 소소한 일들을 생동감 있게 그려내고 있다. 이것이 바로 후차오량의 뛰어난 능력이며, 또한 정통 시가의 뛰어난 면이다. 안목이 깊지 못한 사람이 보더라도, "나의 손으로 나의 말을 쓴다"는 주장과 부합함을 알 수 있다. 그렇지만 실제로 이렇게 한가롭고 고요한 수사는 참담하고 생활이 힘겨운 상황 속에서 얻어낸 것이다. 참담하고 힘겨운 상황에서 쓴 것임에도 그 힘겨운 흔적은 보이지 않으니, 이것이 바로 문예의 최고 경지가 아니겠는가?

이상 거론한 여러 작가들을 보면 50여 년 동안 유명한 시인들은 후스 군이 추천한 김화나 황준헌 두 사람만이 아니라 매우 많다는 것을 알 수 있다. 그렇지만 후스 군은 이들을 모두 무시하였으니, 이는 그가 편견에 치우쳐 있거나 학식이 미천한 것이거나 견문이 협소하기 때문일 것이다. 황준헌은 구학문에 조예가 깊고 재주가 넘치며 언어표현도 훌륭하다. 그렇지만 그가 새로 창의한 신체시는 당시 정치운동과 관계가 있다. 무술변법은 실로 낭만적인 운동이다. 장지동은 「학술(學術)」이라는 시에 주석을 덧붙이면서 "20여 년 동안 모두 경학으로는 공양학을 하고, 문장으로는 공자진을 중시하며, 경제(經濟)

로는 왕안석을 중시하였으니, 이 모든 것은 내가 북경을 떠난 이후의 기풍이다"라고 말하였는데, 이로부터 당시 기풍이 힘써 신기한 것을 받들었음을 알 수 있다. 캉유웨이의 "공자개제설(孔子改制說)", 담사동의 『인학』, 량치차오의 『시무보』, 『신민총보』의 논설, 그리고 공자진의 시와 황준헌의 신체시를 모방한 『신민총보』파가 모두 그 예이다. 황준헌은 구학(舊學)에 대한 기초가 튼튼하고 재기가 뛰어나 그 신체시의 가치는 담사동이나 량치차오 등을 훨씬 능가한다. 그러나 그는 만년에 자못 스스로 후회하며 천싼리에게 "만약 몇 년을 더 살 수 있다면, 모든 재능을 규범을 따르는 데 쓰는 것이 더 유익할 것이다"라고 말하였다. 『인경여시초(人境廬詩草)』를 종합하여 평가하면 문학사에서 일정 정도 가치가 있지만, 영원한 가치를 지니고 있는지에 대해서는 아직 의문이다.

사인(詞人)에 관해 보자면, 최근 50년 동안 기릴 만한 작가가 역시 많다. 주쭈머우(朱祖謀)[30]를 제외하면 대부분 몽창(夢窗)을 배우지 않았다. 후스 군은 "50년 동안의 사(詞)는 모두 몽창의 해독을 입어 가치가 매우 적다"라고 하였는데, 어찌 근거 없는 말을 지어낼 수 있단 말인가?

청 말 시기 사학(詞學)의 발달은 광동성 서부 지역에서 시작되었으며, 왕붕운(王鵬運)[31]이 가장 뛰어난 대표인물이다. 주쭈머우, 정원

30 주쭈머우(朱祖謀, 1857-1931): 본명은 주샤오창(朱孝臧). 청 말 4대 사가(詞家) 중의 일인.

31 왕붕운(王鵬運, 1849-1904): 광서 임계(臨桂, 지금의 桂林) 출신. 청 말 관원이자 사인(詞人). 그는 주쭈머우, 정원쥐, 쾅저우이 등과 함께 청 말 4대 사가(詞家)로 불리는데, 그중 그가 최고로 손꼽힌다.

줘(鄭文焯),[32] 쾅저우이(況周儀),[33] 자오시 등은 모두 그의 기풍을 듣고 호응하여 일어선 인물들로, 그중 왕붕운과 주쭈머우는 송·원 시기 사(詞)를 교감하고 발간하는 데 많은 기여를 하였다. 그들의 사 창작은 음률과 운(韻)에 있어서 명·청 시기 풍조를 일소하고 양송(兩宋)의 시기로 되돌렸다. 주쭈머우는 왕붕운의 『반당정고(半塘定稾)』 서문에서 다음과 같이 말하였다. "군의 성정은 따뜻하고 겸손하지만 늘 걱정이 많아 남달리 감내하는 데 어려움이 있는 것 같았다. 일찍이 북경에서 관직을 오래 역임하다 어사가 되었는데, 그의 비판적인 상소문과 주장은 전국을 떠들썩하게 하였다. 그 결과 뜻을 이루지 못하고 관직을 사직하고 말았다. 그의 처지는 매우 곤궁하여 재능을 모두 널리 펼치지 못하였다. 그리하여 우울하고 구차한 삶을 원치 않는 감개가 사(詞)로 표현되었다." 이로부터 그의 기골의 고상함을 상상할 수 있다. 그를 유파로 구분하자면, "벽산(碧山) 왕기손(王沂孫)[34]에서 시작하여 가헌(稼軒) 신기질(辛棄疾)과 몽창(夢窗) 오문영(吳文英)을 거쳐 다시 그들을 혼융일체한 청진(淸眞)거사 주방언(周邦彦)으로 돌아갔으니, 저우쉐시(周學熙)[35]의 말과 정확히 부합하는데", 어찌 "몽창의 해독에 빠졌다"고 할 수 있겠는가? 그의 사는 힘이 있으면서도 처량하고, 신기질의 호방함을 지니고 있으면서도 거칠지 않다. 그를 최근 30년 동안 사의 태산이자 백두로 받드는 것도 전혀 이상할 것이 없다. 예를

---

32 정원줘(鄭文焯, 1856-1918): 청 말 관원이자 사인(詞人).

33 쾅저우이(況周儀, 1859-1926): 본명은 쾅저우이(況周儀)인데 후에 쾅저우이(況周頤)로 개명하였다.

34 왕기손(王沂孫, 생졸 미상): 대략 남송시대 인물로, 사풍(詞風)이 주방언에 가깝다.

35 저우쉐시(周學熙, 1866-1947): 호는 즈안(止庵). 중국 근대의 저명한 실업가.

들어 그의 「염노교(念奴嬌)·등양태산절정망명릉(登暘台山絕頂望明陵)」을 보자.

높은 곳에 올라 눈길 가는 대로 보니,
마주 보는 강과 들판이 수놓은 듯 아름답고,
옷깃과 소매를 이어놓은 듯하다.
십삼릉(十三陵)의 나무 그림자가 저만큼 보이는데,
천수(天壽)산이 언덕처럼 몽롱하게 보이고,
순식간에 변화무쌍하더니,
사방의 산에 비바람이 일고,
제왕의 상서로운 기운이 쇠침해진 지 오래되었도다.
큰 파고가 일어 제왕의 무덤이 생겨나고,
늙은 소나무가 울부짖는 용과 같으니,
오로지 모래와 잡초들만 어렴풋하구나,
흰 이리가 예부터,
무리지어 주변 울타리를 어슬렁거린다.
시골 노인도 세상이 바뀐 것을 알거늘,
아직도 산신이 호통치며 지킨다고 말한다.
저 멀리 들판은 처량하고,
어지러이 구름들이 연이어 몰려오는데,
땅에 술을 부어 신에게 올리고 싶어도 술이 넉넉하지 않구나.
산을 내려와 뒤돌아보니,
석양이 아직 미련이 남는 듯 산봉우리에 걸려 있네.

그 비장함과 강렬함은 신기질이 다시 태어난다고 해도 우열을 가리기 어렵다. 이와 동시에 왕붕운과 명성을 겨룰 만한 사람은 그가 배출한 인물이 아니라 바로 평향(萍鄉)의 문정식(文廷式)[36]이다. 문정식은 얽매이는 바 없이 호탕한 인물로, 그와 무술변법의 관계는 이미 모두가 잘 알고 있어 새삼 거론할 필요가 없다. 그의 사 「운기헌(雲起軒)」은 완전히 소식과 신기질을 본받은 것으로, "벽산 왕기손에서 시작하여 가헌 신기질과 몽창 오문영을 거쳐 다시 청진거사 주방언으로 돌아간" 왕붕운과는 취향이 다를 뿐만 아니라, 특히 "몽창의 해독에 빠졌다"고 할 수 없다. 그는 「자서」에서 "현 왕조의 여러 작가들은 자못 웅장하고 우아하다. 비록 최근 작가들이 많고 운율을 따름에 있어서 이전 사람들보다 뛰어나지만, 하늘을 비추고 연못을 뛰어오르는 재능, 고금을 아우르는 사색, 전 세계에 드높은 뜻, 종합하고 분석하는 마음은 구속된 죄인처럼 곤궁한 인사들이 말할 수 있는 바가 아니다"라고 말하였다. 여기서 그의 자부심이 얼마나 큰지 잘 알 수 있다. 그의 작품을 보면 훌륭한 것들이 매우 많은데, 그 가운데 가장 기세등등한 것은 바로 「팔성감주(八聲甘州)·송지백우시랑부오리아소태참찬대신지임(送志伯愚侍郎赴烏裏雅蘇台參贊大臣之任)」이다.

광풍이 일고,
변방에서 들리는 군대의 피리소리,
봉화가 감천(甘泉)[37]에 피어오른다.

---

36 문정식(文廷式, 1856-1904): 청 말 사인이자 학자이자 유신파 사상가.

37 섬북(陝北) 황토고원 구릉지대.

육도(六韜)[38]의 기이한 전략,

귀신같은 용병술이 있어

나라를 위해 불후의 공을 세우고 싶다.[39]

한바탕 몽롱한 꿈,

꿈에서 깨어나니 오히려 마음이 가뿐하다.

안서(安西)[40]로 가는 만 리 길,

적막한 변방에서 한가로이 피리를 불다가,

차디찬 먹구름 속으로 말을 채찍질한다.

호가(胡笳)[41] 한 곡을 작곡하는데,

애달프게도 슬픈 현을 끊누나.

거용관(居庸關) 밖을 보니,

여전히 풀이 하늘가에 연이어 있고.

다시 고개를 돌리니, 옅은 안개 속에 서 있는 교목(喬木),

신주(神州)에게 묻노니 오늘은 무슨 해인가!

그나마 위안이라면,

남아(男兒) 마흔 살이 늙었다 할 수 없다는 것.

이처럼 문장이 아름답고 음조가 낭랑한 작품은 비록 몽창을 받

38 중국 병법의 고전서적.

39 원문의 욕화능연(欲畫凌煙)에서 능연(凌煙)은 능연각(凌煙閣)을 말함. 당(唐) 정관(貞觀) 17년(643년) 당 태종은 천하를 통일하는 데 큰 공을 세운 장수와 인물들을 기리기 위해 능연각에 초상화를 그려 남기게 했다. 여기서 시인은 자신도 능연각의 공신들처럼 국가를 위해 불후의 큰 공을 세우고 싶다는 포부를 드러낸 것이다.

40 오늘날의 신강(新疆) 지역.

41 몽고족 관악기의 일종.

드는 사람이라도 인정하지 않을 수 없고, 소동파의 「적벽회고(赤壁懷古)」나 신기질의 「경구북고정회고(京口北固亭懷古)」라도 문정식을 넘어서지 못한다. 그럼에도 후스 군은 한마디로 무시하고 지나쳐 버렸으니 황당무계할 따름이다.

정원쥐의 「초풍악부(樵風樂府)」는 앞의 두 사람과 또 다른 특색을 갖추고 있다. 그는 매우 높고 곧은 절개를 가진 사람이며, 귀공자로 태어나 타향인 오(吳) 지방에서 은거하였다. 그의 사는 고요하며 광원(廣遠)하기가 백석(白石) 강기(姜夔)와 같고, 침착하기가 청진거사 주방언과 같으니, 역시 "몽창의 해독에 빠졌다"고 할 수 없다. 이제 그의 「모어아(摸魚兒)·금산유운정전중복무부(金山留雲亭餞仲復撫部)」를 비교해보면 후스 군의 말과 다름을 알 수 있다.

아득한 오(吳)의 하늘 근심스럽기 그지없구나,
강산이 이와 같거늘 깨어 있는 자 그 누구인가.
어지러이 구름이 공연히 거친 파고를 쫓고,
사람들이 모두 한적한 정자에 모여 있다.
기운 달빛,
다시 보기 두렵거늘,
술잔 속에 온갖 세상 풍파 담겼어라.
시인은 스스로 돌이켜 경계하는데,
맞은편 조수가 외로운 성을 두드린다.
무너진 탑에서 연기가 나고,
한밤중 피리소리 더욱 처량하구나.
민간의 사찰에 머물다,

동문에서 송별연회를 열고,
물 한가운데 떠도는 것은 복숭아 가지로다.
그해 노를 두드리던 영웅은 이미 늙었으니,
강을 건너 물건을 나르는 어선들.
근심 걱정 암암리에 생각하니,
눈에 보이는 모든 것은 오랑캐 모래뿐이거늘,
야만적 기운이 아득히 하늘에 뻗쳤도다.
차가운 푸른 이끼 위에 앉아,
기이한 돌에게 말하게 하니,
거친 파도가 술로 변하고,
더 이상 이별시를 짓지 말라 하오.

근대 사(詞)에서 몽창을 배운 자는 오직 주쭈머우뿐이다. 그러나 그의 사는 몽창의 장점을 배웠을 뿐, 칠보누대(七寶樓臺)를 조각으로 해체할 수 없는[42] 몽창의 폐단은 없으니, 그 풍골의 강인함에 있어서는 청 대 사 가운데 최고이다. 일찍이 벗 왕이(王易)는 청 대의 사인(詞人) 가운데 앞에는 주(朱)가 있고, 뒤에도 또 주(朱)가 있다고 했는데, 앞의 주는 죽타(竹垞)[43]를 가리키고 후자의 주는 바로 주쭈머우를 가리키는 것으로 결코 과찬이 아니다. 단지 그가 몽창을 배웠다는 것만을 주워들은 자들이 그가 몽창의 해독을 입었다고 말할 뿐이다. 이

42 이는 몽창의 사가 화려하기는 하지만 단락으로 구분되지 않아 내용에 일정한 체계가 결여되었음을 지적한 말로, 장염(張炎)이 『사원(詞源)』에서 지적한 말을 인용한 것이다.

43 주이존(朱彝尊, 1629-1709): 죽타(竹垞)는 별칭. 청 대 사인이자 학자.

에 대해 나는 다른 논문에서 이미 논했으므로, 여기서 더 이상 논하지 않겠다. 사가(詞家) 가운데 후대에 나타나 전대의 사람을 능가하는 인물로는 또 자오시(趙熙)가 있는데, 나는 이 또한 별도로 논한 적이 있다. 그의 사는 백석(白石)[44]에서 탈변하여 영민하고 향기가 있으며, 고독하고 빼어난 부분이 있다. 심지어 그는 백석을 능가하여 3백 년 동안 최고 작가라고 할 수 있다. 촉(蜀) 지방 문인들이 그를 뒤따르며 모두 그와 비슷한 경지를 얻었으니, 자연스럽게 서천(西川) 사의 종주가 되었다.

청 말 40년을 전체적으로 조망하면 시와 사는 이전 시대보다 훨씬 더 성행하였으며, 가경제와 도광제 시대가 미치지 못할 뿐만 아니라 청 초의 저명한 인물들보다도 더 뛰어나다. 후스 군이 단지 김화와 황준헌 두 사람만을 거론한 것은 참으로 시가에 대한 감상능력이 없는 소치이다.

문언과 백화문 논쟁은 후스 군의 주장의 근본적인 입각점이다. 다만 그 근거는 충분하지 않은데, 이에 대해 나는 이미 여러 차례 논하였으므로 더 이상 구구절절 논할 필요가 없다. 그러나 후스 군의 이 문장은 여전히 "남의 비위를 맞춰 환호하며" 궤변의 대사를 선전하고 있으니, 다시 마지막으로 조리 있고 명확하게 논하지 않을 수 없다. 문학의 사활은 본래 문자의 체재(體裁)에 달려 있지 않고, 또 응용의 범위에 의해 결정되지도 않는다. 그리스·로마의 호머, 소포클레스, 플라톤, 키케로 등의 저작은 그 문자가 사망했다고 해서 곧 죽

44 강기(姜夔, 1154-1221): 호가 백석도인(白石道人)이다. 남송시대 문인이자 음악가. 그의 사는 격률이 엄밀하고 사풍(詞風)은 세속을 벗어나 고아하다는 평을 받는다.

은 문학이 되었는가? 후스 군은 걸핏하면 단테가 토스카나 방언으로 이탈리아 문학을 창조하고, 제프리 초서(Geoffrey Chaucer)가 영국 방언으로 영국 신문학을 창도했다는 것을 인용하며, 중국 역시 현대에 유행하는 방언을 문학의 매개로 삼아야 한다고 주장한다. 하지만 실제 역사의 면모는 어떠한가? 먼저 알아야 할 것은 유럽 각국의 문자는 표음문자이지만, 중국은 표의문자라는 점이다. 표음문자는 반드시 언어의 추이에 따라 변화하지만, 표의문자는 비록 언어가 변화하더라도 글자체는 변화하지 않을 수도 있다. 따라서 명(明) 자의 고대음은 mang과 같았고, 현재 북경의 음은 ming으로, 남창(南昌)에서는 miang, 강남 일대에서는 min으로 소리 나지만, 명(明) 자의 초기 형태는 변화하지 않았다. 또 중국의 문법은 매우 간단하여 유럽 문법처럼 각종 부자연스런 규칙이 없고 문법상의 변천이 적다. 이처럼 중국문자는 유럽 각국의 문자처럼 쉽게 변화하지 않는다. 따라서 송·원 시기의 저작을 우리는 읽을 수 있으며, 현 시대의 문장과 차이가 없다. 하지만 영국 초서의 시는 이미 학문이 미천한 사람들은 읽을 수 없다. 또 그리스·라틴어의 사망은 순전히 정치적 영향 때문이며, 민족의 혼융으로 그 언어문자가 더욱 잡다해져 그 변화도 더 커지게 되었다.

이제 로마어계 각종 언어문자가 만들어지는 순서를 보도록 하자. 먼저 자연적인 추세에 따라 라틴어는 또 아속(雅俗) 두 종류로 구분된다. 비교적 우아한 라틴어는 문인 학사와 관리, 귀족들이 사용하였고, 비교적 속어에 가까운 라틴어는 시정잡배나 상인, 병사들이 사용하였다. 로마인은 프랑스, 스페인의 여러 지역에 주둔하였는데, 그들 대부분은 군대에 복무하는 중하층 사람들로서 주로 사용한 것은 대중적인 라틴어(Vulgar-Latin)였다. 게다가 여러 나라의 토착인들이 배운 라틴어가 똑같지 않고 토착어와 섞이면서 대중적인 라틴어는 시간의 흐름에 따라 새로운 라틴어(Neo-Latin)로 변화하였는데, 프랑스어와 스페인어가 바로 그것이다. 이탈리아어를 보자면, 5세기 말 북쪽의 게르만족이 흥기하고 로마는 기율과 윤리가 문란해져 결국 이민족이 그 나라를 통치하게 되었다. 비록 이미 옛것을 지키려는 자들이 없지는 않았지만, 대부분의 문화는 나날이 쇠락해졌다. 보수적인 사람들은 또 인습만을 따를 줄 알지 창조할 줄 몰라서 문학은 매우 부진해졌다. 하지만 프랑스, 독일, 스페인 등의 국가는 오히려 그 언어가 새롭게 되고 고대로부터 물려받은 문학이 없기에 창조에 종사하게 되었다. 이에 이탈리아 시인은 프랑스를 본받아 프랑스어 혹은 프로방스(Provencal) 방언으로 시를 창작하였다. 13세기 이전에는 이탈리아어로 쓴 저술이 없다가 13세기 후반에 이르러 단테가 처음 토스카나 방언으로 그 불후의 명작을 쓰게 되었다. 여기서 주의할 것은 단테가 토스카나 방언으로 시를 쓴 것은 후스 군의 백화문 창조와 비교하여 세 가지 측면에서 근본적으로 다르다는 점이다. (1) 유럽 언어는 변화하기 쉽다. 문자는 언어를 따라 변한다. 따라서 6백-7백 년간 라틴어가 변화하여 이탈리아어가 되었는데, 같은 기간에 중국 언어문자의 변화보다 훨씬 더 변화가 크다. (2) 이탈리아는 이민족에 의해 정복되어 로마문화는 멸망하였다. 당시 또 암흑시대로서 교황의 천주교 세력이 전체 유럽에 퍼져 있어 학술과 문장은 나날이 쇠락해지고, 로마문화의 정신과 이탈리아인 사이에는 큰 간극이 생기게 되었다. (3) 이탈리아 시인은 앞다투어 타국의 언어를 사용하다가 통용되지 않으면 여러 방언을 뒤섞어 시를 창작하였는데, 단테는 부득이하게 비교적 좋고 순수하며 고대 라틴어에 가까운 방언을 선택하여 시를 창작하였다. 플로렌스는 당시 문물이 발전하여 토스카나의 여러 도시들 가운데 으뜸이었다. 게다가 플로렌스 방언은 순결하여 가장 고대 라틴어에 가까웠기 때문에 단테가 그것을 선택하여 사용한 것이다. 그러나 단테는 일찍이 라틴어로 『속어론(*De Vulgari Eloguentia*)』이라는 저서를 쓴 적이 있는데, 이는 시 창작의 원리를 논한 책이다. 그가 라틴어로 이 책을 썼다는 점은 매우 주목할 필요가 있다. 만약 단테가 속어로 문학을 쓸 것을 주장한 것이라면 어찌 라틴어로 이 저서와 『군주제에 대해(*De Monarchia*)』 등의 저서를 지었겠는가? 단테는 철학적인 문장을 쓸 때는 라틴어가 좋지만, 그 언어로 시를 쓰게 되면 마음속의 감정과 뜻을 다 표현할 수 없어 유행하는 언어가 더 적당하다고 보았다. 그러나 유행하는 언어 또한 고하의 구분이 있어서, 단테는 그 가운데 가장 잘 통용되면서도 순결한 언어를 찾아 시를 창작하는 언어로 삼고자 하였는데, 이를 단테는 "고결한 속어(vulgare illustre)"라고 불렀다. 따라서 그는 카발칸티(Guido Cavalcanti)와 라포 지아니(Lapo Gianni) 등의 시를 높이 평가하였는데, 그들이 "고결한 속어"로 시를 지었기 때문이었다. 그 밖의 시인 작품은 비록 훌륭하기는 하지만 거칠고 비속한 면이 있다는 것이다. 단테는 이탈리아의 여러 방언 전반을 관찰하였는데, 플로렌스의 방언도 그 가운데 하나였지만 고결한 속어라 부를 만한 것이 없었다. 단테는 다시 속어를 상중하(oprimum, mediocre, humile vulgare)로 구분하고 또 시 역시 장중하고, 해학적이고, 애상적인 것 세 종류(tuagic, comic, elegiac)로 구분하였다. 그리고 장중한 시는 마땅히 상등의 속어로 쓰고, 해학적인 시는 중등의 속어로, 애상적인 시는 하등의 속어로 써야 한다고 보았는데, 여기서 상등의 속어는 바로 "고결한 속어"를 의미한다. 플로렌스 방언은 고결한 속어라고 할 수 없지만, 단테가 그것을 사용한 것은 그가 쓴 시가 해학적인 시(『신곡』의 본래 제목은 *Cemmedi*인데, 후대 사람들이 "Divina"라는 글자를 덧붙였다)였기 때문이다. 나는 단테가 반드시 플로렌스의 방언으로 장중한 시를 지었을 거라고 보지 않는다. 플로렌스 방언이 가장 순결하여 고대 라틴어에 가깝기는 하지만, 단테는 여전히 장중한 시를 쓰기에는 부족하다고 여겼으므로 작문에는 여전히 라틴어를 사용하였다. 이로 볼 때 후스 군이 단테와 같은 부류라고 할 수 없음이 분명해진다. 더욱이 문장은 이지를 중시하고 시는 감정을 중시하는데, 감정을 중시하면 속어를 사용해도 무방하다. 이것이 시가 가운데 속어가 비교적 많은 까닭이다. 유럽 여러 나라도 그렇고, 중국 또한 그렇다. 소설은 감동을 주는 것을 핵심으로 하기에 속어를 많이 사용한다. 따라서 중국, 구미의 시와 소설이 속어를 많이 사용하기 때문에 모든 문체는 마땅히 속어를 사용해야 한다고는 할 수 없다.

영국문학과 초서의 관계는 단테의 경우와 다소 차이가 있고, 중국의 상황과는 더욱 다르다. 앵글로색슨은 본래 야만적인 민족으로서 문학이라 할 만한 것이 없었다. 10세기 중엽에 이르러 노르만인이 영국을 정복한 이후 조정과 귀족, 학교와 교회 및 문학에서 사용한 것은 모두 노르만 프랑스어였으며, 앵글로색슨어는 단지 일반민중이 사용하였을 뿐이다. 정복 초기 150년 동안 영어로 문장을 쓰는 경우는 없었으며, 시와 산문은 모두 노르만 프랑스어를 사용하였다. 그 후 노르만인이 점차 그 대륙의 조국과 단절되고 토착민에 동화되었으며, 13세기 말에 점차 오늘날 영어의 뿌리인 각종 방언이 형성되었다. 초서와 위클리프(John Wycliff)가 출현하여 그 언어로 시를 지음으로써 영어가 수립되었다. 이들 초창기 문인들은 단테가 라틴어에서 변화해온 플로렌스 방언으로 시를 지은 것과 다르고, 수천 년 동안 계속 이어져 온 문학에서 특별히 백화문을 창조한 여러 인물들과는 더욱 다르다.

문언과 백화문의 논쟁과 관련하여 우리에게 가장 교훈을 주는 예는 근대의 그리스문학이다. 그리스문학은 위대한 역사를 지니고 있어 중국과 유사하다. 단지 차이가 있다면 오래도록 이민족의 억압을 받아 문학이 쇠락한 지 오래된 반면, 중국은 수천 년 동안 끊임없이 우아한 문학을 창조해왔다는 점이다. 19세기 초 그리스국가에 갑자기 르네상스운동이 일어나 마침내 그리스의 독립을 촉진하게 되었다. 당시 대언어학자 아다만티오스 코라이스(Adamantios Goraes)[45]는 커다란 애국의 열정을 품고, 각 고대작가의 저작을 위해 쓴 서문에서 수시로 국민들에게 그 국고(國故)의 영광을 중시하도록 환기시켰다. 동시에 최근 그리스에서 통용하는 문언문을 만들었다. 현재 그리스는 문언문과 백화문 두 종류가 있으며, 양자 간의 차이는 매우 크다. 그리스의 고문을 배우는 자는 오늘날 그리스의 문언문을 읽는 것이 어렵지 않지만, 그 백화문은 전혀 읽지 못한다. 근대 문언문이 대두된 것은 그리스가 독립할 때 국민 모두가 애국의 열정이 있어 작문할 때 고대의 작가를 모범으로 삼았기 때문이다. 그 고문 본래의 우아함으로 인해 국학에 조예가 깊은 작가들은 저절로 그 형식과 단어 및 구를 모방하게 되었다. 현재는 문언문을 사용한 지 이미 50년이 되어 학교, 대학, 의회, 행정기관과 교회는 모두 이러한 문체를 사용하고 있다. 이러한 문체가 성립할 수 있었던 것은 실로 코라이스의

45 코라이스(1748-1833)는 현재 Adamantios Korais로 표기한다.

공이다. 이에 앞서 19세기 초 그리스는 본래 문학적인 방언이 있었는데, 반은 잡다한 속어이고 나머지 반은 고대 그리스어로 이루어져 있었다. 코라이스는 그것을 근거로 삼아 그 가운데 외국어 요소를 없애고 고대의 요소를 보존하였다. 고대 사전에서 적당한 글자를 찾거나 그리스 어법에 맞게 새로운 글자를 만들어 그 글자 수를 늘림으로써 오늘날 통용하는 문언문이 되었다. 현재 산문 저작은 거의 모두 이러한 문체를 사용하고 있다. 소설도 또한 문언문을 사용하고 백화문은 시인들만이 사용하고 있다. 그러나 콩스탕틴과 아테네에서는 문언문으로 시를 쓴 두 파의 시인들이 잇따라 나타나기도 하였다.

중국문자는 상형문자여서 언어의 추이에 따라 쉽게 변화하지 않는다. 비록 국가가 여러 차례 이민족에 의해 정복되기는 했지만, 우리 언어는 단음의 중국어계에 속하여 중국의 중원을 장악한 민족의 다음계 언어와는 크게 다르다. 게다가 간혹 그 글자와 단어를 사용하더라도 바투루(巴圖魯, Baturu),[46] 거스하(戈什哈)[47]와 같이 반드시 상형문자로 그 언어를 번역하였다. 그 결과 문자언어는 외족의 영향을 받지 않았다. 비록 불학(佛學)이 수입되어 우리 사상에 미친 인도문화의 영향이 매우 크고, 보살(菩薩), 나한(羅漢), 화상(和尙), 비구(比丘), 열반(涅槃), 원적(圓寂) 등 중국문자와 언어에 많은 명사를 증가시켰지만, 우리 문자의 형상과 문법은 변화시킬 수 없었다. 중원에 들어와 잡거하는 민족은 그 자신의 언어문자를 버리고 우리 중국에 동화되었다. 따라서 중국은 수천 년 동안 이어져온 문학적인 습관과 체재

46 만주어의 '용사', '영웅'의 음역으로, 만주족의 전통적인 작호.

47 청 대 고급 관원의 시종 호위.

를 보존하여 오늘날까지 이를 수 있었다. 이는 영국, 독일, 프랑스 등 국가들이 그리스·라틴의 고문과 그 본래의 국문을 함께 병행하는 것과 비교할 수 없을 뿐더러 심지어 이탈리아의 고대 라틴문과도 비교할 수 없다. 솔직히 말하면 중국 문언과 백화의 구분은 고금의 구분이 아니라 아속의 구분이다. 아속의 구별은 어느 나라의 문자엔들 없겠는가? 그리스문은 말할 것도 없고 영국, 프랑스, 독일 여러 국가에서도 문인 학사의 문장을 어찌 상인이나 병사들의 구어와 비교할 수 있겠는가? 영문학에 대해 말하자면 엘리엇(George Eliot), 브론테(Charlotte Bronte) 소설의 경우 대화체 이외에 묘사하고 서술한 문장은 이미 배우지 못한 거간꾼들이 이해할 수 있는 바가 아니다. 메러디스(George Meredith)의 소설은 더더욱 말할 것이 없다. 찰스 램(Charles Lamb)의 문장은 비록 흥미진진하여 감동을 주는 것으로 유명하지만, 배우지 못한 사람들이 이해할 수 있는 바는 아니다. 새뮤얼 존슨(Samuel Johnson)의 문장은 더더욱 그렇다. 그렇지만 유럽 각국의 문장과 언어는 매우 근접해 있다고 하더라도 그리스의 근대문학은 어떻게 설명해야 하는가? 후스 군의 말처럼 죽은 문자는 살아 있는 문학을 생산할 수 없다면, 근대 그리스의 수많은 작가들은 어떻게 설명할 수 있는가? 근대 그리스의 소설가 비켈라스(D. Bikelas)는 현재 명성이 자자하고 그 단편소설은 여러 나라의 언어로 번역되고 있지 않은가? 저 근대 그리스의 초기 문언시는 어찌 가치가 없다고 할 수 있는가? 후스 군이 "중국의 고문은 2천 년 전에 이미 죽은 문자가 되었으며", "죽은 문자는 결코 살아 있는 문학을 생산할 수 없다"고 하였는데, 그렇다면 사마천의 『사기』, 두보의 시는 모두 죽은 문학인가? 『사기』와 두보의 시는 중국 최고의 작품이다. 그것을 죽은 문학이라고 한다면, 사람들이 믿기도 어렵거니와 어찌 진심에서 나온 말이라고 할 수 있겠는가?

종합하면 후스 군의 죽은 문학과 살아 있는 문학이라는 주장은 아무런 근거가 없다. 참으로 반드시 백화문체를 창조해야 한다면, 시 이외에도 사가 있고, 사 이외에도 곡이 있는 것처럼 각각 자신이 하고 싶은 것을 행하면 될 것이다. 만약 죽은 문학과 살아 있는 문학이라는 사이비 주장만으로 세상 사람들을 속이고 스스로 정통을 자임한다면, 사상계를 통일하려는 야심을 이루지도 못할 뿐만 아니라 전 국민이 맹종하더라도 반드시 오래 지속되기 어렵다. 5-6년간 유행했다고 해서 그것이 어찌 영원한 성공의 표징이라 할 수 있는가? 하물며 백화문은 이미 쇠락의 징후를 보이고 있지 않은가(최근 출판물에는 이전에 백화문을 주장하던 사람들 중 문언문 사용으로 바꾼 사람들의 것이 적지 않다. 심지어 후스 군의 제자인 캉바이칭(康白情)도 문언으로 시를 썼다)? 더욱이 한 운동의 성패는 문자로 선전하는 것 이외에도 반드시 뛰어난 작품으로 쇠락하는 것을 대체해야 한다. 이렇게 하면 청년들에게 호소하여 그 기치 아래 세울 수 있다. 따라서 비록 사실주의, 자연주의의 말류가 사람들의 마음을 흡족하게 하지는 못하더라도, 입센, 모파상, 스둔바오거(士敦保格),[48] 도스토옙스키 등은 여전히 대예술가들이다. 중국의 문학혁명운동은 비록 그 시기가 짧기는 하지만, 아직까지 걸작이 나온 적이 없다. 그 이유는 다름이 아니라 유럽 여러 국가와 같이 역대로 전해지는 문학의 기풍이 없고, 신문학을 배양하

48 정확한 인명을 찾을 수 없어 중국어표기(Shidunbaoge)에 따랐음.

고 창조할 환경이 없으며, 적당한 문학 기교상의 훈련이 없이 타인의 찡그린 눈썹을 흉내 내고 타인의 모종의 주의를 취하여 생경하게 날것으로 삼키려 하기 때문이다. 따라서 그들이 아무런 성취가 없는 것도 당연한데, 어찌 훌륭한 장편소설을 기대할 수 있겠는가! 50여 년 동안 중국의 문학이 이로써 귀착된다면, 그것은 중국문학이 되기 어렵다.

『학형(學衡)』 제18기(1923. 6)

신문학운동의 의의*

■ **부록 2**

후스(胡適)

제가 오늘 여기서 강연하게 된 것은 가장 영광스러운 일입니다. 그러나 내가 무한(武漢)에 온 것은 처음이고, 무한에서 공개적인 학술강연을 갖게 된 것도 이번이 처음인지라, 난 오늘 여기로 강연하러 오면서 마음속으로 기쁘기도 하고 두렵기도 했습니다. 기쁜 것은 첫 공개적인 학술강연이 오늘 드디어 시작된 것이고, 두려운 것은 이번이 첫 강연이라 내가 잘못하여 망치게 될까 하는 것입니다.

현재 중국의 외교가 긴박한 시기에 이러한 학술강연을 열 수 있게 되어 내가 북경에서 남하할 때 친구들이 모두 내게 찬성해주었고 내 자신도 아주 원했던 바입니다.

오늘 강연 제목은 신문학운동의 의의입니다. 이 제목은 내가 여

---

* 이 글은 후스가 1925년 9월 29일 무창대학(武昌大學)에서 "신문학운동의 의의(新文學運動之意義)"란 주제로 강연한 내용을 멍호우(孟侯)가 기록한 것으로, 이어 1925년 10월 10일 『신보·부전(晨報·副鐫)』에 게재되었다.(원주(原註)) 이는 1920년대 후스가 쓴 몇 편 안 되는 이론적인 글 가운데 『五十年來中國之文學』이 쓰인 지 3년 뒤에 쓴 문장이다. 당시의 신문학운동을 회고하는 저자의 시각을 명확히 밝히고 있다는 점에서 시기적으로나 내용상으로 두 문장을 함께 읽어보는 편이 좋겠다 싶어 부록으로 번역하여 실었다.

태까지 말한 적 없는데, 모두들 이 제목을 듣고 생각하기를 이미 지나간 것이라고 말할 수도 있겠지요. 그러나 현재 그렇지는 않습니다. 신문학운동 시기에 내가 거론한 적도 없는데, 오히려 오늘 제군들에게 말하려 한다면 무슨 이치이겠습니까? 올해 사상이 아주 완고한 자들이 매우 큰 세력을 얻더니 그들이 느닷없이 그들의 세력을 이용하여 이 시대의 요구, 시대의 조류에 반항할 뿐더러 이러한 조류의 요구를 묵살하고 신문학을 파괴하여 현재 몇몇 성에서 공공연하게 백화문 금지령을 내리고 학교도 백화문을 쓰는 학생을 받아들이지 않고 있습니다. 이러한 연유로 이전에 백화문학을 제창했던 우리는 지금 다시 거론한 필요가 있다고 여겼습니다. 이른바 신문학운동이란 간단히 말해서 살아 있는 문학운동입니다. 이전의 구문학은 죽은 것이자 아둔한 것이고 생기가 없는 것입니다. 신문학이야말로 살아 있는 사회, 살아 있는 국가, 살아 있는 단체를 대표할 수 있습니다.

솔직히 말해서 문학에는 본래 무슨 신구의 구분이 없지만, 종사하는 사람이 문학을 표현하면서 시대에 의해 속박당하고 이에 따라 변천하는 과정을 겪으면서 죽어버린 작품들에 붙여줄 이름이 없어서 구문학이라 명명한 것입니다.

우리가 문학을 보면 그 내용을 보아야 하는데, 어떤 작품은 그 형세는 바뀌었지만 내용은 여전히 바뀌지 않아 신문학이라고 할 수 없습니다. 따라서 문학을 보려면 그 형세나 외형만 볼 수는 없습니다. 이렇게 말하면, 문학은 어찌해야 비로소 새로울 수 있는 것입니까? 필히 먼저 도구를 해방시켜야 하는데, 문학의 도구는 언어문자로, 도구가 변하지 않으면 새롭다고 할 수 없습니다. 도구가 해방된 연후에야 비로소 문학의 내용이 쉽게 바뀌기 시작합니다.

오늘 강연은 그 완고한 무리에게 말하는 것이 아니므로, 그들과 말할 필요는 없습니다. 그 외에 신문학을 믿는 자들 및 믿지 않고 반대하는 자, 이런 태도를 갖는 사람들에게 우리는 이 뜻을 명백하게 말하여 신문학의 참된 의의와 그 참된 가치를 이해시킴으로써 그들이 자신의 작품 및 작업을 가치 있는 일로 중시하고, 대외적으로는 반대논조를 갖는 자들과 토론 및 논쟁을 할 수도 있으니, 이것이 바로 내가 오늘 신문학운동의 의의를 말하는 이유입니다.

일반적으로 사람들은 백화문학이 교육을 보급시키기 위한 것이라고 여깁니다. 진학하지 못한 사람들 및 아동들은 문언문을 보면 이해하지 못하므로, 백화를 제창하여 그들이 이를 계기로 지식을 얻도록 해야 합니다. 이렇기 때문에 비로소 백화문을 사용하지만, 이는 백화문학의 최저한도의 용도에 불과할 뿐인데도 모두들 우리가 교육을 보급하기 위해 쉽게 이해시키도록 백화문학을 제창한다고만 여기는 것은 잘못이며, 아무래도 백화문학을 지나치게 경시하는 것입니다. 이러한 것들이 결코 신문학운동의 참된 의의는 아닙니다.

일반적으로 사람들은 사회를 두 계급으로 나누는데, 하나는 어리석은 아녀자와 개구쟁이, 어린아이, 또 하나는 지식계급으로 문인 학사(學士), 신사(紳士), 관리입니다. 백화문을 쓰는 것은 그들, 즉 어리석은 남녀, 개구쟁이 어린아이가 볼 수 있도록 하기 위해서이고, 지식계급은 여전히 고문을 씁니다. 이러한 견해는 근본적으로 틀린 것으로, 공화국에 응당 있어야 할 현상은 아닙니다. 이렇다면 문인 학사들은 고기를 먹고 어리석은 남녀는 뼈다귀를 먹게 되니, 그들은 분명 달가워하지 않고 문인 학사가 꼴사납게 폼 잡는다고 욕할 것입니다. 이로 보건대 평민을 위해 발간하는 백화보(白話報)가 평민을 위해 주음자모(注音字母)를 달아야 한다는 견해는 사회를 두 계급으로 나누는 것으로, 사실상 원칙적으로 말이 안 됩니다. 우리가 이렇게 생각한다면, 평민 및 어린아이가 몇 년간 백화문을 읽고 몇 권의 평민 천자문 수업을 받더라도, 사회상의 각종 저작이 완전히 문언문으로 저술되면 그들은 여전히 마찬가지로 읽어볼 수 없는 것이 아니겠습니까? 사회에 백화문학의 환경이 없고 백화문학의 분위기가 없고 백화문학을 배우는 사람들이 없으며 장차 사회에서 응용할 수 있는 곳이 전혀 없는 바에야, 줄곧 자 왈(子曰) 시 왈(詩云) 읊어대느니만 못한데 구태여 난처한 일을 자초할 필요 있겠습니까? 이로 보건대 비록 평민교육을 위해 백화문학을 제창한다 하더라도, 배우는 사람이 사회로 가서 배운 것을 사용할 수 없다면 애초에 무엇 하러 배우겠습니까? 따라서 긴요한 것은 바로 백화문학 환경, 백화문학 분위기를 조성해야 하고, 이렇게 해야 배우는 자들이 비로소 흥취를 가질 수 있는 것입니다.

신문학운동은 결코 한 사람이 제창한 것이 아니며, 최근 8년간 제창한 것도 아닙니다. 신문학운동은 역사적인 것으로, 단지 우리 소수의 사람은 이 추세를 인정하고 이를 위해 일반 사람들도 이해하도록 도왔을 뿐입니다. 신문학운동이 역사적인 것임을 알지 못하고 소수가 신문학을 빌미로 앞에 나선다고 여기는 사람들이 지금 내 말을 들으면, 신문학운동이 결코 터무니없이 나온 것이 아니며 소수의 사람들이 만들어낸 것이 아님을 알 수 있을 것입니다.

내가 이상에서 한 말을 이해했을 테니, 지금 계속 신문학운동의 역사상 의의를 말하겠습니다.

고문 문언은 우리가 근래에 들어 그것이 죽었다고 말하는 것이 아니라, 그것은 본래 2천 년 이전에 이미 죽은 것입니다. 2천 년 전

무렵 한(漢)나라 무제(武帝) 때 재상 공손홍(公孫弘)이 무제에게 상서를 올려 말하기를, 당시의 조서나 법률 등의 문장은 물론 훌륭하게 쓰이고 함축한 뜻도 비록 웅장하지만 일반 아전들이나 말단 관리들이 읽지 못하는데 하물며 미천한 백성들은 어떻겠습니까? 하였습니다. 이러한 병폐를 만회하고자 그는 무제에게 권하여 과거(科擧)를 시행하여 인재를 등용하고 고문을 이해할 수 있는 자에게 관직을 맡김으로써 죽은 문학을 유지하도록 하였습니다. 공손홍은 이러한 과거 방안을 생각해내어 관록의 길을 열고 미천한 백성들은 떨어져 나가도록 유인하였으니, 죽은 문학을 유지하는 이러한 방법은 진선진미(盡善盡美)라고 말할 수 있을 것입니다. 이리하여 전국의 미천한 백성들 집안에 만약 좀 총명한 아이가 있다면, 적어도 책 몇 권을 베껴 그들의 아이에게 읽히고 책을 가르칠 선생을 청하여 아이에게 풀이해주고 어떻게 읽는지 가르쳐주게 합니다. 이렇게 한다면 국가도 많은 비용을 들여 무슨 학교를 지을 필요도 없고 학교가 없으니 말썽을 일으킬 학생도 없고 정부에게 급여를 청구할 교원도 없으니, 국내에서도 얼마나 일을 덜고 비용을 얼마나 줄일지 모를 일입니다. 그러나 다른 측면에서 죽은 문학이 유지될 수 있었습니다. 죽은 문학이 2천여 년간 가까스로 연명할 수 있었던 까닭은 바로 이 때문입니다. 이 2천 년 동안 고위 인사들, 지식이 있는 자들은 반대하지 않았고 하위 부류, 일반 민중들 또한 그들이 하는 대로 맡겨둘 수밖에 없었으니, 하위 사람은 고위 사람을 배우고 소인물은 대인물을 배워 관직에 나가려 하고 복록을 누리려 하는 것도 이럴 수밖에 없는 것입니다. 방법이 훌륭하지 않다고 할 수는 없지만, 문학이란 측면을 거론하기 부족합니다. 문학은 인간의 정감이며 문자로 표현합니다. 지금 어떤 한 사람이 정감이 생겨 문자로 표현하고자 하지만 시대에 의해 속박당한다면, 바꿔 말하면 고문을 지을 수 없어 이 사람이 그의 정감을 발표하고자 10-20년의 힘든 공부를 하면서 틀에 박힌 문자를 읽어야 한다면, 시간상으로 너무 길고 배운다 해도 아마 늦을 것입니다. 이 때문에 서민들, 사랑에 빠진 남녀들은 이 많은 것을 생각할 겨를 없이 그들이 노래 부르고 싶으면 그들 자신의 언어로 노래합니다. 민가, 동요, 연가(戀歌)류는 바로 이렇게 만들어졌습니다. 이 2천 년 동안 그들—서민, 사랑에 빠진 남녀—은 그들의 문학정감을 표현하려 했기 때문에 가치 있는 많은 백화문학을 제창하였습니다. 노래 부르는 것도 부족하여 그들은 이야기를 듣고자 하고 이야기를 연출하려 했기 때문에 소설 희곡문학이 이로부터 생성되었습니다. 사랑에 빠진 남녀만이 아니라 평범한 서민도 이와 같습니다. 스님이 불교를 번역한 경전도 만약 고문으로 짓는다면 민중들이 알아듣지 못할 뿐 아니라 보아도 읽을 수 없으니, 이 때문에 경전상의 뜻을 이용하여 탄사 가요를 만들고 그들이 쉽게 이해하도록 하였습니다. 돈황에서 탄사 가요체로 번역한 불경들이 적잖이 발견되었는데, 이러한 불곡(佛曲)이 바로 백화문학으로 바뀌었습니다. 스님들이 강연할 때 만약 고문으로 말한다면 모두들 이해할 수 없기 때문에, 당(唐) 대에 선종(禪宗)은 백화로 경전을 강론하여 학생들도 백화로 기록하고 산문으로 써서 후대에 일종의 어록 풍조를 열었습니다. 이 2천 년 동안 모든 대문학가들 중에 백화문학의 영향을 받지 않은 이는 한 명도 없습니다. 악부(樂府)가 그 일례로, 악부를 보면 모두 백화체재로 쓰였고, 문학을 창조한 대문학가들은 오히려 악부를 모방하지 않는 이가 없었습니다. 당 대 시집의 첫머리가 바로 악부로, 악부는 백화이고 악부를 배우는 것이 백화를 배우는 것이었으니, 그 결과 모두 백화에 가까워져서 당 시(唐詩)와 송 사(詞)가 이해하기 쉽고 널리 전해진 까닭입니다. 당 시 3백 수 중 그 절반이 대부분 백화이거나 백화에 가깝습니다. 이후 시를 짓는 데 일정한 격률이 있어야 하고 자구의 장단과 평측(平仄)성에 모두 일정한 공식이 있어야 한다고 여겼다가 지나친 구속을 싫어하여 구의 장단이 일정치 않은 사로 바뀌었습니다. 사의 작법도 일정해지자 다시 일종의 곡(曲)이 생겨났는데, 이러한 곡은 교방(教坊)의 가기(歌妓)들에게 가르쳐 부르는 것으로, 그들이 이해해야 하기 때문에 백화를 사용합니다. 당시의 일반 문인 학사(學士)들은 한편으로는 고문을 지어 공명을 구하고 정부를 속이면서, 또 한편으로 아름다운 여인들의 비위를 맞추고 가기들의 환심을 사려고 백화문학을 필요로 합니다. 원(元), 명, 청 대 5백 년 동안 적잖은 장편소설들이 출현하였는데, 이때의 백화문학은 참으로 많았습니다. 상해 한 곳의 서점에서 매년 판매하는 『수호(水滸)』, 『삼국연의(三國演義)』, 『서유기(西遊記)』 이 세 종류의 소설은 1백만 부 이상으로, 우린 이로부터 5백 년간은 공맹(孔孟)·정주(程朱) 사서오경이 아니라 『수호』, 『삼국연의』, 『서유기』가 세력을 떨쳤음을 알 수 있습니다.

상술한 바에 따르면 이 2천 년 동안 악부, 시가, 사, 곡 등의 백화문학은 적지 않은 세력을 차지하였을 뿐만 아니라 대부분은 가치가 있고 세계의 각종 저명한 문학작품들과 서로 필적할 만큼 손색이 없습니다. 다른 측면에서 말하자면 고문문학은 2천 년 동안 일찌이 이미 죽었습니다. 이러한 아주 훌륭하고 매우 가치 있는 문학의 생성은 일반 문인 학사들이 정부의 녹봉의 유인에 걸려들지 않고 노래하고 싶으면 마음껏 노래하였기 때문이며, 그들은 위대한 성공을 거두었고 큰 공헌을 하였습니다. 만약 이 위대한 성공과 큰 공헌이 없었다면, 우리는 어떻든간에 백화문학을 제창하지 못했을 것입니다.

일반 사람들은 고문이 고상하며 백화문학은 민간의 것으로 저속하고 퇴화했다고 여기는데, 여기서 우리는 이를 설명하고 넘어가지 않을 수 없습니다.

2천 년 동안 그때의 백성들, 우리의 선조들은 이미 우리의 언어를 적잖이 개량시켰음을 우리는 알아야 합니다. 우리의 언어는 오늘날의 문법 논리에 따라 말하기에 가장 간단하고 가장 정확하며 문법에 맞지 않는 점이 없고 논리에 부합하지 않는 곳이 없으니, 이는 세계적으로 학자들이 공인한 것입니다. 나 한 사람이 우리 자신을 추켜세우는 것이 아닙니다. 중국의 언어는 오늘날 세계적으로 진화한 최고의 것으로, 2천 년 동안 문인 학사들이 서민들의 말을 간섭하지 않은 덕분입니다. 언어개혁은 백성들과 가장 큰 관련이 있고, 문인 석사(碩士)들은 오히려 언어개혁상의 가장 큰 장애물입니다.

고문의 변화는 심히 혐오스럽게 여겨집니다. 예를 들어 "我敬他(나는 그를 존경한다)"를 "吾敬之"로, "我愛他(나는 그를 사랑한다)"를 "吾愛之"로, "沒見他(그를 보지 못했다)"를 또 "未之見也"로 말합니다. 어린 학생이 독서·작문을 할 때 만약 "未見之也"라고 쓴다면, 선생님은 분명히 체크하고 "未之見也"로 수정하려 할 텐데, 그에게 무슨 이유인지 물어보면 그도 말하지 못하고 단지 옛사람들이 이렇게 했다고만 말할 뿐입니다. 나이 드신 선생들은 문법을 모르고 모방만 알 뿐입니다. 백성들은 실재를 중시하고 편리함을 구할 뿐으로, 직접적으로 일컬어서 "我打他(나는 그를 때린다)", "他打我(그는 나를 때린다)" 모두 가능하지만, 문언상으로는 "吾打之(나는 그를 때린다)"는 되지만

"之打吾(그는 나를 때린다)"는 통하지 않습니다. 백성들이 대명사 변화를 취소시키고 주격과 목적격을 폐지시켜 많이 편리해졌습니다.

이 2천 년 동안 상위 인사 및 문인 학사들은 그들의 고문에 고개를 파묻었고, 백성들은 그들의 언어를 개조하였습니다. 언어 가운데 너무 번잡한 것은 좀 간결하게 하고, 너무 간략한 것은 좀 늘렸습니다. 한(漢) 대 이전에 나(我), 너(你), 그(他)는 복수가 없었고 한 대 이후에 비로소 我曹(우리들), 我等(우리들), 我輩(우리들), 尔曹(너희들), 尔等(너희들), 尔輩(너희들)이 생겨났지만, 彼曹(그들), 彼輩(그들), 彼等(그들)이란 말은 없었습니다. 나중에 백성들이 '們' 자를 만들어내어 이것이 대명사의 복수가 되면서 我們(우리들)을 사용할 수 있고 你們(너희들)을 사용할 수 있으며 他們(그들)도 사용할 수 있게 되었습니다. 비단 대명사만 이럴 뿐만 아니라 명사 또한 복수가 있어 예를 들어 先生們(선생들), 學生們(학생들), 朋友們(친구들)류가 이것입니다. 이로 보건대 백성들이 실제로 언어학자이자 문법학자로서 보충해야 할 것은 그들이 보충하고 빼낼 것은 빼버려 중국의 언어를 세계 진화의 최고 언어로 바꿔 놓았으니, 으뜸 공은 백성들에게 돌려야 하며 이는 문인 학사들이 관여하지 않은 덕분입니다. 영국문자가 중국보다 못한 것은 3백 년 전에 문인 학사들의 규정을 받았기 때문입니다. 중국의 백성들은 2천 년간 자유로운 수정권을 갖고 중국의 언어를 가장 재치 있고 가장 간단한 것으로 바꾸었습니다. 이에 따르면 백화는 문언의 퇴화가 아니라 문언의 진화입니다.

이는 언어 방면에서 이렇다는 것이고, 문학을 말하자면 2천 년 동안의 각종 악부, 시사(詩詞), 가곡들이 많이 누적되었고 우리가 현재 운동을 일으키면 가져와서 우리의 자본으로 삼을 수 있습니다.

백화문학의 추세는 그 유래가 매우 오래되었거늘, 우리가 운동을 일으킬 필요가 어디 있겠습니까? 그 이유는 다음과 같습니다.

과거(科擧)는 죽은 문학을 유지시키는 유일한 방법으로, 이전에는 과거에 구속되었고 이후에는 과거가 폐지되었는데도 어찌하여 신문학이 발생하지 않았습니까? 자연의 변천은 느리고 천천히 바뀌기 때문에, 현재 자연의 변천만으로 부족하므로 인력으로 개조하고자 하는 것이며, 이것이 바로 혁명입니다. 문학 방면에서 오직 자연에 따라 변화하는 것만으로 부족하기 때문에, 반드시 인력이 필요합니다. 이에 비추어 말하자면 우리는 응당 의미 있는 주장을 해야 하며, 백화는 훌륭한 문학으로 성과가 있으니 증명할 수 있습니다. 지금 우리 첫마디는 고문이 죽은 지 2천 년이 되었으니 울고 싶으면 울고 웃고 싶으면 웃으라는 말입니다.

우리는 아래와 같이 세 가지 의미를 기술하겠습니다.

(一) 백화문학이 일어나 고문을 위해 장례를 치르고 부고를 전합니다.

(二) 2천 년 동안의 백화문학에 가치 있는 작품들이 많이 있음을 누구도 부인할 수 없습니다.

(三) 중국의 장래 모든 저작은 마땅히 백화로 써야 합니다.

백화는 살아 있는 것으로, 백화로 쓰면 성과가 분명 좋을 것입니다. 죽은 문학은 살아 있는 문학을 낳을 수 없습니다. 살아 있는 문학을 창조하려면 백화를 써야 합니다.

상술한 바와 같이 신문학운동은 결코 외국에서 유래한 것이 아니며, 몇 명이 다년간 제창한 것도 아닙니다. 백화문학의 추세는 2천 년간 끊임없이 지속되어 왔으며, 우리 운동을 일으킨 자들은 단지 2천 년의 추세, 자연 변화의 길에 인위적인 힘을 덧붙여 속도를 빠르게 했을 따름입니다.

이렇게 말하고 보니 신문학운동은 중국민족의 운동으로, 우리는 응당 이에 대해 합당한 경애를 표해야 합니다.

또한 백성들은 편리함을 표준으로 삼아 언어를 개조하였습니다. 언어는 종교에 비해 더 수구적이기 때문에 언어혁신은 하루아침 혹은 하룻저녁에 할 수 있는 일이 아닙니다. 정부가 명령을 내린다 해도 효과가 없으며, 그들의 명석한 두뇌로 계속 부단히 개혁해야 하는 것입니다. 우리는 이러한 사람들에게도 응당 합당한 경의를 표해야 합니다.

이윤이나 녹봉의 속박을 받지 않는 자들은 죽은 문학의 유혹을 받지 않고 백화 악부, 시사, 가곡, 소설을 썼습니다. 선생들, 우리는 그들에게도 응당 합당한 경의를 표해야 합니다.

이로 보아 군벌의 권위가 어떻든 교육청장의 세력이 이떠하든 두세 명의 사람이 박해할 수 없다고 결정하는 것만으로도 상당히 낙관할 수 있습니다.

우리가 늘 노력하면 자연히 승리의 지위에 다다를 것입니다. 설사 완고한 자들이 복종할 날이 없다 하더라도 우리는 옛 선조들의 성과를 경시하지 말아야 하며, 신문학을 창조할 자는 응당 스스로 상당한 책임을 져야 합니다.

우리는 더욱 문학의 형세가 개방적으로 바뀌었음을 기록하고, 더욱 풍부해짐을 예비해야 합니다. 문언과 백화는 난이도상의 문제가 아닙니다. 문학은 정감이 있어야 하고 교양이 있어야 합니다. 이른바 문학가는 결코 몇 권의 『혜적풍(蕙的風)』, 『초아(草兒)』, 『후스문존(胡

適文存)』류의 책을 읽었다고 해서 할 수 있는 것이 아닙니다. 따라서 만약 신문학을 존중한다면 노력해야 하며 수양을 쌓고 깊이 있는 관찰과 경험, 고상한 견해를 지녀야 합니다. 이러한 여러 가지를 갖추고 신문학을 창조해야 비로소 신문학을 모욕하지 않을 것입니다.

9월 29일 무창(武昌)대학에서

❁ 찾아보기

후스(胡適, 1891-1962)

안휘(安徽) 출생. 현대의 중국 철학자이자 문학가로 5·4 신문학운동의 발기인. 원명은 쓰먼(嗣). 그는 상해의 학당에서 공부하면서 처음 서구사상에 접하고 량치차오와 옌푸 사상의 영향을 많이 받았는데, 1905년 15세에 학당에서 옌푸가 번역한 헉슬리의 『천연론』을 접하고 이름을 스(適), 자를 스즈(適之)로 고치는 등 진화론 사상의 영향도 받았다. 1910년 20세에 북경에서 실시한 미국 관비유학생 시험에 합격, 그해 8월 출국하여 코넬대학에서 농과를 전공하다 문과로 바꾸었고, 1915년 콜럼비아 대학원에서 듀이로부터 실용주의 철학을 배웠으며, 1917년 귀국 후 북경대학 교수로 부임하고 『신청년』 편집부에 가담하였다. 1920-1933년까지 중국 고전소설 연구 고증작업을 벌였으며, 1949년 미국으로 이주하였다가 대만으로 돌아와 1962년 사망하였다.

김수연

고려대학교 중문학과를 졸업하고 북경사범대학(北京師範大學)에서 중국현당대문학 전공으로 문학 박사학위를 받았다. 서울대학교 인문학연구원 HK연구교수를 지냈으며 현재 신성대학교 교수로 재직하고 있다. 지은 책으로 『중국 근대 미디어와 소설의 시대』, 『제국, 문명의 거울』(공저), 『1905년 러시아혁명과 동아시아 3국의 반응』(공저), 『문명의 교류와 충돌』(공저), 『중국 개항도시를 걷다』(공저) 등이 있고, 옮긴 책으로는 『신청년의 신문학론』, 『사상가들 도시와 문명을 말하다』(공역), 『중국의 충격』(공역) 등이 있다. 그 외 중국현대문학·근대 미디어·도시문화 관련 주제로 연구하면서 해당 논문들을 다수 발표하였다.

❁ 문명총서 발간사

서울대학교 인문학연구원은 2007년 11월 한국연구재단의 인문한국(HK) 사업을 수탁하여 HK문명연구사업단을 출범시켰다. 한국과 아시아, 세계를 향한 문명연구의 허브를 구축하기 위해 '한국 인문학'의 정립을 목표로 인문학 제 분야는 물론 인근 분야의 전공자들까지 한 지붕 아래 모였다.

인문학연구원이 한국 인문학의 도약을 위해 핵심과세로 주목한 것은 문명에 대한 새로운 이해이다. 문명이란 장구한 세월 동안 인류가 일구어낸 정신적·물질적 성과들의 종합이며, 타 문명들과 서로 영향을 주고받으며 진화해온 복합적 실체이다. 이에 대한 심층적인 이해가 선행되지 않는다면, 현재와 미래에 대한 유효적절한 준비와 대응은 불가능하다.

'문명텍스트총서'는 인문학 안팎의 다양한 전공을 가진 우리 연구원의 연구자들이 자신의 영역에서 과거와 현재 문명의 정수와 그에 대한 인식을 담은 중요한 텍스트를 선정하여 번역하고 주해한 결과물이다. 이는 긴 시간의 노동을 요하면서도 성취가 단기간에 가시화되지 않는 우직한 작업이지만, 인류의 유산을 한국화하는 이 같은 작업이 주체적으로 세계문명을 사유하고 새로운 문명을 개척하는 데 발판이 되리라고 믿는다. 문명텍스트총서가 현재와 과거를 엮는 씨줄 놓기 작업이라면, 문명공동연구총서는 인간과 세계를 총체적으로 이해하려는 날줄 얽기라고 할 수 있다. 오랫동안 자신의 분야에서 전문화를 추구했기에 공동연구가 쉬운 일은 아니지만, 문명 이해의 융합적 시각뿐만 아니라 한국 인문학의 새로운 전망을 써 내려가는 방법론을 제시할 수 있기를 희망한 결과물이다. 또한 문명지평총서는 연구원 안팎의 연구자들이 참여한 연구서와 교양서를 아우르고 있다.

아무쪼록 문명총서 시리즈가 동서고금의 문명을 더 깊고 더 넓게 이해하는 창발의 효과를 가져오길 기대하며, 국내외의 학자들이 참여하고 교류하는 열린 연구공간이 되길 바란다.

2014년 4월

서울대학교 인문학연구원 원장